*The New Perspectives of Western Classical Political Thought*

# 西方古典政治思想新视野

包利民 主编

# 实践中的古希腊政治思想

[英]保罗·卡特莱奇 著
陶力行 译

*The ancient
Greek political thought in practice*

# "西方古典政治思想新视野"丛书总序

## 古典政治意蕴的新探究

本译丛旨在向读者介绍西方主流政治理论界对古典政治、尤其是古典民主政治的探究的一些饶有兴味的新成果、新趋势。

熟悉西方政治思想研究的人知道，政治哲学、尤其是古典政治哲学曾经几乎是施特劳斯派等德语背景学者独家支撑的领域。主流政治学界严守社会科学的价值与事实的分离原则，沉浸于各种机制经验研究之中，试图跻身"硬科学"。但是这一趋势近几十年来有很大的改观。不少重要的主流学者开启了自己独特的古典政治哲学（政治理论）研究。这些学者有非常深厚的古典学（语言、历史）的学养，而且他们有意识地启用历史学、社会科学、文艺评论等等中的各种新研究方法论、新视角，在价值观上既坚持主流自由民主意识形态，又同情地对待曾经只是保守派孤独坚持的德性论和幸福论古典政治范式。开卷展读，让人获益匪浅。在这些丰富的成果中，既有通论性希腊政治思想史（比如列入本译丛的卡特莱奇和巴洛特的著作，读者不妨与施特劳斯等所撰《政治思想史》对观），又有专论性的理论家研究（比如斯科菲尔德的《柏拉图：政治哲学》），更有各种专门探究古典民主的意蕴的新专著（比如列入本译丛的奥伯、格林、法伦格等人的著作），都颇为可观。剑桥学派重要人物卡特莱奇的《实践中的古希腊政治思想》和美国重要学者巴洛特的《希腊政治思想》作为非常有特色的通史类著作，有意识地结合分析哲学的严谨逻辑论证和历史学的现场感，通畅地融合规范评价与事实描述，同情地打通古今重大问题视域。这些扎实公允的探究已经形成了庞大的文献传统。对其译介，将有助于我国读者认识到古典政治哲学的研究领域有百花齐放、百家争鸣态势，而非一家独秀。

下面我们将特别就古典民主意蕴研究的新视角多说几句。

希腊人在政治上的骄傲与沉痛都与民主政治有关。希腊人之所以被视为欧洲之祖先（以及因此全球化之先导），与其创立民主政治有内在关系。而希腊伟大的政治哲人如柏拉图与亚里士多德之所以为后人不断提及，也与他们对民主的利弊的犀利深刻的理论考察分不开。近几十年来，与我们时代的大形势有关，也与学界纪念雅典民主2500年有关，出现了一个"雅典民主研究"高潮，许多由名家主持的相关文集纷纷面世。① 但是，清醒的学者知道，民主曾经只是古代希腊史上出现的一个"反常的"政治形态。从进化论的角度看，这种偶发的政体"变异"（或许由于缺乏适存性？）在后来的罗马和中世纪的漫长岁月中遭到劣汰，长期埋没无闻。几千年来的人类常规政治形态都是非民主的。20世纪突然潮流偏转，民主理念似乎成了全球性的"主流"并成为西方引以为骄傲的主要依据之一。但是，一切潮流总可能遮蔽真相：西方现代政治主流其实并非"民－治"意义上的民主（by the people），而是代议制民主。代议制民主是民主吗？如果一个伯里克利时代的雅典人穿越来到今天，目睹流行的利益集团博弈－选战－多数票胜出－妥协－党派分肥政治，他恐怕会骇然困惑，很难认出这是"民主"。当然，一个经过了联邦党人、托克维尔、密尔和达尔洗礼的现代人则会居高临下地教导这位疑惑不已的希腊人：直接民主是无效且危险的；作为人类的反常政治实验，它在经历了雅典暴民政治、法国大革命和20世纪民粹运动的恐怖之后，已经被宣告彻底失败。现代代议制民主是已经被公认为唯一可行的民主形式。

但是且慢高兴。即便这位希腊人放弃了直接民主而终于接受代议制民主，他真的会看到代议制民主在今天受到广泛欢迎的景象吗？未必。20世纪学术界的诸多重要思想家们（远不仅仅是施特劳斯等"保守派"）都在论证代议制民主是一个笑话。[1]<sup>103,140</sup> 诺贝尔奖在今天是学术权威的象征，说话有人听。然而诺贝尔奖获得者们对民主说了什么？阿罗和布凯南的公共选择理论、奥斯特罗姆的集体行动理论，都指出现代民主的基本预设——通过选票汇聚私人偏好，为共同利益行动——几乎是不可能的。这些学理化（数学化）的严密论证，实际上延续了一个现代社会科学的长久传统。早在20世纪开出之际，社会科学大师韦伯和熊彼特就已经提出了影响深远的经典看法：在现代的大国选战民主政治中，真正发生的事情并不是"人民当家做

---

① 这一"盛况"被许多学者提及，比如 Farenga, *Citizen and Self in Ancient Greece, Individuals Performing Justice and the Law*, Cambridge University Press, 2006. p. 2; R. K. Balot, *Greek Political Thought*, Blackwell Publishing, 2006, pp. 303ff; P. Cartledge, *Ancient Greek Political Thought in Practice*, Cambridge University Press, 2009, p. 55.

主",而是少数精英领导借助庞大的理性科层体制管理着国家。后来的许多重要的民主理论家如达尔、萨托利、李普曼、李普塞等等基本上无不沿着这个思路走。[2]4,13,98

由此可见,西方思想界的主流与其说是无条件拥抱民主、不如说是对民主的深刻的、全面的失望。这一失望有着深远的现实原因:现代性主流是市场经济,人们私人化、多元化、异质化,不可能对政治保持长久的热情,非政治的冷漠必将成为常态。已经觉醒的个体再也不可能无条件地将巨大而陌生的行政机制认同为"共同体"。在深刻的无力感的驱动下,西方"公民意识"日渐淡漠,投票和参加集体活动的人越来越少。[3]21

正是在这样的大背景下,引人注目的是那些不断发声的反潮流学者,他们总是心有不甘,努力从各种角度出发为"民主"、尤其是古典民主的正当性进行辩护。如果说在现代共和主义的发展中出现了"新罗马主义"的话,那么,我们也不妨称这些为古代直接民主辩护的学者为"新雅典主义"或"新希腊主义"。他们希望被长期(故意)忽视的古典民主在今天依然能作为积极的、重要的资源发挥作用。① 这样的思想家大多汲取了最新哲学社会科学成果,尝试提出了各种出人意料的路径,对于理解我们的时代和时代的政治都打开了许多崭新视野。本译丛所选入的几种,可以作为典型代表,值得读者的细读。作为一种概括的介绍,我们下面就从对民主的内在价值的辩护和外在价值的辩护两个方面对其稍加考察。

## 一 民主的内在价值辩护——"表演－施为"(performance)政治

在现代性中为"内在价值"辩护是困难的,而为一种政治方式进行"内在价值"辩护,更让现实主义政治学家感到是文不对题。达尔就曾说现代民主理论与古代民主学说不同,不是价值导向的,而是描述性的。自由主义主流政治学说认为民主和共同体只具有工具性的好。然而,人们依然可以看到不少重要的思想家直接为民主政治或政治本身寻找内在价值。阿伦特当之无愧是其中最为著名的一个。她定下的基调是:共同体而非私人的生活是

---

① "新罗马主义"以剑桥学派和 Pettit 的新共和主义为代表。事实上,新共和主义之所以诉诸罗马共和而避开希腊民主,正是为了防止"民主的弊病"。这更让人们看到今天倡导希腊民主的学者们的难能可贵:他们并不是重复常识,而是在挑战主流,知难而进,竭力为处于守势的古典民主平反。

具备最高价值的人类存在，而这只有在共和政治生活中才能实现。她的理由有几个，首先，民主共和通过自由的普遍化，使得更多的人从奴隶变成为人。其次，人只有在一种表演（performance）式政治行动（action）中才能真正存在，即在同样平等自由（尽管个性各不相同）的人们为公共利益的公共奋斗中敢于创造，相互竞赛，追求卓越，赢得荣誉（他人的目光）。唯有民主共和式政治才能提供这种前所未有地拓展人的存在空间的机会。[4]90-91

阿伦特的这种新亚里士多德、新共和主义的观点表达得颇为极端，但是沿着她的路线走的较为和缓的学者层出不穷。从某种意义上说，西方20世纪的社群主义、共和主义复兴都可以视为是在沿着阿伦特的路径继续发展。他们普遍对现代公民意识淡漠十分担忧，号召人们重新关心与参与政治行动。不过，在一个以自由主义为主流意识形态的现代社会中，很少有人会再主张国家水平的强直接民主，他们通常避免提出恢复雅典民主共同体那种万众一心的"伯里克利式政治"（所谓"美学化纪念碑精神的政治"）。他们大多提出了一些软化的版本。列入本译丛的法伦格（Farenga）的《古希腊的公民与自我》的"施为"（performance）公民身份学说就是一个典例。法伦格认为performance是当代对古代民主研究的最新最好模式。这种模式只诞生了三十年。[5]4-5不过，从法伦格所援引的主要学术资源戈德黑尔（Goldhill）等人对"雅典民主的表演式文化"的概括——表演、竞争、自我展现、观看、荣誉等等——来看，这显然与更早的阿伦特思想十分相近。法伦格更推进一步的地方在于，他并不想仅仅用这个词表达阿伦特-戈德黑尔的"舞台演出"意蕴。他提示我们注意performance在奥斯丁-哈贝马斯那里，还有"施行"（施为）即"以言行事"的涵义。这样的含义就失去了那种光彩夺目的美学政治色调，而是日常化得多的"施行"、"执行"的意思。民主意味着公民们集体作为主体施行正义、统治国家。同时，法伦格也希望能保留performance的"展现自我"的那一层涵义，只不过这大多是通过语言的施行力量进行的，而且所展现的不是一种、而是三种类型的自我：社群主义的自我、个人主义的自我、商谈主义的自我。一个人成为雅典公民意味着首先要遵循共同体的"剧本"（script，这也是一个文化人类学概念），即当好共同体安排的角色（me，为他人之在）。但是同时，民主共和政治要求每个人都能自由自主，所以它必然会走向纯粹个体和内在自我的觉醒（自为之在，self）。进一步，只要公民们商谈性地施行正义，则这样的个体依然处于语言之中，从而就要适当尊重和服从他者（对语义的共同理解），形成某种"为我们存在"（being for us）。[5]21,24-25法伦格不像阿伦特那样突出地抬高共同体公民身份而贬低私人身份。在他看来,一个好的公民必须知道这三种身份都是不可缺少的,在施行正义时既要忠于自己的祖国,又要保持一定的独立性、忠于自己作为"人类一员"的身份。必须学会在各种身份之间自如地转化,从而让不同的自我(公共我与个体我)都得到展现,共同存在,相互制衡,相互促进。① 公民身份理论在西方兴起之后,关于究竟民主社会的公民应当将什么当作"公民身份",是有不同看法和争议的,是国家公民还是世界公民,是精英还是大众。它带来的义务和权利又分别是什么。不同的学者持不同的看法。[6]⁹⁴ 法伦格的学说描述性很强,其规范性也可以说关注的是如何形成更好的公民身份,不过我们还是可以将其视为一种对民主的内在价值的辩护:民主所要求的主体施行正义的行动,有助于形成更为丰富多重和自主成熟的自我认同,从而开拓了人的更广的存在空间。[5]³¹

其实,民主的内在价值甚至未必需要是"给予每个人主权"那么强。每个人的基本尊严的保障也可以被视为具有重大价值(黑格尔:历史的终极成就就是"对平等人格的承认"意义上的自由),而这可以通过民主体制来保障。新共和主义者佩蒂特(Pettit)就认为,现代投票式民主机制未必能发挥民治的初衷,但是它依然是必须的和好的,因为它可以控制领导人,逼迫在意选票的当权者不敢任意冒犯百姓的尊严。② 当然,这样的内在之好未必需要直接民主体制来维护,可以靠代议制民主和法治。佩蒂特宣布自己是新共和主义而不是新民主主义。换句话说,他说自己是"罗马共和主义",而不是"希腊共和主义"。但是我们知道,在日常生活中,人们并不那么严格区分民主和共和,尤其是代议制民主与共和。

前面提到,对任何东西(更别说是"政治")提供内在价值辩护,在今天特别困难。市场经济与自然科学(尤其是生物学和神经科学)的超常(反常)迅猛发展,使这一切显得似乎太不"现实"。③ 也许,这更说明这种

---

① 参看 Farenga, *Citizen and Self in Ancient Greece*, pp. 30, 536. 法伦格的工作可以视为是在企图兼顾罗尔斯、桑德尔和哈贝马斯的直觉,将自由主义民主、古典民主和商谈民主整合到一个体系中。
② 参看应奇、刘训练编:《公民共和主义》,东方出版社,第129页以下。"现代民主理论"甚至主张这是民主唯一可以得到认可的目标,参看卡罗尔:《参与和民主理论》,上海人民出版社2012年,第13页。
③ 从市场经济的角度看,民主有没有价值,应当从效用量(货币值)的大小衡量;从自然主义的角度看,当事情可以在无意识层面更精确、更实在地解决时,人(民)治(理)将成为多余(副现象)。

内证努力在今天尤其有意义。因为内证指向的是对人这种存在的本体论意义的关切。否则，作为一种管理方式，民主确实是可以随着效率的有无多寡而产生与消亡，人们不必对其从哲学上加以如此坚持。①

## 二 民主的外在价值的辩护——"知识政治"

前面的讨论自然导向另外一个问题：即便民主有内在价值，但是政治是十分现实的，政治家必然要追问：民主是否有外在价值呢，它能否为一个国家带来生存、荣誉和强大？哲学强者的基本价值观是内心的强者：苏格拉底在《高尔吉亚篇》中批评伯里克利的"辉煌功业"为无意义。孟子也说王何必曰利，亦有仁义而已矣。然而，一个现实政治学家（韦伯：负责任的政治家）就不能止于此。如果以善致善不可能，那就只能以恶至善。斯坦福大学政治学系兼古典学系教授奥伯（Ober）提出，必须考察民主的表现（performance）。所以他不想与那些继承柏拉图理想主义、羞谈功利的保守派学者对话，因为双方的价值框架差距太远，实在难以有效沟通。② 他的基本立场是：民主作为一种内在之好（善）同时也能带来十分显著的外在之好（善），而这是值得庆贺的好（事）。收入本译丛的奥伯的《民主与知识》可以作为这方面的一个出色成果，让人看到学术界对民主的外在功效的最新系统论证方式。

奥伯其实十分熟悉古今对民主的质疑，他甚至写过这方面的专著。③ 他对今日学术界对民主的质疑也不陌生。民主具备外部之好吗？许多人对此质疑。甚至西方也有不少人艳羡信仰-集权-指令政体的高效率。柏拉图曾经批评民主的内在弊病是自私与愚昧。用今天的社会科学术语表达即，公共行动问题、协调共识问题、交易费用问题等等在集权国家中容易得到解决，但是在民主国家中却天然比较困难，结果势必导致民强国弱，在国际竞争中失

---

① 查看巴伯：《强势民主》，吉林人民出版社2006年版，第4页。
② 或许"不同派别的对话"也是有限度的。参看 Josiah Ober, *Democracy and Knowledge*: *Learning and Innovation in Classical Athens*, p. 40 注。对比：布鲁姆、密尔、尼采等等哲人都认为一国之好，在于自由、个体、丰富。维拉也认为公民具备批评力量才是真正重要的价值（Dana Villa, *Socratic Citizenship*, p. 300）。
③ 参看 J. Ober: *Political Dissent in Democratic Athens. Intellectual Critics of Popular Rule*, Princeton University Press, 1998.

败，或者走向某种集权体制。这就是意大利精英政治学派代表米歇尔（Michels）等人论证的"寡头铁律"。[2]$^{8-9,21,31-35}$

但是奥伯指出，这样的推理并不符合历史事实。事实是，民主在外在效率上丝毫不逊色于其他体制。它完全可以解决经济活力和强大凝聚力等等问题，甚至远远胜出其竞争者一筹。在他的《民主与知识》的第八章中，奥伯用现代社会科学方式将一个政体的"表现"（即它所带来的"外好"）具体化为几个指标：历史评价，总体繁荣度，硬币的分布，在历史文献中的提及次数，等等。他指出，按照这些（不少是可以量化的）指标，民主雅典的表现在古代可谓出类拔萃，无与伦比。于是，问题就不是"民主行吗"？而是"民主为什么这么行"？由于雅典即便在古代各个民主城邦中也表现得超常出色，还要询问为什么会出现"雅典例外论"的现象？总之，这不是一个有没有、而是一个如何解释的问题。

我们知道对此曾经有过许多种解释，比如雅典的帝国主义与奴隶制度是其强大的来源。这是以恶致善的解释思路。不过，还有以善致善的解释。伯里克利的葬礼演说就开创了这样的由内善向外善的解释路径。伯里克利理解的民主内在之善是民主赋予每个人以自由和尊严，这带来了超常的爱国心和凝聚力，使其心甘情愿地为国奋战。[7]$^{98}$奥伯的解释汲取了当代社会科学的最新研究。他首先指出，真正的强大在于知识（得到有效运用），这显然是"知识经济"、"信息社会"的特有思路。如果说知识经济是新强者，知识政治也将成为真正的新强者。① 当然，柏拉图早已重视知识的力量，并且正是因此而批评民主无知愚昧因而是坏体制。奥伯认真看待这一批评，但是他借用了市场学说和新的企业（公司）学说来为民主辩护。民主完全可以是智慧的，民主体制如果能充分汇聚和共享分散在大众中间的知识，反而能集思广益，比专家型集权政治更好地完成合作行动中的各项任务。[2]$^{268}$奥伯提示人们：希腊民主城邦可以类比的是当代新兴企业即某些 IT 公司，在这样的公司中，最为有价值的财产就是它们的成员的知识。事实证明，这些企业在激烈的竞争环境（市场）中往往通过对知识－信息的有效汇聚获得了巨大的成功。[2]$^{18,90,104-6}$

---

① 我们可以将现代专家视为某种新强者，知识强者。古代强者靠的主要是物质力量和纪律，比如斯巴达和罗马；而雅典的强大主要是知识带来的。在所谓现代性和后现代时代，知识的力量日益明显是主要的"强者"力量之所在。参看 Josiah Ober, *Democracy and Knowledge: Learning and Innovation in Classical Athens*, p. 106, note。

奥伯的新思路的核心启发是：民主的许多机制可以发挥我们意想不到的、导致外部高效率的作用。如果仅仅按照代议制民主的理解，投票是汇聚私人偏好的，那么这确实是无效的体制，阿罗这么看，奥伯也同意：如果只是当选民，其实没有什么力量。但是如果我们发现这些机制可以是为了别的目的，则它们非常有效。[2]$^{98-9,108}$ 这一目的首先就是社会知识论的。著名政治思想家邓恩曾经悲观地认为，专业知识的存在与人人统治的民主主张之间是无法协调的。民主的诸项体制设计是为了"避免直接镇压"，而不是保障"有效理解的稳定产生"。① 但是奥伯认为未必。如果仔细考察，就会发现民主雅典确实在用一个复杂系统的体制将分散的知识汇聚起来，全民共享，同时形成稳定的共识，保障了有效理解的稳定产生，使得国家强大而有活力。

具体而言，知识政治的任务分为三个方面：

首先，汇聚共享。人们大多知道被梭伦、克里斯提尼、伯里克利等逐渐建立起来的雅典民主的那些繁多的机制，比如十部落，500人议会，民众大会，陪审法庭，等等。它们忙忙碌碌，热热闹闹，每天在活动，花费也不菲。奥伯的问题是：如此巨大的活动费用，必须有相应的回报，才能维系。回报是什么呢？正是知识的汇集。民众当中其实有各种各样的知识，而且有各行各业的专家。但是如何将其汇聚起来，让大家都分享到，需要有效的机制。奥伯认为，从这个角度看，则雅典民主制中的500人议会、官员工作组等等，都可以视为是将分散的公民频繁地聚会在一起，建立起沟通和信任，同时熟知谁是能人，推举其填补结构洞，让各行各业的专家被认出和启用，让各人的不同知识得到互补性运用。[2]$^{123,135,142}$

其次，形成共识。人们在不知道其他人的意图时，往往难以协调行动。集权体制比较容易通过颁布命令和洗脑来解决这个问题。民主怎么办？有办法。奥伯认为，雅典民主发明了许多聪明的办法"形成共识"，比如建立了大量的公共纪念碑、建筑、剧场等等可以将共同信念广而告之。奥伯特别介绍了近来学者们对雅典民主时期大量建造的环形剧场和会场的功能的研究。这种"内观式"建筑可以令观众们在观看舞台上的表演的同时，相互看到伙伴们的反应，从而自然而然地达成信念共识。这样的建筑在雅典的非民主时期就隐而不显、很少建造了，在其他集权国家也很少见。阿伦特也注意到希

---

① 民主与知识之间的紧张关系，自古就是思想家关心的一个问题。参看 Schofield, Malcolm. 2006. *Plato: Political philosophy*. London and New York: Oxford University Press, chapter 4。

腊民主的公共领域中的"相互观看"的重要,不过她主要是看重这种措施所提供的荣誉的形成机会,而奥伯则从社会认识论的角度出发,强调这样的建筑可以帮助共识的建立。[2]<sup>169,194,199</sup>

最后,建立规则。在知识汇集和形成共识之后,为了减低交易费用,必须将知识建立为法规(codification)。雅典民主热衷于订立大量法规并认真依法行事。这样的政治文化使得普通人只要通过学习传统、遵循条规就可以完成许多大事。柏拉图认为民主的致命(外在)弊病是无知且高傲,不承认自己的无知,不愿意学习。① 但是我们看到,奥伯所理解的民主体制恰恰是一种学习型组织。当然,奥伯也意识到法规化的弊病是容易导向僵化。但是他认为雅典民主在学习与创新之间还是设法保持了平衡。

这三个方面完整地证明了民主可以是"智慧"的。要注意的是,上述社会知识论预设了民主的公共性。众所周知,柏拉图对民主的批评是两大方面:私心与无知。奥伯也知道现代民主理论公认民主的本质是私人利益集团的冲突和博弈。不过他并不认为这是民主的必然特征。如果民主是这样的东西,那确实难以解决公共行动问题。但是,完全可以像古代民主那样假设民主是公共的。于是,公民就会愿意和他人分享有价值的知识,而非总是想通过伤害他人来获利。那么,为什么古代民主可以是公共性的?奥伯的解释是:当时环境非常险恶,民主国处于众多竞争者之间,这会导致共同体的内部团结。[2]<sup>100-2,169</sup>更早提出"强势民主"的学者巴伯则认为,其实只要制度设计得当,进入公共领域的民主人会自动从私人转化为公民,所以不会仅仅在设法利用体制拼命实现自己的利益集团的偏好,而是会在共同商讨中改变自己的偏好,从而不会出现现代民主理论家们经常喜欢说的"投票悖论"等等问题。②

## 三 民主机制的其他作用——目光参政

奥伯的民主作为"高效知识政治"的思路可以归结为:第一,对人们熟知的体制做出新解释,第二,对被忽视的体制从新角度加以重视。这种"重新审视民主体制功能"的思路表明了古代民主研究者们不断借鉴其他学科的

---

① 熊彼特也认为民主的特点是无知。参看卡罗尔:《参与和民主理论》,第 16 页。
② 参看巴伯:《强势民主》,吉林人民出版社 2006 年版。哈贝马斯的商谈民主亦有与此相近的意旨。

新成果。事实上,自从 Finley 开创雅典民主研究之后,借鉴政治学、历史学、社会科学、法学等等学科领域模式的各种研究进路纷纷涌现。[5]$^{2,550}$在本译丛中,我们收入了格林的《人民之眼》,集中体现了这样的新尝试、新思路。

格林首先同意大多数学者的看法:人们对现代西方民主的效果普遍失望。然后他指出个中缘由是,大部分人一直都是在用声音模式(vocal)思考民主,将民主参政理解为人民直接进入公共领域发出自己的声音,包括最新的"商谈民主"也是如此(其要旨就是尊重各方的声音)。然而,这种"直接发声决策"(或者公共意见的汇聚)式民主确实已经被从韦伯到公共选择的主流民主理论家们证明基本上是失败了,是一个幻觉。不过,格林认为不必对民主灰心,他相信,解决之道其实已经存在。他说,人民直接充当统治者不可能,他们必然永远停留在被统治者(ruled citizen)状态,但是弱者依然可能能发挥强者的作用,"民主"依然可能,只不过新的渠道将不是"声音",而是"目光"(visual);不是"谈说",而是"凝视"。

这样的命题初看上去是反常识的,因为"看客"、"旁观"(spectatorship)本来似乎意味着软弱无力,怎么会是强有力呢?格林却论证我们可以拓宽思路,破除常见。第一,即便从日常视角乃至各种理论看,"凝视"也可能意味着强者的巨大杀伤力,让我们想想"神的注视","良知的目光",萨特的"自为之在的对象化目光",福柯的"权力凝视式目光"等等,就不难明白了。[1]$^{10}$第二,民主政治正是要采取许多措施让这些潜在的目光力量变得真正强大。比如当代民主体制中的总统选举电视辩论,公共质询,领导人新闻发布会,等等。[1]$^{99,194}$这些制度作为民主制度,其特点是领导人公开露面的整个过程的程序和条件不得由统治者本人操纵,而必须由人民控制,从而符合一个关键标准:坦诚性(candor)。

这样的"目光式民主"理解有几个好处,第一是顺应历史时代潮流。古希腊人确实以政治生活为最为主要的生活形式,人生大部分时间津津有味地放在其中。① 但是,在大国-工业化-市场经济的时代,人民不可能热衷于经常性地投身公共领域"谈说"。除了四年一次的选举,大多数人大多数时间中都是被动的被统治型公民(弱者)。② 这一沉默的大多数长期以来被民

---

① 参看 Balot, *Greek Political Thought*, pp. 298-299.
② 参看 Jeffrey Green, *The Eyes of the People: Democracy in an Age of Spectatorship*, pp. 204-5. 实际上,达尔认为穷人是暴民,他们少进入公共领域直接干政,或许是一件好事,参看卡罗尔:《参与和民主理论》,第 89 页。

主理论所忽视,这是不应该的。难道我们找不到让他们也能以某种方式经常性地发挥统治(强者)的方式吗?换句话说,为什么不可以设想弱者或被统治者也可以有自己的"政治生活"?[1]$^{33,62}$第二,目光式民主让"人"重新回到政治中。发声类民主包括商谈民主,关注的重点是立法而不是人的生活,是如何最终推动某种有利于自己党派的法律被通过。这样的党争式民主,其实是将人当成工具——推动立法的工具。[1]$^{204}$但是观看型民主则首先让统治者作为人重新登上舞台,出色表演(performance);[1]$^{184}$人民虽然并不登台表演,但是观看演出,并且享受观看政治家坦诚而高明的演出。这才是人与人的关系,它维系了表演自由与观看自由两种美好。这样的美好,在一个日益理性化、自然主义、市场化的今天,尤其难能可贵。在此意义上,格林的观点符合我们在第一节所说的"民主的内在价值的论证"。第三,这是让"民主"真正重新回到政治中。这种民主,是罗马式的而不是希腊式的,但是又不是"罗马共和主义"的,毋宁说是罗马式"群众民主"(plebiscitary democracy)。这个词在民主学者中一直是个贬义词,甚至比"希腊民主"还要糟糕,因为它唤醒的是对罗马时代由"民众领导"率领"暴民大众"反对共和贵族们的历史的回忆。格林用这个词强调,今天的民主国家中的真实事情和罗马民主一样,是领导人在表演,人民则是"被动"的观众——或许像当年角斗场中的大众一样,他们还享受观看。[1]$^{120}$唯有认清这是事实,才会由此出发设法设计有效的民主方式制约领导们手中过强的权力。如果忽视或者故意无视这个事实,反而会忘记或是故意不设计制衡方式。① 格林认为他的"目光民主"的设计,还可以使得被多元民主派搞臭的"人民"概念终于再次恢复名誉。"人民"在发声参政时,大多是作为利益差异很大的小群体,确实不太会是一元的,所以可以说此时并不存在作为统一实体的"人民"。但是,他们在"观看"或者监督领导人时,并不考虑党派利益,便在实质上构成了一个共同的"人民"实体。[1]$^{205-206}$

所以,在今天也不必对"民主"失望,只不过如何看待真正发挥民主作用的渠道、机构、方式,需要我们有足够的理论想象力,需要政治思想史上

---

① 韦伯已经指出:领导与人民之间相对清晰的区分,以及领导依然拥有很大的权力,乃是现代大众民主的一个特点。格林因此认为既要承认事实,又要想办法在此基础上继续贯彻民主。比如,既要接受领导,又要用观看等方式来制约领导。Jeffrey Green, *The Eyes of the People: Democracy in an Age of Spectatorship*, pp. 149, 152, 156.

的方法论创新。

无论是奥伯还是格林,无论是"发声"还是"凝视",都坚持古代直接式民主在今天依然可以发挥相当积极的作用。这在今天普遍质疑古典民主的大背景之下,是反潮流的。

## 四 制约民主的民主——哲人式公民

上面介绍的著作可以说都对古代直接民主的意义重新加以肯定。但是,古今思想家忌惮和反对直接民主,也不是没有道理的,比如大众暴政、不尊重私权、不尊重自由思考、情绪化、愚昧,等等。历史上也曾经发展出一系列对治这些弊病的机制,比如法治、① 理性化②包容机制、宗教、大众传媒和自由思想家的独立,等等。这些机制的本质究竟是什么,又有争议:它们究竟属于"民主"的一部分或应有之义呢,还是对民主制衡的非民主机制?③

民主的特有弊病大致可以分为两大类:私人化或是公共化。前者是柏拉图所描述的民主倾向于走向个人主义和党争,以及自由主义体制下的最小政府论和政治冷漠;而后者则是人民主权所容易带来的道德优越和狂妄。"复兴古代民主者"可能会忽视后面这种民粹主义问题。不过,历来有不少深刻的思想家意识到这个问题的危害,并且建议用民主之外的某种机制抗衡之。著名的有诸如托克维尔和尼布尔,他们强调独立的信仰体系能抗衡民主的道德自义天性。非宗教的抗衡方式则主要是代表独立自由批判性反思的哲学。维拉(Villa)的《苏格拉底式公民身份》提出了"哲人型公民"学说,是这方面的一个富有新意的成果,我们已经收入本译丛。

在维拉看来,为了反对政治冷漠而热烈拥抱社群主义已经成了今天的一

---

① 维尔南就指出,雅典民主机制的主旨可能是为了法治:将权力放到中间(meso)。
② 理性化是现代性的重要特征,韦伯传统的人比如历史学家黄仁宇都这么看。泰勒式管理体制或许是其典型例子。但是,它的本质恰恰不是"民主"。参看卡罗尔:《参与和民主理论》,第49页。
③ 比如,法治其实与民主可以是对立的。民主是主体的、表演的、生活的;而法治则是结构-功能机制化导向的。作为乐观主义者,奥伯认为雅典已经看到民主的所有问题,并都加以防范了。Ober, Josiah. 2008. *Democracy and Knowledge: Learning and Innovation in Classical Athens*, pp. 78–89. 这些问题的现实意义是:如果一个后发民主国家总是失败,是因为民主体制不健全还是忘记了同时建设这些"民主之外"的体制?

个时尚。① 然而，对古代式民主即公民政治的无条件复活号召，是相当成问题的，它很可能会带来更可怕的危害，导向毫无批判能力的新盲从。[8]³⁰¹ 为此，他诉诸苏格拉底的洞见：未经过审查的公民生活不值得过。而苏格拉底作为与政治拉开批评距离的哲人，以这样的方式维护民主政治的健康，也可以说是一种另类的"民主派"或者"公民"。[8]³⁰⁵

维拉认为苏格拉底与柏拉图不一样，从未提出过任何正面的道德教条。苏格拉底如果说在历史上首创了"道德个人主义"的话，那么就在于他集中精力专门批评民主国家和一切共同体的道德自义。伯里克利时期的民主，以思想和行动的"合一不分"为骄傲自豪，个人完全认同共同体。但是，未经批评反思的行动，承载了道德优越感，会带来许许多多更为严重的灾难，这值得哲人专门投入时间和精力去对付。[8]²³,²⁶,³⁹,⁵⁷⁻⁸ 在《高尔吉亚篇》中，苏格拉底自诩为雅典唯一的政治人。不过，苏格拉底"哲人公民"的特点是仅仅批评，而并不行动，其主要任务就是通过反思使得政治行动慢下来。从这个角度看，苏格拉底的"不行动"与梭罗等的哲学行动观相比，也可以避免乌托邦革命的危险。[8]⁵⁴⁻⁵⁶ 这种纯粹负面性的哲学批评治疗工作，对共同体的健康发展，本身就具有很大的建设性意义，尽管民主共同体往往并不领情，而是将其视为不道德、坏公民。②

总之，维拉旨在论证从苏格拉底身上我们可以看到一种新型的公民身份，即哲人型公民，他本质上不是反民主，而是民主的健康发展所不可或缺的一个要素。有意思的是，有的学者认为民主的"商谈"或人人有权发言的制度的更深刻意义，恰恰就是相互批评提醒；③ 而有的学者如 Schofiled 和 Wallch 甚至认为，柏拉图也是这个意义上的民主派。[5]¹⁸

维拉为了防止民主共同体崇拜的狂热，可能过分强调个人与共同体之间的距离了。其他许多希望恢复古代民主的益处的学者们则努力同时治疗现代民主中冷漠与狂热双问题。比如法伦格就建议在内在个人主体自我和社群共同体自我之间保持某种平衡。一个健康的公民应当能够在不同的框架之间来回转化身份，因为它们各自都重要，而不能让一种框架吞掉另外一种。[5]⁵⁴³,⁵⁴⁷

---

① 中国学者对西方有关公民身份的热烈讨论已经关注，并且有多部译著在"西方公民理论书系"的翻译工程中出版。
② Dana Villa, *Socratic Citizenship*, pp. 29, 33. 当然，在《高尔吉亚篇》中，苏格拉底自诩雅典唯一的政治人，参看 Dana Villa, *Socratic Citizenship*, pp. 17, 19
③ 参看 Balot, *Greek Political Thought*, pp. 65 – 66。

## 结 语

在今天的政治哲学和政治思想史学界中,当说到"反对民主"时,人们一般会想到施特劳斯派等少数保守派,而认为主流政治理论家是力挺民主的。但是从联邦党人到托克维尔,从公共选择论到集体行动论,主流学界即便看到民主的必然性和优越性,还是一直对民主尤其古典民主的潜在问题感到深刻的忧虑:直接民主既是无力的,又是危险的,它有可能带来大众暴政,压制多元和自由,罔顾专家而自信傲慢,低俗而无效率。许多人甚至认为:西方社会如果成功的话,靠的也不是"民主",而是其他的东西诸如自由主义,小政府(弱政治),共和,分权制衡,市场经济看不见的手的作用等等。① 为民主的价值辩护者,反而显得是"逆流而动者",必须提出扎实的理由论证。本译丛将这样的学者——他们有哲学家、史学家和政治学家——的一些最新成果译介给读者,正是试图展示学者们为民主平反的新切入角度,不少是前人未曾思及的,非常有启发性,开拓了政治哲学和政治思想史的视野。然而,这些工作之间又不完全相同,甚至观点有分歧和冲突。比如奥伯主张人民之声依然非常有用,[2]101 但是格林则持不同意见,他认为应当更多地考虑人民的眼睛。这样的分歧还体现在对一些关键词的理解上。比如,Performance 是一个在近几十年西方学术界十分流行的关键词,然而它在不同的人那里意味着不同的理论模式。在阿伦特那里,它更意味着表演,在法伦格那里,就添加了"施为"(施行)的意思;在格林那里,领导表演,群众观看表演。而在奥伯那里,performance 指的是一个体制的能力或"表现"。[5]5 总之,这一个词可以表达人类行为由内到外的各个层次。

正是看到学者们的分歧或者丰富性,上面我们试着对其宗旨进行了一些划分。最主要的划分是将民主辩护论分成从内在价值出发的论证与从外在价值出发的论证。有意思的是,哲学家们多从内证看民主的利弊,而历史学和政治学学者则多从外证看,他们更为"现实主义"。不过,这样的学科偏好也不是绝对的。甚至以专门论证民主的外在效力著称的奥伯,也强调民主的

---

① 参看约翰·邓恩:《让人民自由——民主的历史》,新星出版社,2010 年版,第 183 页。

正当性证明主要还是内在的，即它的内在价值是首要的。① 在此值得指出的是：阿伦特的外证和奥伯的内证，都来自亚里士多德。甚至他们描述终极目标时所用的术语即"繁盛"（flourishing），也都来自亚里士多德。可见亚里士多德的思想极为全面，内外兼修，影响至今不竭。

在现代，从内在价值论证民主共和的意义，尤其困难。因为现代性设定个人主义为最终价值本位，于是一切政治方式归根到底是个人的幸福的工具。如果从这个角度看，则民主能完成的事情，只要可以被开明专制或自由贵族制等其他体制完成，逻辑上看不出为什么一定要坚持民主与共和。② 由此看来，希望依然维系民主共和内在价值的，是所谓"强者"。强者政治学与弱者政治学③不同，关心的不是第三人称的效率（或者演化论适存度意义上的功能），而是第一人称的内在价值或人作为人的幸福（之善）。用伦理学类型学的语言说，它关心的不是后果论，而是完善论。关心这样的价值，尤其是试图在极为现实的政治当中追求实现这样的"理想主义"价值，确实是某种"奢侈"。从古典哲学的角度看，唯有强者才能享有这样的奢侈，同时也必须去追求这样的奢侈。否则就不配"强者"之名。

进一步的问题是：内与外有没有关联？在一个险恶的国际环境下，仅仅重视内在价值比如人的尊严，或许是玩不起的奢侈。然而，奥伯认为民主不是奢侈，它很现实。民主作为一种内在之好能带来外在之好。注意这种解释并不像它看上去那样是自然而然的。许多学者尝试过，但是都失败了。比如卡罗尔在解释现代企业民主化实验时也提出了类似的论证：当工人能控制自己的工作时，就能感到尊严和自由，便会主动发挥更大干劲，带来更高效率。④ 但是，这种"企业民主解释"显然过于理想化了些，她所钟爱的南斯拉夫的工人自治的实践从后来的经验看也未必成功。科斯的企业理论表明，作为

---

① Ober, Josiah. 2008. *Democracy and Knowledge: Learning and Innovation in Classical Athens*, p. 23。奥伯在古代民主史领域发表过许多影响广泛的著作。他之前的一些重要著作可以视为是对民主的内在价值的辩护。
② 参看巴伯：《强势民主》第 26 页。政治的未来与以神经科学、演化论、人工智能等为代表的结构功能取向的"新自然主义"价值观的关系，值得专文讨论。
③ "强者政治学/弱者政治学"的理论模式参看包利民：《古典政治哲学史论》，人民出版社 2010 年，导论。这个模式在今天依然有效。现实主义者如韦伯、熊彼特等都用切实的事实指出，在民主社会中，人民并未真地直接进行统治。"强者政治学"与"弱者政治学"的二分，在今日西方民主世界中还是清晰可辨，进入 20 世纪之后甚至加剧而非缓解了。
④ 卡罗尔：《参与和民主理论》，第 54 - 5，58 页。

降低交易费用的需要而出现的企业应该不是民主的，而是等级体系的。① 奥伯却用"新企业理论"由内向外解释雅典的成功。这是基于一种独特的社会认识论解释：如果将雅典民主的那一套机制理解为"高效知识共享机制"，那就自然可以理解民主国家为什么会取得外在的强盛。奥伯的思路如果能够普遍成立，在历史哲学上将引发深思：这是否意味着善（好）而非恶（坏）也可以成为推动历史进步的主要动力，从而亚当·斯密和黑格尔的历史哲学（看不见的手与理性的狡计）就未必成立？人类将可以在现实政治经济中直接地既追求外在之好，同时又追求内在之善。

当然，这即使是可能的，也并非自动的、自发的；它需要自觉努力。当一个民族获得了外在之好后，应当积极乘势发展内在之好，如古代雅典人的所作所为那样，从而为人类文明做出些永久性和普遍性的贡献，并且为自己的可持续发展保持某种特殊而强大的红利。

许多人为本译丛的选题、翻译和校对做出了贡献，我们在此表示十分的感谢，尤其要感谢的是奥伯教授、林炎平先生、格林教授等人对本译丛的大力支持，感谢林志猛编订了译名表，并与罗峰、文敏等校对了部分译稿。热心古典学术事业的人是纯粹的。

包利民

2015 年 3 月 1 日

## 参考文献

1. Jeffrey Green, *The Eyes of the People: Democracy in an Age of Spectatorship*, Oxford: Oxford University Press, 2010.
2. Josiah Ober, *Democracy and Knowledge: Learning and Innovation in Classical Athens*. Princeton: Princeton University Press. 2008.
3. Robert D. Putnam, *Bowling Alone: The Collapse and Revival of American Community Putnam*, Robert D. Simon & Schuster, 2001.
4. ［美］阿伦特：《人的条件》，上海：上海人民出版社，1999 年。［Hannah Arendt, *The Human Condition*, trans. By Zhu Qian, Shanghai: Shanghai Renmin Press, 1999］

---

① Ober, Josiah. 2008. *Democracy and Knowledge: Learning and Innovation in Classical Athens*, p. 103.

5. Vincent Farenga, *Citizen and Self in Ancient Greece*, Cambridge: Cambridge University Press, 2006.
6. ［英］德里克·希特：《公民身份——世界史、政治学与教育学中的公民理想》，吉林出版集团，2010。［Derek Heater, *Citizenship: The Civic Ideal in World History, Politics and Education*, trans. By Guo Taihui and Yu Huiyuan, Jilin: Jilin Publishing Group, 2010］
7. ［古希腊］修昔底德：《伯罗奔尼撒战争史》，广西师范大学出版社2004年。［Thucydides, *The Peloponnesian War*, Guangxi Normal University Press, 2004］
8. Dana Villa, *Socratic Citizenship*, Princeton: Princeton University Press, 2001.
9. 约翰·邓恩：《让人民自由——民主的历史》，新星出版社，2010年版。［John Dunn, *Setting the people free: the story of democracy*, trans. By Yintai, Xinxing Press, 2010］

# 目 录
## Contents

| | |
|---|---|
| 前言 | 1 |
| 致谢 | 1 |
| 第一章　语境中的含义：如何撰写一部希腊政治思想史 | 1 |
| 第二章　城邦、政治和政治维度——希腊人的发明 | 11 |
| 　　补充阅读1：史前希腊世界及初史的希腊世界　大约公元前1300~前750年 | 24 |
| 第三章　一人统治：荷马的政治学　大约公元前759年 | 29 |
| 　　补充阅读2：古风时代的希腊世界　约公元前750~前500年 | 41 |
| 第四章　多人统治：梭伦的政治学　大约公元前600年 | 45 |
| 第五章　所有人统治：雅典革命　大约公元前500年 | 53 |
| 　　补充阅读3：古典希腊世界（一）　大约公元前500~前400年 | 63 |
| 第六章　人类的尺度：希腊人发明的政治理论　大约公元前500~前400年 | 67 |
| 第七章　苏格拉底的审判　公元前339年 | 75 |
| 　　补充阅读4：古典希腊世界（二）　大约公元前400~前300年 | 88 |
| 第八章　重新考察一人统治：色诺芬、柏拉图、伊索克拉底、亚里士多德以及亚历山大大帝的政治　大约公元前400~前330年 | 93 |
| 　　补充阅读5：希腊化的希腊世界　大约公元前300~前30年 | 104 |
| 第九章　人造乌托邦：斯巴达革命　公元前244~前221年 | 107 |

补充阅读 6：'Graecia capta'（希腊的沦陷） 大约公元前 200～前 120 年 *116*

第十章 政治学的终结？普鲁塔克的世界 公元 100 年前后 *121*

第十一章 希腊的遗产与今天的民主 *127*

年表 *133*

附录 1 选段及文献 *139*

附录 2 精读"老寡头" *141*

文献综述 *145*

参考文献 *151*

译名表 *167*

# 前　言

> 下一步必须转向政治的研究；去认识政治社会的起源、终结和道理。
>
> ——约翰·弥尔顿《论教育》（1644）

约翰·弥尔顿差不多正好是在我写下这篇序言时的400年前诞生的。把华兹华斯（Wordsworth）的话改一下正好符合我们的描述：弥尔顿的精神至少在当下依旧焕发着生机。如今，政治理论的实践以及与其相关的历史研究，作为一门集哲学、历史和社会思想于一身的边缘学科，正经历着一场蓬勃的复兴。而正是在此番学术复兴以及对相关实际政治越发重视的背景之下，古希腊人在西方政治传统中所扮演的首创及首要地位，获得了普遍的认可。按惯例，民主类通识书籍通常都会在开头首先推崇一下古希腊人；少许著作甚至试图适当肯定古希腊人那种与今天截然不同的民主类型（比如邓恩[Dunn]在2006年出版的作品就很典型）。有一种较有新意的做法是，对希腊的基本观念（尤其是以"自由"与"平等"为自明要素的民主观念）在当代话语中的潜在呈现与相关性进行重新考察（尤见Barber 1984, Euben, Wallach and Ober 1994；并参看本书第二章）。因为政治理论还怀揣着一番非常理所应当的抱负，即对学术圈外更大的世界产生影响。

眼下的这份研究是一部历史学家的作品，将其编入当前的这套系列丛书是再合适不过的了。专门从事古代研究，对梭伦、德谟克利特乃至斯法埃鲁斯和普鲁塔克等"伟大思想者"了如指掌的哲学家以及专家们，或许会对本书因在总体上缺乏对文本的精读或详细的语境分析（或者两者都不够）（但见附录II）而感到遗憾；而且可能会让他们更感遗憾的是，作者在进行这些尝试时所表现出的无能为力。倘若说，历史学家往往会轻视或无视哲学的精微之处，那么就我个人经验来看，大多数的专业哲学家也同样不怎么了解那些曾对政治思想产生过重要影响的历史,而且也提不起兴趣去了解——无论是对于较为面宽的社会、经济和文化史,还是对于较为面窄的政治史来说均如此,尽管从道理上来说本不该如此。

就是在这样的情况下,才有了这部试图在两方面结合的作品。我考察的方法是将"观念置于语境之中"(ideas in context,该词组取自于剑桥出版社的另一套系列丛书的标题),我将在第一章中对此方法论进行详述。让我感兴趣的,既有悬于空中楼阁的政治理论,也有作为普通语言(ordinary-language)在日常使用的政治思想。在这里,主要吸引我的并非精英式的理论,而是普罗大众的思想,即便这些思想是尚未成熟或言不达意的——这部作品与我的另一部较早的作品(Cartledge,2002)形成了鲜明的反差,在后者中,仅仅只有亚里士多德被当作让人信服的见证者,似乎只有他所提供的证据才揭示了古希腊人在公民身份、性别和奴隶制方面的理论思想。所以,我在本书中将把关注重点放在普通希腊人的思想与集体行动之间的关联,尤其是和革命行动之间的关联。因此,所谓"人类的双重能力——对于利益、正义及善的理性思考能力以及公开谈论的能力"(Rahe 1992:229)就只构成了我的叙事的一个部分。但是毋庸置疑的是,在另一方面,对于古希腊政治思想概念的分析及处理都会完全基于现存的证据——对于这一时常会让人感到棘手的方法论问题,在第一章中我会详谈(另见 Cartledge,1998)。

"关键主题"(Key Themes)丛书的读者群体通常是教师同行和学生,尤其是古典学、古典研究、历史学以及社会和政治科学领域的他们,而我的目标受众尤其指向年轻人——其实这有悖于亚里士多德的教训,因为他曾告诫过:不要试图教授年轻人政治理论(*Nicomachean Ethics* 1095a2 – 6;cf. 1142a11 – 12,1181a9 – 12;另见 1179b7 – 8)。我所涵盖的古希腊世界,时间跨度大约有 1000 年,空间覆盖面则从中亚至西欧。当然,在这段时期的这片区域上,发生了若干次重要的政治更替;而本书的重要目标之一,就是去勾勒和诠释其中的一些变动,至少也是将其还原至最初的语境。然而,抛开这些变动与差异,古希腊世界作为一个整体,还有着某些共同的特性,这使得他们与我们的世界在几个根本方面存在着重大的不同。比如:政治单元的大小,技术的性质与水平,宗教的地位和功能,对于非公民群体(包括女人)的排他性,以及——再怎么都不能忽视的——奴隶制方面的实践及思想观念(Cartledge,2002,第六章)。

因此,我进行史学回顾的主要目标之一就是去引导人们关注这些异质性,并对此作出公正的评判。另一方面,古希腊**城邦**(*polis*)较小的规模以及其深厚的政治特性——包括大量高强度的自我批判和反思性，可能使其不仅成为各种观念上演的剧场，还成为培养公民审慎的学堂。我们将自己所偏好的自我统治模式（以及统治或至少是控制他人的模式）贴上"民主"的标签，这表明我们选择古希腊人作为我们的政治祖先，而正是出于这个原因，所以我必须自始至终对古代与现代在政治思想和行动之间存在的"干扰"保持警惕。

就本书范围而言，我们的讨论将一直从荷马史诗中的阿喀琉斯之盾（第三章）延续到普鲁塔克的小册子"对公共生活的建议"（Advice on public life）（第十章）。前者是一件构想出来的纯手工打造物，由阿喀琉斯之母女神忒提斯托付古希腊人的匠神赫菲斯托斯所制，《伊利亚特》（第十八卷）中对此有一番动人的描写；这面盾被巧妙地描铸上了两座"城池"的图像，一座和平宁静，一座战火纷飞①；当时正处于一种全新的、现实的希腊国家形态——**城邦**——形成的早期阶段或接近早期的阶段（第二章）。至于普鲁塔克的策论，则是在近一千年后的罗马帝国鼎盛期间，专为希腊人或希腊语读者所作的。当时的**城邦**，作为自治权力单位的重要性已经彻底缩水了，尽管作为基本的社会化和社群凝聚的中心——尤其是通过共有的公共宗教仪式的媒介，它仍然保有着象征性的吸引力。

我们不可避免地会把目光聚焦于公元前4世纪的政治哲学作品，其中首要的当数柏拉图和亚里士多德的著作（尤见第八章）。相对来说，柏拉图看上去与实践政治似乎没什么直接关系，但其间的部分原因是（这点我确定）他那颇具创见与智识的观念无法在普通希腊民众（柏拉图对他们就算没有表达鄙夷，也表达了某种厌恶之情）中引起共鸣。相反，亚里士多德的思想则有更多的实践性，而且也务实得多，他为我们在有关古希腊政治及政治事务构想的本质方面，提供了不可或缺的信息。即便如此，我们依旧有不少合理的理由认为，应该越过公元前4世纪晚期——这个时间段通常被当作古希腊政治学与政治思想研究的界标——进入希腊化时代。我有两个如下的理由。第一，斯巴达，这个在外人眼里总是作为迷人的政治反思的源泉，在这期间第二次对重大的政治变革与思考形成了直接且积极的影响（第九章）。其二，

---

① 译注："盾面上，他还描铸出两座凡人精美绝伦的城邦。一座表现婚娶的场面和节日的欢畅……在另一座城堡的周边，聚集着两队英壮，甲械闪闪发光，不同的意见把他们分作两帮……"参见荷马著，陈中梅译，《伊利亚特》，译林出版社，2000年版，原书第十八卷，第490－540行。

公元前最后三个"希腊化"世纪的作家和思想家,包括了新的哲学流派或哲学运动的成员,其中不乏有人致力于将政治观念付诸实践;一位重要的历史学家,梅格洛波利斯的波利比阿(Polybius)就把政治思考作为他解析罗马崛起成为"世界"强国的关键。

因此,我会讨论犬儒学派和斯多亚学派自身的作为(与"写作"),但是罗马在本书中只充当波利比乌斯和普鲁塔克的政治思想产生的背景而已,这两人本质上是希腊人。尽管罗马人接受古希腊观念(Graecia Recepta,而非贺拉斯的 Graecia Capta,见补充阅读6)对于近代早期以及一般现代人对希腊式民主的接纳——或更为通常的:拒绝——而言是决定性的,但是本书没有充分空间对罗马政治思想进行恰当的语境化解读了,尤其是对西塞罗进行解读。此人以令人震惊的方式,设法从字面意义和比喻意义上将他的希腊源头的思想翻译成为一种适应于完全异质的"共和国"[res‐republican]语境的思想。

剑桥大学,克莱尔学院
2008年9月1日

# 致　谢

眼下这本书大可以说是剑桥出品。它大体上是根据——如今看来却多少有些偏离——1980年代我在历史系时定期为本科生开授的政治思想史讲座，内容上溯古希腊人，下至约翰·洛克。我希望选修这门课的学生，还有那些修读剑桥大学跨学科——古典学、历史学、社会学和政治学——哲学硕士（政治思想和思想史方向）学位的学子，以及所有在英语世界里被录取进入类似项目的本科生和研究生——更别提他们的老师了——觉得这本书读起来既让人兴奋又使人受益，正如我写作时感受到的那样。

这本书是对两位伟大的学者和教师——也是我极好的朋友和同路人——的致礼与缅怀。他们都对古希腊的政治思想抱有特殊的兴趣。

摩西·芬利（Moses Finley，1912～1986年）是离我最近的前辈，为身处剑桥的我带来了教学与研究等方面的诸多鼓励。作为一个学识广博、具有批判性且平易近人的公共沟通者，他一直是我的行为楷模，他已远远超越了古典学乃至作为公共机构的大学的学科边界。我很高兴地知道位于费城坦普尔大学（Temple University）的丹尼尔·汤普金斯（Daniel Tompkins）教授手头藏有一份对"早期"芬利的重要研究，同时，穆罕默德·纳菲斯（Mohammad Nafissi's）在2005年出版的著作亦很清楚地表明了芬利在古典学与古代史之外的持续影响力和启发性。

皮埃尔·维达尔-纳盖（Pierre Vidal-Naquet，1930-2006）是政治理论与政治实践联姻的鲜活体现。他将自己视作从伏尔泰到左拉一脉相承的公共知识分子，不愿对那些他认为荒谬的政治不公事件——无论是在被殖民的阿尔及利亚还是大都市的法兰西——保持缄默，为此遭受了事业上的影响。全靠他和已故的让-皮埃尔·韦尔南（Jean-Pierre Vernant），文化史家与古希腊文学评论者中的"巴黎学派"方能置身于全球古典学界疆域图的正中；正是通过自己和科尼利厄斯·卡斯特里迪亚斯（Cornelius Castoriadis）等其他学科中同样坚定的学者间的关系，维达尔-纳盖维持了古典学与古代史在"人文科学"（les sciences humaines）这一广阔领域中的高调姿态。

在生者之中，使我获益最多的当属我如今以及曾经的剑桥同事们，尤其是我的丛书的共同主编彼得·甘西（Peter Garnsey）和马尔科姆·肖菲尔德（Malcolm Schofield），他们不断地给予我支持与鼓舞（包括且不仅包括极为慷慨地以其过人的敏锐洞察力通读了倒数第二版草稿）；还有（按字母顺序排列）安娜贝尔·布雷特（Annabel Brett）、派翠西亚·克罗恩（Patricia Crone）、尼克·丹耶尔（Nick Denyer）、约翰·邓恩（John Dunn）、帕特·易斯特林（Pat Easterling）、雷蒙德·格斯（Raymond Geuss）、西蒙·戈德希尔（Simon Goldhill）、杰夫·霍桑（Geoff Hawthorn）、伊斯特万·宏特（Istvan Hont）、迈克尔·伊格纳季耶夫（Michael Ignatieff）、梅丽萨·雷恩（Melissa Lane）（她还十分体贴地阅读了整本书的基本敲定的草稿，并提出了最有帮助的评论）、艾莉卡·莱安瑞（Aleka Lianeri）、杰弗里·劳埃德（Geoffrey Lloyd）、罗宾·奥斯本（Robin Osborne）、盖瑞·朗斯曼（Garry Runciman）、大卫·塞德利（David Sedley）、昆汀·斯金纳（Quentin Skinner）、加雷斯·斯特德曼·琼斯（Gareth Stedman Jones）、理查德·塔克（Richard Tuck）、罗伯特·瓦尔迪（Robert Wardy）和詹姆斯·沃伦（James Warren），他们使我获益良多；在我先前带过的博士生马特·艾奇（Matt Edge）、琳恩·鲁宾斯坦（Lene Rubinstein）、琼安娜·索宁（Joanne Sonin）和斯蒂芬·陶德（Stephen Todd）的身上，我也学到了许多。

我还想对那些身在剑桥以外的其他大学却同样通过文字与对话激励着我的志同道合的同行们表达最诚挚的谢意，特别是赖安·巴洛特（Ryan Balot，圣路易斯华盛顿大学）、珍妮特·科尔曼（Janet Coleman，伦敦政治经济学院）、弗朗索瓦·阿尔托（François Hartog，巴黎高等社会科学研究院）、卡尔·赫尔克斯坦普（Karl Hölkeskamp，科隆）、腓力·密茨斯（Phillip Mitsis，纽约大学）、乔希·奥伯（Josh Ober，斯坦福，原在普林斯顿）、波林·施密特（巴黎索邦）、罗尔夫·施耐德（Rolf Schneider，慕尼黑）和艾伦·伍德（Ellen Wood，原在多伦多约克大学），以及所有——名字太多恕不列举——来自东欧与西欧或远在大西洋彼岸的那些曾经在1992年5月参加了由杰弗里·劳埃德和我在剑桥大学达尔文学院共同组织的名为"希腊革命"的研讨会的同行们。

最后，既然这本书已酝酿许久如斯，我应该指出某些章节的早期版本已经出版或发表，详情如下：

第一章：卡特莱奇，1996b，1998。

第二章：卡特莱奇，1996b，2000a。

第五章：卡特莱奇，2007。德文版见卡特莱奇，2008，第一章。

第七章：这一章节的第一个版本于2006年3月发表在伦敦大学皇家霍洛威学院古典学系的戴比斯讲座上（我尤为感谢乔纳森·鲍威尔 Jonathan Powell 教授及其同事的邀请、指导和款待）；第二个版本于2006年5月，承托尼奥·赫尔谢尔（Tonio Hölscher）教授与约瑟夫·马朗（Joseph Maran）教授的友情邀请，在海德堡大学发表（见卡特莱奇，2008，第三章）；第三个版本于2006年9月，纽约大学，发表在我作为首位希腊议会全球特聘教授（民主理论与历史方向）的就职演讲上。

第九章：一个较之远为简短的版本在美国古典语言协会（American Philological Association）2005年1月的波士顿年会上的一个座谈小组中发表。关于"乌托邦思想"，另见卡特莱奇，1996a。

除此之外，我尤为感谢相关的会议召集人和图书编辑，他们使我的贡献成为可能。

# 第一章 语境中的含义：如何撰写一部希腊政治思想史

经验和历史给我们的教训就是，人类和政府从来不知道汲取历史的教训，也不遵循从历史中得来的规律。

格奥尔格·威廉·弗里德里希·黑格尔，<br>《历史哲学》（Philosophic der Geschite），1822 – 1831

人类从此
一律平等，不分阶级，不分民族，也不分国家，
不再畏惧，不再崇拜，不分等级高低；每个人都是
他自己的王。

珀西·比希·雪莱<br>《被束缚的普罗米修斯》（Prometheus Unbound），1820

从一些重要的政治学家那里引些话，以证明研究政治思想史的重要性，这并非难事。"自由的准则以及关于政府的话题……将会一直让人类着迷，只要它们涉及公民社会"，乔治·华盛顿如是说（另 Rahe 1992：581；见 Thomas Jefferson 及 Rahe 1992：709）。当代学者不再那么沉迷于幻象，或者说，他们是已经醒悟的；然而即使是最尖刻的批评家，不管他们自己是否意识到，他们都在执行一项两千四百多年前由苏格拉底设想的，并由他最著名最杰出的弟子柏拉图公之于众的任务：对于一个人来说，"未经检验的生活不值一过"（《申辩》[Apology] 38A）。

然而，撰写一部有关政治思想的"历史"——在连绵不断的意义上——会面临一个或者说一系列的重要问题。比如，假定我们要尝试写一部（约

翰·波考克〔John Pocock〕曾在 1962 年建议过的）政治话语史（history of political discourse），它将包含、甚至强调具体论说语境中的各种修辞，而非仅仅抽象的政治思想史。然而关键的问题就在于，我们是否真的能构建在任何特定语境中与特定社会相对应的话语的所有心态、范式、传统、观念意识以及语言（Rahe 1992：12）。要么，假定我们打算——我也确实这么想——采用一种非常贴近真实语境的方法，即把古代人的文本当作其原始对话，同时也当作与我们当代话语模式的对话来理解（斯金纳〔Skinner〕1969）。不过，这种"斯金纳式"的路子遭到了不少批评（Rahe 1992：916 n. 7），一是因为它选取的特定文本远未达到高尚水平，二是因为其有为己所用的目的。当然，有些批评家是永远有话说的。

## 史料

我们历史学家想要探寻古希腊政治思想史——而非高调理论，于是便会面临无法逾越的严峻障碍。公元前 6 世纪后半叶之前，在希腊的任何地方都没有出现过散文体式的"文献"，公元前 5 世纪后半叶之前，此类文献也没怎么被保存下来。与此同时，却有大量留存下来的其他材料可以填补这段寂静时期。如果我们把雪莱的一句著名格言改写一下，颠倒个儿来说，那么从荷马（Homer，约公元前 700 年）到品达（Pindar，公元前 518～前 446 年）的早期希腊诗人就都是一批"公认的语言立法者"。他们不仅是典雅和品味的判定者，也是思想意识与道德价值的发言人——尽管这会有争议。雅典的梭伦（全盛期约公元前 600 年）就符合这点，他将诗歌和政治以一种最实际、同时又不失想象的方式结合了起来（第四章）。雅典悲剧作家是一批非常特殊的诗人，他们创作的悲剧作为一种官方认可且突出显著的传播媒介，同时具备了传递宗教思想和世俗消遣的功能，这一传统在希腊至少从公元前500 年就已开始。这批诗人的作品风格本来属于一种公开的说教，不过对时政和流行观念进行批判时还是必须采取一种间接的、类比式的方法，因为悲剧的情节无一例外均取材于诸神和英雄们的神话。（最大的一个例外是埃斯库罗斯〔Aeschylus〕的《波斯人》〔Persians〕；见补充阅读 3）

被正式写下来的散文作品要到公元前 550 年之后才被创造出来并公开发表（米利都的阿那克西曼尼〔Anaximenes〕、阿那克西曼德〔Anaximander〕）。但是要过一个世纪，即公元前 5 世纪中后期，它才会给我们带来深刻的印象。将希罗多德（Herodotus）的杰作《历史》（*Histories*）和被称为老寡头（Old Oligarch）的人带着尖刻笔调写下的有关雅典人当时的民主体制（*Politeia*，见附录2）的内容放在一起，人们就不难看出，这无论是对于当时还是当下而言，其文字表述所涉及的范围可谓相当之广。当时的智者派（Sophists，第六章对其有所界定）除了提供私人辅导以及辞藻华丽的大众演讲（卖弄性的表演）之外，还撰写并传播一些仅在小范围内流通的作品。不过他们的作品大多已失传，而且后来的那些通常有敌意的评论者将一些孤立的残篇归到普罗泰戈拉和德谟克利特（Protagoras 和 Democritus，两人是同时代的人，有趣的是，都来自希腊北部的阿布德拉［Abdera］）诸人名下，这也无法查考了。然而不管怎么样，老寡头、希罗多德以及修昔底德（Thucydides，希罗多德的伟大继承者）即便没有得到过智者派的启示，也明显受到过他们的影响。

有些人会认为，正式的希腊政治理论乃是由柏拉图所创。恕我不能同意这样的观点（在第六章有详述）。当然，他那杰出的创造力我们还是要承认的，而他最伟大的学生亚里士多德（第八章）后来则补充了他的理论。自那以后，留下来的传统又变得零散分离，一直要到西塞罗（Cicero）和普鲁塔克（Plutarch）的时代——分别在公元前最后一世纪和公元一二世纪，形势才又发生变化。然而，波利比乌斯（公元前200~前120年）效法修昔底德，尝试撰写一种政治上特殊的且理论上风格自觉的历史，里面常常有一些针对他所鄙夷的前人的辛辣批评。这些人中有一个人，即公元前3世纪的雅典人菲拉尔克斯（Phylarchus），与公元前3世纪中/后期的斯巴达所实践的乌托邦主义之间有着某种特殊关联。

除了一些诗歌和叙事性质的文字史料，我们还有许多能反映政治思想的铭文文献。在雅典，直接曝露在石头或青铜上的官方文献和民主实践（以及民主理论）之间确实存在着某种能够被识别的联系：举一个有关地方——与"国家"相对——上的例子，在希腊德谟地区（deme，雅典城邦的诸社区）有专门用来记载荣誉的铭文，这些公元前4世纪前的铭文赞美并鼓励人们去追求荣誉（*philotimia*）以及作为一个优秀的个人和公民身上所要具备的其他诸多此类的品质。

除了各式各样的文字史料之外，还有许多沉默不作声的考古学证据。譬如一些深含寓意的大型公共遗址——如帕特农神庙（the Parthenon），尽管它们所透露出来的内容比不上一份文字记录那样清晰，但是它们却能传递出更多的东西（Castriota，1992；Buitron-Oliver，1993；Hedrick 和 Ober，1993）。

重要的公共雕塑也能呈现出政治方面的内容：譬如，如果雅典的"刺杀僭主者"（Tyrannicides）雕像能够幸存下来的话（公元前500年制成的铜制原作在公元前480年时被波斯王薛西斯［Persian Great King Xerxes］转移到苏萨［Susa］，然后在公元前477年时又被放回原处；今日可见的只有后来由大理石造的罗马复制品），那么它就会——或者说，也许会——提供政治方面的内容。在经过一又四分之一个世纪之后，由蒲拉克西蒂利（Praxiteles）的父亲西菲索多都斯（Cephisodotus）所创作的一座展现财富女神的组合像也有着这样的特征，这座像中的财富女神正手捧还是婴儿时的和平女神。而一些比较拙劣的政治启示也会以直接或隐喻的方式，要么被雕在彩陶（Neer 2002）上，要么就被刻于用于安葬或献祭的浮雕上。另外，城镇的规划也会附有特定的政治意味。一幅（出现在均等的"网格"规划图上的）关于整个城镇的布局图（被认为是公元前5世纪的米利都理论家希波丹姆［Hippodamus］所作，他是最早撰写政论的作家：见第九章），或者一处私宅的设计体现贫富差异，又或者是由一块城市墓地所显示出的包容性和排他性，所有这些城市规划都表明了某种或明或暗的政治立场，其中又都或多或少自觉地表现出意识观念的性质。而我将适当考察所有这些不同类型的史料。

## 问题列表（problematics）

接下来将提到的三组问题在各个方面都有着格外重要的意义。首先是理论和实践（theôria 和 praxis）的关系。希腊语中的 theôria 的词根来自"光照"，不过它的含义后来被渐渐扩充，包含了我们所称的文化观光（雅典的梭伦、希罗多德）和宗教朝圣（例如参加官方代表团前往观看奥林匹克运动会）这两层意思。Praxis 是动词 prattein 的施动者名词（agent noun），这个词也是抽象词组 ta pragmata 的词源，其字面意思是"行动或所做的事"，后来意指 transaction（事务）或 business（活动），另外也指代特定的政治事务（political business）、政府事务（the business of government）。所谓的在政治上保持积极性也就是"参与行动—事务"（见第二章），在古希腊时代，这被视为一件完完全全的好事。而与此同时，neôtera pragmata，"生疏于事务"（新手），则毫无疑问被认为是恶（bad）。

黑格尔（上面所引格言）对于政治思想影响实践这一观点显然持非常怀疑或不屑的态度，然而令人有些悲哀的确定事实是：由纳粹主义哲学实现的革命政治成就难道不恰恰否定了他的观点吗？像马丁·海德格尔（Martin Heidegger）那样的人，他和纳粹在政治上的合作是受哲学所激发的。讽刺的是，这一合作蒙蔽了他洞达事件真实本质的眼睛，不过这个事件也很好地表明了，在人类思想和政治现实之间存在着多么复杂的关系（Rahe 1992：795 n. 22；见 Macintyre 1983）。关于这个问题，有一个比较特别的基本层面——民主和民主思想的起源问题——将会在第五章中进行处理：到底在多大程度上可以有效地把这个起源视为一种政治上的"革命"，以及若确然如此，那么是否可以说政治思想、理论或者哲学在某种意义上说引发了这一结果？

第二组主要的问题是阶级（不管如何定义这个词）和/或阶层（status）与政治行为解释之间的关联。这在古希腊人的思想及其使用的语汇中有直接的对应者。在古希腊文化中，从最高级到最低级，有着根深蒂固的二元对立——要么视每一样东西都非黑即白，两者之间没有灰色过渡；要么就将复杂的社会现象还原成两个相互排斥和穷尽一切的组成部分（Cartledge 2000）。在社会—政治的分析中，亚里士多德是最伟大的古希腊公民政治理论家；我们留意到，在最后的分析中，他最终认为最有成效的二分法乃是将公民划分成穷人和富人二元（尽管他清楚地知道还存在着一般富的和一般穷的公民）。他将这种主导性的二分法建立在现实生活的基础上——根据人们对资产的所有和利用，其中特别包括了土地和奴隶。而从量的角度来说，这样的二分法可以换一种方式被表述为：少数人（精英）和多数人（或大众）的差别及对立。

更仔细的考察可以发现，古希腊人对待政治思想及心态的原初或基本模式乃是奴役和自由的两极对立。不过，在公民主体——不管各个城邦之间对此的定义有何差别——内部，相关的两极被亚里士多德以量化的手段表述成贫富对抗，则更具代表性。罗马的首要政治理论家西塞罗（在他的《论责任》[*De Officiis*，或 *On duties*] 中）更进一步地主张，保护私有财产其实是政府的主要任务，亦是国家的起源的主要原因。不过，许多古希腊人——有时候是大多数人——对此强烈反对，然而，这确实是被希腊人用的那个奇怪的词 stasis（其字面意思是"立场"，后表现在有限内战中的分立、对立、党争）所表述的现象的主要原因。

第三组要说的问题，是关于古希腊民主的历史或诸段历史，尤其关注民主在古代——在其非常晚近（19世纪）的复苏甚至被推崇之前——的出现（于公元前6世纪晚期的雅典，我将在第五章中有所论述）、发展与扩张以及衰落。如果要说在政治领域曾经存在过一场所谓的"希腊革命"的话，那就是民主（和民主的政治理论）的发明及其扩张，在很大程度上这要归因于雅典作为帝国首都以及智慧的"中心"的地位（city hall，柏拉图在《普罗泰戈拉篇》中的用语，337e），以至于到了亚里士多德时期，民主在希腊世界成了两个最普遍的政体形式之一。然而亚里士多德死后不久，民主就在其诞生地遭遇了第一次灭顶之灾，整个希腊世界仅留下了几个零星的例外，例如罗得岛（Rhodes）。

随着国家（有组织的政治共同体）的兴起，人类设计出了各式各样的政治体制，其中，民主一直以来都遭到最猛烈的抨击与反对。亚里士多德和柏拉图本人亦位列其中，在这方面（正如在其他方面一样）他们的老师却是苏格拉底（公元前469~前399）。有一种传统观点认为，苏格拉底被他自己所处的民主雅典判处死刑，是付出了过高的代价，并遭受了完全的不公正对待。无论如何，没有一部古希腊政治思想史能绕开发生于公元前399年的审判苏格拉底一案：在公审中，作为对自由思考——或者说颠覆政治——的公审的范例，它会持续在西方自由的政治思想和实践（见第七章）中产生最深刻的共鸣。然而，追踪"普通人的民主信念"（Brunt 1993：389）这一主要问题也不可忘怀。

对于西塞罗和他同时代的罗马人而言，民主只不过是段不堪回首的记忆；而且事实上，就在距今两个世纪之前，尽管有——或者说就是因为——美国和法国革命，"民主"在高雅的政治群体中仍旧是个受忌讳的字眼。美国国父之一亚历山大·汉密尔顿（作为一个长期浸淫在希腊和古典文学中的人）曾写道："没有一个热爱理性自由的人能够不带丝毫痛苦和厌恶地就把整个希腊的历史读下来……一拨人对另一拨人的暴政持续交替发生着，要不然，就是不断上演民众煽动者篡夺全体民众权力的情景。"（1781；见 Rahe 1992：585，953 n. II5）如今则可能完全相反，今天的我们都是民主派（即便并非都是民主党员）。我们完全可以追问：何以会这样？有一个非常简单却非常准确的答案，那就是："民主"这个词，同其最初丰富的内涵或"人民权力"这一含义相比，已经蜕化得毫无意义了。

## 平 等

在这篇阐述方法论的章节的末尾，我将考察一下古希腊理论和实践方面的平等问题。（本来还可以同样来考察一下关于自由的问题：见下文。）被雷蒙·阿隆（1972：87-8）谨慎地称之为"作为民主信条的平等"从来没有像今天这样显著地在全球范围内被传播开来。不过，究竟是什么方面的平等，以及为了谁的平等？人类是否真的能平等，或者说，那些被视为相对平等的人被平等的对待是否就是最好的呢？

我们所有人——无论我们是古代的历史学家，还是政治哲学家，又或者仅仅是名普通公民——可能主要感兴趣的还是去解释或理解，政治概念到底是如何在谈话中得到一定贯彻的，以及在形成机构或以其他形式实践时，又是如何发挥作用的。平等，无论在古代还是在现代的民主话语中，似乎都是两个最根本的概念之一（另一个是自由）。语言形成于政治行动当中，而且，政治行动又会反过来决定语言；所以，在政治理论（或意识观念）与政治实践之间存在着某种辩证互动——或者说，往往存在着某种张力。这种情况尤其可能发生在一个相互敌对的零和政治文化当中。比如古典希腊的政治文化（更确切地说，应该是"诸类文化"）。所以，我们应该能预料到，像平等这类核心概念的含义会特别的不确定，而且在内乱或全面爆发的内战环境中会被格外激烈地争论。修昔底德对于发生在科基拉（Corcyra）的内战（见后文）的著名解释，不但没有推翻，也没有打消这番预料。

处理这样一个无比微妙的主题的一个有效方式就是同时在古希腊内部以及在古希腊和其他诸种政治共同体之间做比较研究。对于一些学者而言，比较法的目的就是去发现普遍性（the universal）。不过，对于专注于"概念史"的"剑桥学派"同仁——我就是其中一员——而言则恰恰相反，比较法应该更倾向于强调特殊性（particularity）以及建立在此基础上的差异性（这一观点如何应用于各种不同的主题，可以参看 Cartledge 1985）。就目前情况而言，我们首先希望比较研究的方法能够帮助我们"更加清晰地把握住我们所处的社会和政治环境的各项特征，这些特征通常已经熟为人知而被无视"；其次，通过对当时可能发挥作用的概念含义和今天可能发挥作用的概念含义之间进行比较，我们能够厘清在古希腊语境下构建出来的平等的特征。

第一，我们必须要问的是，什么样的平等是与古希腊政治最密切相关的，以及其处于什么样的价值系统当中。就消极方面而言，我们在这里所涉及的并非是那种自由主义意义上的与国家对立的个体权利的平等。即便希腊人承认个体自主性这个概念，他们也没有机会面对任何一种后霍布斯（post-Hobbesian）时代意义上的分立的"国家"，而且他们也没有"以现代的、对立的方式"理解"个体"（见后文第二章）。因此，古希腊人对于平等的要求至多不过反映了一种我们所说的"权利诉求"。关于"全体人类在上帝眼中的平等",当时也没有人讨论争议;最后,也不存在所谓的性别平等或男女平等的问题。

从积极的角度来说,在古典希腊的语境中,有两个关于平等的基本含义值得讨论。第一个——就最宽泛的意义上来说——就是政治(或公民)平等。在希腊人等级分化的规范性社会—政治系统之内,政治平等意味着地位与尊严的平等。根据定义,"希腊公民"指男性而非女性,自由人而非奴隶,本土邦内人而非外族人或外邦人,成人而非孩童。唯有在这个范围之内才存在所有公民平等,并因此享有平等的尊严、特权、关照和待遇。亚里士多德进一步提出了有关公民身份的这种平等观的强理论——排外的和排他主义的理论(Cartledge 2002)。希腊人,尤其是自视为民主派的希腊人,自然会接受机会平等的理念。在公共政治行动的生死攸关的竞赛中,所有公民选手理论上说都应该从同一条起跑线出发,然后跨过基本上平坦的公平竞技场。然而,不少人、包括亚里士多德都清楚地意识到,出生的不平等(贵族与平民),尤其是财富间的不平等(富人与穷人),会使得公民身份的形式平等往往无法转变成普遍的结果平等。

其次是关于普遍幸福(generalised *eudaimonia*)方面的平等。绝对的经济平等"并非当时被严肃讨论的问题,只存在于喜剧式的超现实主义或抽象的理论图式之中"(Raaflaub, 1996: l55)。但是,好的生活(the good life),在某种并非狭隘的物质主义或数学计算意义上而言,理论上说是一种切实可行的个人选择或社会目标。"平等"通常是作为一种理念或理想被提出来,以对抗某些被意识到的不平等,尤其是在革命造反发生时(这对任何文化来说都是一个常规,古希腊也不例外)。例如,在公元前 427 年,科基拉的民主派大声疾呼要求兑现他们所谓的"平等政治"(*isonomia politikê*, Thucydides 3. 82. 8),然而修昔底德把这事仅仅看作一帮权力狂为了一己私利所打的虚张声势的幌子罢了;而且,这种术语就像"由所有人平等享有权力的立宪政府"的话一样,含糊而无意义。在实践中,怎么才算权力的"平等分有",以及到底谁有资格配称分有权力的"人民"呢?希腊寡头制可以和希腊民主派一样轻易使用"平等政治"(*isonomia*)一词,而亚里士多德也不是唯一一个提出"几何式"平等理论(或意识形态)的寡头派——根据这个理论,有一些公民事实上会比其他人"更加平等"(Harvey 1965)。即便是真诚地更加赞同与此对立的"算术式"平等理论(每个公民严格地只代表一个人,没人可以代表更多)的民主派,他们也会承认:在实践中,平等并非一切（Cartledge 和 Edge 2009）。

关于平等，希腊人有着非常丰富且灵活的评价性语汇。除了 isotês 和 to ison（精确的、数学意义上平等的事物），他们还会灵活使用前缀带 iso - 的各式各样的复合名词。Iso - nomia 象征政治平等的最普遍的、非特定化的原则；iso - kratia 和 is - êgoria 则分别反映了它在寡头派和民主派心中的含义；而 Iso - timia 一词——并没有确实证据证明这个词在公元前 3 世纪之前存在过——确切地抓住了关照或尊严上的平等与"荣誉平等"相当的社会含义；最后，在经济方面发挥类似作用的是 iso - moiria，即某些公共品的平等分配。

这些言辞本身的灵活性显著改善了我们自己有限的且模糊的词汇。不过希腊人走得更远。他们承认，纯粹的平等并非在所有环境中都是公平或公正的。所以希腊人务实地用 homiotês（同样）补充 isotês（平等），尤其是在意指"基于平等和公平"的介词词组之中。这个词表明，履行平等的有效标准并非相同或一样，而仅仅是相像或类似。对于亚里士多德而言，一个城邦必须要由同样的人（homoioi）所组成；事实上，根据他的定义，城邦是"一种由同样的人所组成的联合体"（《政治学》，Politics 1328a35 - 6）。根据严格意义上的亚里士多德式"黄金中道"（golden mean）原则，"城邦的目的在于尽可能地由同样的人和平等的人组成"（homoioi kai isoi，1295b25 - 6）。

顽固的反对者提出了一项对古代民主最强有力的指控——古代民主对（在能力上）不平等的人平等对待，民主程序是明显的荒谬和不公正。无论如何，大约从公元前 460 年开始，民主雅典根据公民身份的原则（principle qua citizen），所有的雅典人确实被官方视为平等。因为公民平等的强原则来自于"民主的本质是自由"这样一条主张，因此所有的雅典公民都被预设为是自由人——既源于出身也源于政治赋权，所以他们就是"他们自己的王"（借用雪莱的矛盾说法），又是彼此之间共同命运的主人。因为他们具有这种在公民意义上全都享有平等的自由，所以他们就都是平等的。然而，严峻的事实是，雅典公民从来就不是在相关的方面完全平等的、一样的与相同的，他们从来也没有被那样对待过。例如，雅典人非常务实地恢复选举制来选出担任最高公职的人，这一选举制有利于少数拥有特权的精英和非常富有的人；雅典人并没有教条地坚持用抽签分配（抽彩）这种"民主"特别方式。

雅典仅仅是当时上千个独立的、通常是极度自我分化的希腊共同体之一（Hansen 2006）。它们中的大多数在亚里士多德时代都可以被直接划归为民主政体或寡头政体的变体。不过对古典斯巴达的分类确实造成了麻烦，而且这个问题事实上依旧困扰着古代希腊世界的现代研究者。斯巴达人用若干个不同的称谓描述自己的公民身份，其中与我们当下讨论最相关的是 *homoioi*，意思为"同样的人"或"同辈"，而不是（通常所翻译的）"平等的人"。尽管拥有普及的公共义务教育和集体共餐制（根据亚里士多德，这两个特点被外人视为是"民主"的特征），但是斯巴达人仅仅只把 *isotês* 理解为享受相同的生活方式（*iso - diaitoi*；Thucydides 1.6.5），这是一种"平等幸福"的地方化意义。对于所有的外族人，无论是希腊人还是非希腊人，斯巴达人都表现出一致的排外态度；但是在内部，根据不同的出生、财富、年龄以及"高尚美好品格"（*andragathia*），斯巴达公民则呈现出自我分化状态。在政治决策方面，斯巴达人在形式上具有主权的公民大会上（Thucydides 1.87），通过叫喊进行公开投票，这也间接否定了一人一票的民主平等原则。

造成民主的雅典和（总的来说）寡头制的斯巴达之间明显差异的主要原因可能是被斯巴达人奴役的下层阶级——希腊希洛人奴隶（helots, captives），他们被束缚在他们自由的祖先曾经拥有的土地上，关心政治而且人数远远超过他们的主人（Cartledge 2003）。斯巴达把自己美化成代表了"秩序"（*kosmos*），然而在这一秩序之中没有真正平等。斯巴达人无法承担真正的平等主义，只能实践雅典寡头所偏好的那种"几何式"变种的伪平等主义。斯巴达的和雅典的 *politeiai*——我们将会知道，这个词既有"生存方式"也有"体制"的含义——之间的关键区别就在这里。让我们以此作为本章的结束吧！

# 第二章　城邦、政治和政治维度
## ——希腊人的发明

"城邦教导人"[成为公民]。

　　　　西蒙尼德[Simonides]，普鲁塔克引，《道德论集》784b
[《老人是否应当统治》1] = eleg. 15，David Campbell 1991：517

政治（定义）：一种假装成不同原则的较量的利益冲突。一种假公务之名行私利之实的勾当。

　　　　安布鲁斯·比尔斯[Ambrose Bierce]：《魔鬼词典》，1911

## 政治的首要性？

在我相对短暂的一生中，至少经历过两次所谓的"终结"（Ends），一次是政治的终结（发生在1950年代），另一次是历史的终结（发生在1980年代后期），它们都曾被广泛地游说过——更甭提还有几次"后"（诸如后现代、后结构主义等）。然而，政治是否真的终结了，或者其实是发展太过，以至于无法识别了？在发达的西方政体中，等级制、确定性、官僚机构、同质性、阶级关系、中央集权化和国家，某种程度上正让位于（所谓的）市场平等、不确定性、多样性、异质性、多重认同、去中央集权化以及全球化的融合，而这样的一个事实（如果确实是事实的话）是否意味着或暗示了政治已走到终点？或者倒不如说，这是否意味着相反的东西——更多的个人主义、更多的民主（不管是如何具体定义的）会有助于真正基于共识和自愿的政治？从民主最确定的含义上来看，德国、日本以及意大利政治的进步是显而易见的，尤其是和1930年代的专制独裁或威权政体相比而言。另一方面，在2003年，对伊拉克发起闪电战，采用政治外的手段把伊拉克推向"民主"的尝试——不论出于什么样的善意——对民主的全球"进步"之路而言是一个公认的挫败。

另一个极端则相反，许多人质疑能用"政治"去囊括存在于集体的社会生活里的每一件重要事项，而这质疑声并非仅仅来自那些持精英主义民主理论的保守异议者。基于这种观点，有一种怀疑论，它认为无论是作为理论的政治，还是作为实践的政治都是对人类困境的偶然的、特殊的、甚至是相当变态的处理方式。比较政治学或比较社会学的历史学家至少能够尝试着去做的（参看 Golden 1992），就是去编纂和评价一堆主要或基本差别。据说这会帮助我们稍微能够更好一点地理解古希腊政治和我们自己的（现代西方的）政治机构、政治制度以及政治文化，同时帮助我们尽量合理地克服政治的难题，并使得两者能够形成非常有意义的关系。

在古代史领域，曾有一场关于"政治的首要性"的争论（Rahe）——到底希腊文化和文明的政治层面是不是基础性的、占据统治地位的及主导性的。就政治和"政治之事务"（Meier）的由希腊人所激发出来的现代定义——政治是集体讨论和决策的公共领域或空间——而言，答案显然是肯定的。对于希腊人而言，政治事务的公民空间无论是从字面含义还是隐喻含义来说，都中心地、积极地 es meson（注意其指向性宾格）位于共同体的中心，这一共同体本身就被理解为一种由积极参与的公民组成的。而公民广场（agora，或聚会处）和卫城（akropolis，或"高城"）则是古希腊政治网络中的一对孪生结点。

不过，出于两个主要的原因，这个首要性必定在有些方面是有所限制的。首先是受到来自经济、阶级利益的影响，它们既可能有着政治上的运用和表现，而且可能影响更深。其次，因为政治并不仅仅发生在或者说不仅仅关乎公共领域：私人领域也有可能成为政治空间，例如，决定合法婚姻的公法就会影响财产的所有和转让，从而涉及社会的经济基础。

不过，若从知识的角度来强调政治的首要性，那么再怎么都不为过：正如希腊政治是以一种特定的国家形式即所谓 polis（城邦）的存在为前提一样，所以政治理论（抽象的、理论上的反思）的发明也是以实践政治、尤其可以说是民主政治（见第六章）为前提的。polis 从来就不是希腊诸国的普遍形式，很多希腊人身处在一种被称为部落（ethnos，见第八章）的政治框架当中；既在亚历山大大帝征服之前，更是在此之后，城邦被以各种方式超越、颠覆以及替代。尽管如此，城邦仍旧是核心的希腊政治建制，而且，希

## 第二章 城邦、政治和政治维度——希腊人的发明

腊提供给西方政治理论最原创贡献的来源，正来自于对它的发明。

## 城邦：是城，还是国？

"一个城邦部分是城，部分是邦。"（Hansen 2006：58）这也就是说，它既是地理上存在的一个有形实体——便不必如现代标准那么"城市化"，又具备形而上的抽象含义。然而重要的是一开始就应当清楚地知道，这是哪一种国家，或者不如说，不是何种国家。再来引用下摩根斯·汉森（Mogens Hansen，2006：149 n.3；强调是原文中就有的）——过去十几年里，他作为重大的哥本哈根城邦项目的负责人，做出了杰出的贡献——的观点："通常在法学和政治科学里面找到的对于国家（state）的定义都是比较狭窄的：国家并不仅仅指在某块领土之内被授予权力对所有人实施法律制度的政府，它也是一个**抽象概念**，即一个同时对统治者和被统治者产生持续影响的公共权力；而一个共同体必须要有一个主权（sovereign）政府，外加**完整的对外主权**，才能使自身成为一个国家。"在古希腊并不存在这种狭义的国家（state）或国家本身（State）。城邦毋宁说是由政治上拥有权力且积极参与的公民所组成的非国家式（stateless，但并不是非首领式）的共同体（Berent 2004），即一个公民国家。（尽管就词源上而言，citizen 和 state 这两个英文词都是从拉丁文而非希腊文衍生来的……）

因此，不存在法律上确立的"权利"（即便是公民的权利也不存在，更别说抽象意义上的人的权利），有的只是公民间在轮流进行统治和被统治时的相互权力和责任；而且，尤其没有建立能够与强大的、非人性的、有潜在侵犯性的国家形成对抗的"个体性"权利。事实上，即便是"政府"这个词也可能会遭人误解，如果它让人联想到一个被授权进行统治的选举产生的政府的话。希腊的公民团体用各种各样的方式挑选官员，但是这些官员并非强大的罗马时代意义上的"地方行政官"（magistrate），更别说是有着同一套意识观念和政纲的政党成员。更确切地说，希腊的公民团体是轮流地统治着自己，依照 nomos（规则、法律）的手段实行。nomos 是一个模糊的术语，它既有实证法（即由被正当委任和授权的政府机构所颁布的法律），也有习俗（包括行事的习惯风格和自觉遵从的道德风俗和传统实践）的意思。因此，在古希腊的城邦里，政治既是制度性的（我们称作为宪政的）亦是文化性的（一个公共的和私人的公民规范一直处于协调中的问题）。

## 术语的精确性

我们的政治术语，就词源来说大多数来自希腊：除了"政治"以及它的衍生词外，首先要提的最明显的例子有"君主制"（monarchy）、"贵族制"（aristocracy）、"民主制"（democracy）。只有 republic、citizen 和 state 是拉丁衍生词，它们在严格有限的意义上可以适用于古希腊时代。这并非纯粹形式上的、语言学的观察。政治的各种形态中有一种是辩论，而关于话语及其含义的辩论其实乃是政治辩论，不管我们讨论的是作为观念史（Begriffsgeschichte）的学术工作还是商议关于如何在日常政治实践中运用诸如"民主"或"好公民"这样的术语。

无论在意识形态上、神话上还是在符号上，希腊人在这个领域中也是"我们的"祖先，而且正如审慎的评论家所认为的那样，他们在一种强意义上发现或发明了政治——在实质性讨论（既针对操作性问题，又针对原则性问题）的基础上，在公共领域内进行集体决策（Finley 1983；Farrar 1988；Meier 1990）。事实上，是否该把这事归功于希腊人，而不是黎凡特（Levant）的腓尼基人，或者意大利中部的伊特鲁里亚人（Etruscan），还尚有疑问。不过，毫无疑问的是，希腊人的政治，无论是理论上还是实践上，都不是我们的。这不仅仅——或者说，并非主要——因为他们在一个极其不同的政治框架内运作，而是因为出于实践和理论的考虑，他们用伦理丰富或者补充了政治，这一点我们下面会谈到。他们的伦理融入各种极端立场，包括诉诸我们已经不再认可的"自然"概念。

例如，对亚里士多德而言，*ta politika* 并非指某种具有普适意义的"政治"，而是专指与城邦有关的事务。亚里士多德把城邦解释为一个自然的有机体，唯有在这个有机体之内，人这类存在才能达到他本来的自然目的，即过上善的生活。这样的生活被定义成一种政治的生活，不过更是道德的和哲学的生活，是一种实践和理论的完美结合。亚里士多德对于政治的构想带有专属于他思想体系的目的论维度，但是这个维度很明显仍旧是古希腊式的，因为它的内容远远超过了纯粹的政府论。就通常规范而言，现代西方政治理论和"科学"所研究的政治是一头完全异样的动物。今天的政治学倾向于被还原成对国家范围内运作的权力或者说暴力的追问，而现代的政治科学则是一门技术性的且理论上无涉价值的针对狭义的国家的运行的分析。相反，希腊政治思想"主要精力在于努力使公民变好"（Aristotle, *Nicomachean Ethics* 1099b13）。这个范围和目的的差异在亚里士多德的《尼各马可伦理学》导言（这是一个由《政治学》完成的两部分项目的第一部分）中有所强调："一名年轻人并不是学习政治理论的合适人选，因为他还缺乏生活的实践经验，而实践经验恰恰是政治学的前提和题材。"（1095a）

今天的"政治"与其说是一项自然的活动，看起来毋宁是一件人工的和形式的事，而且从更根本的观念和价值加以评判，乃是一种低级现象。这与古希腊人的观点大相径庭、完全相反（即便古希腊人的实践并不总是遵循他们的观念）。然而，学者们对于如何精确地描述古希腊的"政治事务"有着相当大的分歧。有一个思想学派，以不同方式被汉娜·阿伦特（Hannah Arendt 1958）和谢尔登·沃林（Sheldon Wolin 2004）所代表，努力把任何一点来自庸俗的物质主义的迹象或污迹都从政治中清理出去。从这种几乎是柏拉图的理型论的观点来看，政治恰恰就是非功利的。其他人则从更加现实和准确的角度，否定任何一种政治和经济的绝对分离。亚里士多德毫不掩饰地赞扬塞萨利人（Thessalian），因为他们在他们的商业广场和所谓"自由的"——意为"政治的"——广场之间建立了正式的、有形的分隔，但是他们的实践（在亚里士多德看来，很遗憾）在希腊人之中只是例外。

在他们的思想和我们的思想之间还有一个突出的区别：现代政治理论往往使用机器运转或构造建筑作比喻，而古代政治理论则使用集体分有（*shareholding*, *methexis*）和统治（rule, *arkhê*）这样的有机体术语，而不是强权或强制权力（*bia*, *kratos*, *anankê*）这样的词。还有一个差异是关于宗教地位的。希腊城市是诸神的城市也是人类的城市（事实上，在人的城市之前首先是诸神的城市）；对于古代希腊人而言，正如据说早期哲人泰勒斯所言，每一样事物都"遍布神性"（full of gods）。另外，希腊宗教和罗马宗教一样，从意识形态上说是一个面向公共而非私人领域的系统。然而，人和诸神的关系从来不是纯粹单向的。普罗泰戈拉的著名格言"人是万物之所是（及所不是）的尺度"，包含了对一个公认事实的一个精致的哲学重述，即正如人们和城市将他们的（持久）存在和繁荣归功于诸神一般，诸神也将他们的地位与威望归功于人类。人类的城市制订出了各种尊崇诸神所需服从的限度，其中最明显的方式就是通过公共祭祀和集体盛宴，但也包括对不虔诚施加司法惩罚的方式（专见第七章）。因此，在希腊的公民生活语境中，设计一种完美的神权政治式理想乌托邦（如柏拉图在《法律篇》中所作的那样），是一种非常不合传统的做法。

## 古代和现代的共和政治

"共和主义"就如定义的那样,乃是信仰公共善。不过在不同的共和体系之中,这一信念的内涵也千差万别。比如,根据美国联邦共和主义,普遍权利专属于某个特定的政治制度,而且共和政府也拥有普遍性基础,这就和意大利共和主义之间有着至关重要的区别了,尽管和法国共和主义的差别没有这么大。另一方面,有一种看似矛盾的说法,"大多数政府试图压制政治"(Crick 1992:168),而这个说法适用于现代所有类型的共和制国家,正如它也适用于那些难以分类的混杂体,比如英国立宪君主制。因为现代政府就是国家(State,大写的S),而幸运的是,古希腊世界对这个实体一无所知,这个差别可以作为关键因素来解释城邦政治(包括政治文化,而不仅仅是形式上的政治制度)和以国家为本位的现代政治之间的差别。

从正面看,这两个差别相互对立,此消彼长。政治行动在希腊是直接的、不通过中介的、直接参与式的。另一方面,那些有权参与政治的人,按现代标准,被限制在一个相当有限的范围内。没有一种差异是纯粹由不可避免的物质或技术因素造成的;更确切地说,它们是经由深思熟虑后作出的政治选择的产物。因此,古希腊政治理论在日常的希腊政治实践中,强调与国家干预相反的自制(self-control),还强调自助(self-help)的有益性和必要性。因为公民能控制自己,所以才有能力与资格去管理其他人——他们的妻儿、被剥夺选举权的居民,当然还有那些实际的外来人。无法控制自身就会僭越集体规定的合理行为的界限。当僭越行为伴随暴力发生时,这样的行为就会被当作 *hubris*(极度傲慢)——最严重的公民犯罪,同时受到正式的和非正式的惩罚(Fisher 1992)。

因此,刻在德尔菲阿波罗神庙上的著名神谕——"认识你自己"和"凡事勿过度"——实则为很强的政治戒律,它们镌刻在全希腊的象征中心。这两句话象征着共同体之内必然分散的个人式自我监管(self-policing)。更严格意义上的自我监管就是"自助",这是因为完全地或部分地缺失执法性公共机构的结果(Nippel 1995)。例如,雅典连公共检察官这样的职位都没有,它只有最基本的执法机构,也就是负责执行交由人民法庭处理的所有审判。这种制度上的缺陷,依赖于对公民自主性与个人自主性的内在价值的强调得到补充,某种程度上这也算是得到了意识形态上的弥补。

第二章　城邦、政治和政治维度——希腊人的发明　　17

从反面来看，与现代自由主义国家共同体相比照，城邦缺乏一系列对应的、影响很大的要素，所以城邦呈现出非国家性（statelessness）。它没有区别于政府及其官员的市民社会；也不存在公开宽容异见人士的官方理念，所以就鲜有良心抗议者去诉诸该理念（就如在著名的苏格拉底的审判中所表现的那样：见第七章）；最关键的，如上所提到的，是没有"权利"。当然，古代城邦的绝对非国家性也有相对的例外——例外总是存在的。不过作为一种（韦伯式）理想类型，情况确实如此。这一方面被斯巴达这个实践层面的部分例外所证实，另一方面又为理想化的柏拉图《理想国》（*Republic*）和《法律篇》（*Laws*）这一理论层面的整体例外所证实。

相反，自由主义（现在通常以"自由民主"的面貌出现）和多元主义作为一种特别的现代理想，就在于它们都预先假定或要求一种强大的、集权化的以及在结构上分离的国家的存在。自由主义拥有更久远的谱系。至少就部分——通常是其最重要的部分——而言，自由主义是试图把国家从对美德的强制贯彻中解放出来的产物；故而其根源可以追溯至人道主义同专制主义教条及君主制的较量斗争上（Dunn 1993：29-56）。多元主义大致主张，政治自由依赖于相互竞争的自主团体的丰富混合，以及这些团体的相互独立并独立于国家的活跃发展。这种思想在20世纪早期被提出，旨在回应变得日益强势的国家（State）的独占主权。互相对抗的各种思想学派沿着不同的谱系，一直从古代政治思想追溯到现代早期政治思想，又从那时追溯到当前。但是和通常情况一样，古代思想和或多或少的现代思想在共和主义的一般框架内所形成的对抗能突出它们的差异上，使人关注之。接下来我将更细致地讨论其中的两种。

## 公共与私人

先对比下希腊和罗马。罗马人的 *res publica* 的字面意思是人民的事物，这被视为 *res private* 私人事物的对立面，但是希腊人所使用的与 *res publica* 相当的词既不是 *to dêmosion*——the public and people's sphere（公共的或民众的领域）——也不是 *to koinon*（全体国民），而是 *ta pragmata*（政治的）事务或业务。在古希腊，决意做革命者的人为了控制政治事务（*ta pragmata*）而斗争，希腊文中，革命的同义词为 *neotera pragamata*，即"更新的（最新的）事务"。而 *res privata* 的希腊文同义词则是 *to idiom*，它的反义词不是 *to koinon*

就是 to demosion。换句话说，私人/公共的区别，在希腊和罗马，占据着重叠但相互区别的语义空间；在希腊，并没有公共的（=政治的）与私人的（=个人或家庭的）之间的直接对立。

再深挖一点跨文化的语义学，我们就能注意到，在当代的盎格鲁—美利坚文化中，"个人即政治"是一条反文化的、激进的甚至革命式的口号。然而对于希腊人而言，这仅仅是一条显而易见的老生常谈。比如，雅典的志愿公诉人声称自己代表全体国民发起公诉，而与此同时，也声称自己的行动是出于私人和个人的动机。就我们的思维方式而言，这是矛盾的。但是希腊人没有国家观念，所以他们也就没有我们对于官僚体系的非人性和非个性的认识，因此他们就会要求个体公民把个人置身于公共事业之中。另外，对于他们而言，不存在原则上与法律无关的私人道德领域。社会，而非个体，是他们思考集体时的主要立足点，而且个人主义也没有形成有吸引力的竞争一方；古希腊并没有我们的（反）社会意义上的个体（individual）这样的词。因此，从希腊词 idiôtês——作为私人（非官方的）身份的公民——到英文词 idiot（笨人）的语义变化过程最早始于希腊人公共与私人界限上的模糊，以及他们推崇公共的、政治的、集体的空间的地位。

## 性别

没有一座希腊城市的公民女性——公民的母亲、妻子和女儿——被给予完整的公共政治身份，在（成百上千个）古典希腊社会里，大部分都存在着性别隔离的现象，并且根本上是按照性别进行分类的。比如，战争被视为独一无二的男性特权，骁勇作为战争所需要的特有美德则被称为 andreia（字面意思为"男性气概"）。主要出于经济和文化的缘故，oikos（家庭）的私人领域更多地象征着女性的而不是男性的空间，而且 oikos 被理解成与 polis 对立的概念，而非仅仅是 polis 的基本组成部分。另一方面，对我们而言，在两个领域之间划定过于鲜明的界限的做法可能本身就是错的：出于最重要的政治目的，oikos 和 polis 最好被视作是不可分割地交织在一起的，就如后文的说明（都会涉及宗教）将证明的。

希腊城市，如上所说，既是诸神的城市，也是人类的城市。更准确地说，既是一个女神的城市，也男神的城市；而且，与神维持恰当关系，要求女性在参与公共集体宗教一事上不亚于男性；确实，在专属女性的节日里

（比如地母节［Thesmophoria］），只要求她们独自参与。

其次，关于婚姻制度。本质上，婚姻纯粹是两个家庭（oikoi）——或者更确切地说，它们的男主人——之间的私人安排，而且婚姻仪式和典礼无论怎么公开，但是就法律上而言，是极为非官方的。然而，公民实体的永存性与连续性有赖于公民家庭间的婚姻的成立。因此，法律就会介入，同时对后代和继承的合法性边界进行正面的和反面的规制。

我最后要说一点完全是雅典别具一格的。一些男孩因他们的父亲战死沙场成了孤儿，公共开支会负责将他们养大成人。当这些男孩满了法定年龄之时，他们就会全副盛装地出现在一年一度的大（或城邦）酒神节开幕式的队列中。雅典悲剧多以神话时代为背景，故事场景多位于雅典城邦以外的某个地方，至于上演，则总会被安排在由官方资助的宗教节日内的雅典公共政治的空间和时间中。阿提卡（Attic）悲剧的一个核心功能就是批判性地检视共同体最根本的价值观，而且在戏剧比赛这样典型的政治形式中，一些特殊女性的杰出地位，以及性别、家庭和亲缘关系等论题所发挥的关键作用，都非常好地证明了家庭和城邦之间的不可分割性，至少在民主雅典中确实如此（Cartledge 1997b）。

## 自由和奴役

自由，连同平等，构成了古希腊主要的政治立场或标语，正如我们自己一样。不过，政治自由对于希腊人到底意味着什么呢（参看 Raaflaub，1985）？它和我们的自由观大不一样。它是一种非常不同的价值观，这正是因为它以非常不同的方式被制度贯彻，嵌入在与现代西方在政治、社会和经济布局方面迥异的社会中。对这个核心价值观差异的明显暗示，至少可以在亚里士多德的政治哲学思考中发现：奴隶，尤其指那些被当成人形牲口财产而占有、被算作非人化的财产，他们虽从生理角度而言仍是活人，但是就社会角度来说，体现着自由之剥夺，如同死人。然而，亚里士多德不仅主张自然奴隶说，还把这个学说作为他叙述、分析以及改良整个社会的政治方案的核心。换句话说，亚里士多德——他的思想，我们在其他方面都非常崇敬——准备（更确切地说，这是他的政治—哲学系统所要求）去捍卫"自然"奴隶学说（Garnsey 1996；Cartledge 2002：ch. 6）。

这本身就可以作为一个很好的理由，来回答为什么希腊文明和文化——

作为一个整体，不仅是各个具体社会——会被视为是以奴隶制为基础，并且受到了奴隶制的影响和决定。在亚里士多德看来，奴隶在何种意义上是完全不可或缺的呢？它并非指奴隶纯粹的经济功能，因为在亚里士多德的术语里，奴隶不是 *poiêsis*，即经济生产的必要条件，而是 *praxis*，即过公民生活的必要前提。对亚里士多德来说，奴隶之所以是城邦内过上善的生活的基础，是使得自由的希腊公民得以全面实现人之本性的必不可少的条件，主要是因为奴隶可以为他们的主人从事政治与哲学提供必要的闲暇。

然而事实上，还有比奴隶的工具性价值更多的功能。通过对文学、历史、医学以及哲学文本的全面考量，我们可以发现，希腊人关于自由的特有观念本身就依赖于与奴役状态的对比：对于一个希腊人而言，自由人就是不做奴隶，并且不以所谓"奴性方式"行动。

## 体制（constitutions）

专注于权力分配与运用的现代政治理论家本来不会将严格的体制议题搁置如此之久。然而，希腊政治理论绝不是仅仅关乎权力的理论，而且，*politeia* 这个被我们翻译成"体制"的希腊词，既被用来（也有可能是发明来）指公民权（公民身份），又包含了一个更广延的、既超越了"体制"又超越了"公民权"的指称范围。它反映了这样一个事实，即城邦是被设想成由积极参与的公民所组成的道德共同体，而非纯粹的政治抽象体。"你使我无依无靠、孤独不堪，又没有城邦，成了一具人间死尸"；所以索福克勒斯作品《菲洛克忒忒斯》（*Philoctetes*，第 1018 行）的主角会为他自己孤立无援的命运而痛苦万分。当希腊观众看到这一幕时，一下子就心领神会了。

因此，*politeia* 既指积极参与的公民权（与某个公民被动拥有的表面特权大相径庭），又指城邦真正的生命与灵魂（Bordes 1982）。关于希腊体制的政治理论，第一次的明确出现是在希罗多德的"波斯人的辩论"（第六章）。确实，我们发现，在希罗多德的文本里早就已经有了后来被柏拉图充分展开的有关"统治"的六分法，每个大类都有善的变式，也有与之相对应的恶的变式（该提醒下的是，对于希腊人而言，体制是关乎道德的事物，而不仅仅是技艺统治的策略）。因此，一人统治（rule by one）既可能是由一位智慧的布道者所奉行的合法的世袭立宪君主制，也有可能是被邪恶暴君所操纵的不合法的专制独裁，如此等等。

## 第二章　城邦、政治和政治维度——希腊人的发明

不过，柏拉图对实践中的世俗政治相对没多大兴趣，更别提政治形态的比较社会分类学了。相比之下，这是他的高徒亚里士多德所考察的主要对象，这位钟情于目的论的自然科学家在《政治学》中精研了超过 150 个各自独立的希腊政体与非希腊政体。不过，他在写《政治学》之前，就已经在《尼各马可伦理学》里做了仔细的铺垫。《尼各马可伦理学》的内容并不像其名字所示的那样，让人误以为是纯粹关于道德的讨论；但是就大方向上而言，这部作品和罗尔斯的著作《正义论》并非完全不同。亚里士多德的思考与他的老师形成了鲜明的对比，他的论述喜欢开始于、并回到他称之为现象 phainomena 和意见 endoxa 的东西，即明智的政治人（the phronimoi）所偏好的各种公认的、值得信赖的观点与看法。政治明智者有把自身信仰转化成有效的政治行动的能力，而这个能力主要依赖于他们从经验中获得的知识与对政治"事务"（pragmata）理解的精确性。

所以，在对现实存在着的各种体制类型进行解释时，亚里士多德并不愿意仅仅在少数人统治（rule by some）和众人所有人统治（rule by all）——即贵族制和共和制（polity，这个词原义为"政体"，在此却表述一个特别的政体，所以容易引发混乱）以及它们各自的反面——寡头制和民主制——的各种"善"版本之间做出柏拉图式的区分。他还分别进一步区分了寡头制和民主制的四种亚类型。类似地，在进行了"谁是公民？"这样一个关于定义的有些理论化的讨论之后，亚里士多德虽不情愿但还是坦诚地承认，他所倾向的定义更适合于在民主制下而非在寡头制下的公民。最后，亚里士多德放弃了他导师所采取的理念主义的白板论路径，选择了一条切合实际的路子——认为有缺陷的政体或许也能加以改革，与他的理论目的相融贯。这就解释了为什么《政治学》的中心部分的侧重点是预防（而不是治疗）希腊城邦的流行病——stasis（党争）。

## 党争

在"波斯人的辩论"里，希罗多德笔下的"大流士"（Darius）早就警告过，激烈残忍的党争（stasis）在寡头政体下会很容易爆发，而希罗多德本人也哀叹过"内战"（intestine war）比抵抗外敌还要可怕得多（8.3）。修昔底德在可能是他写的最出色的章节（3.82 – 3）里，对党争这一现象作了极好的阐释，他以可以理解的夸张口吻声称，在雅典—伯罗奔尼撒战争期间，

党争吞没了整个希腊世界。而亚里士多德，正如我们已经知道的，十分慎重地把党争这个问题摆到了他关于城邦的实践政治理论的中心位置。这个问题已经不仅仅是历史学家和哲学家在关注了：毫无疑问，党争在希腊是一个普遍的、频繁发生的严重现象。

我们可以同时采用正反两个方面来解释党争的普遍。正面来看，党争的一个主要起因就是：公民身份的名义上的平等主义（所谓 isonomia，见第一章）和现实中的社会—经济的分化（有时非常严重）之间的矛盾，用政治术语来表示，就是"政治层面的阶级斗争"（见 Ste. Croix 1983：278 – 326）。希腊人中总是有穷人，希腊对"穷"的定义太广：除了非常富的人之外，每个人都被视为"穷的"，富人在一端，而穷人在另一端；然而，政治思想家偶尔会考虑到一些相对富裕的中产者（mesoi）的存在，即"介于"富人和穷人之间的群体。区分的标准则是闲暇：重要的在于，不论一个人是不是"富"到足以不必为生计而工作。通常人们会自然而然地以为，在富裕的公民和贫穷的公民之间存在永恒的对立关系，而这一关系往往会表现为积极的政治行动。

一个进一步煽动或刺激的因素就是极富个人魅力（charismatic）的个体的存在，例如阿尔西比亚德斯（Alcibiades），他们被剥夺了被他们视为理所当然的荣誉和地位（timê）。政治内斗作为狭义理解的"政治"，被希腊人解释为一场互相竞争的零和游戏；而荣誉，按亚里士多德的说法，就是在这层意义上的政治目的（见 Ste. Croix 1983：80，531 n. 30）。民主政体下的雅典人是个例外，他们长期免于党争，因为民众并不觉得——事实上也没有理由觉得——精英正在剥夺他们那份荣誉。其实恰恰是精英，而不是大众，觉得自身的荣誉被不公正地损害了，因此才会在公元前 411 年和前 404 年发生两起雅典寡头造反革命。

从反面的角度来看，希腊人并没正式建立起分权制度。无论谁——一个人、一些人还是所有人——统治，都没在立法、司法以及行政方面建立分权。主权，无论是作为一项议题还是一个实在的概念，依旧模糊难辨，尽管现代法律原则试图论证"法律主权"的概念，作为希腊公民服从（civil obedience）的驱动力。另外，因为没有现代意义的政党，所以就不可能有"忠实的反对派"的概念——实际上，"反对"的正当性本身就不存在。最后，上面提及的国家执法力量的缺失在这里也起了推动作用。

对于党争的问题，人们提出过各种各样的解决方案。理智上，最令人满意的方案是 mikte（也就是 politeia），或者说"混合政体"这个观念，其目的就是调解并缓和在"富裕"的公民和"贫穷"的公民之间形成的政治性阶级冲突。它的最原初的形式是建议人和权力的混合，一种"布丁式"的理论。修昔底德（8.97.2）在解释公元前411年的雅典寡头起义时，已经略微提及了这个理论：他称赞了温和的寡头式"五千人体制"（constitution of 5,000），就因为它能"恰当地把少数人（也就是富人）利益和多数人（也就是穷人）利益同时融合在一起"。但是不出所料，根据记载，混合政体理论的最大支持者是亚里士多德，他再一次诉诸标准的二分法模型，即将公民主体从结构上区分成少数"富人"和多数"穷人"（《政治学》，1308b29-30）。后来，在希腊化时代，一种体制制衡的理论体系——一种"跷跷板"理论——的雏形，被希腊人波利比乌斯（既是政治家又是历史学家）在他对共和罗马体制的同情分析中第一次勾画了出来，这个体系后来又在尼科洛·马基雅维利（Nicolo Machiaveli）和查尔斯·孟德斯鸠（Charles Montesquieu）等其他思想家那里获得了大力发展（见 Nippel 1980）。

然而，并非所有希腊人都彻底否定党争的所有形式：梭伦（Solon，公元前6世纪早期的希腊立法者）甚至颁布了一项法律，其大意是，每一个雅典人都必须在党争发生时选择一派——也就是说，必须表明立场（站位，stasis 的另一个含义）。Stasis 还有一种含义，指的是分裂在逻辑上的一种极端的形式，即朝向中间做决策，于是使所有希腊公民群体联合在一起；这是希腊城邦导致的党争的特有悖论现象，这种现象极坏却又是不可避免的（Loraux 2002）。另一方面，正是因为和平分化有转向彻底内战的危险，主导理念依旧还是 homonoia（同心）：这不仅仅指共识对大众意愿和权力的消极默认，而是意味着真正的、实质上的"思想一致"，绝对彻底的一致。

关于党争的政治思想，从古希腊到近代早期欧洲已经发生了翻天覆地的变化。从托马斯·霍布斯到詹姆斯·麦迪逊，都消极地阐释党争，将它与由直接的大众参与所引起的普遍恐怖连在一起，视其为一件要从现代政治生活中完全剔除出去的古老骇人东西。随着有组织的工人阶级在19世纪的发达国家赢得了政治上的显著地位，这一反对性传统受到了打磨与修饰。直到代议制民主的传统优点获得充分认识和利用后，党争也被一种相对无害的政党形式被制度化时，民主才再一次地被当做闪闪发亮的理想而树立起来。今天，正如前面所指出的那样，我们名义上都是民主派，不管具体是哪一类的。这一事实最好地说明了存在于古希腊政治文化和现代西方世界之间的鸿沟。

## 补充阅读 1：史前希腊世界及初史的希腊世界

大约公元前 1300～前 750 年

在史前迈锡尼时代的希腊王宫世界与有史记载的希腊**城邦**世界之间，有着一道不可逾越的鸿沟。毫无疑问，这话说出了一条简明的真相，但也恰如其分地道出了两者的区别。严格说来，迈锡尼时代或青铜时代晚期的希腊世界（大约公元前 1600～前 1100 年）正处于初史（protohistoric）而非史前（prehistoric）阶段，正是在这个时期，形成了能专门用于记录的文字系统。然而，当时的文字系统属于一种特别的，或者说，仅能在一定范围内使用的类型，只有那些精通记录的书吏才会使用这样的文字，这些人通常通晓约两百种专门被设计用于表示希腊语早期形式的符号及象形文字。他们本来只是暂时记录下人物和事件的无法确知的列表；但是一场突如其来的火灾（可能是战火）把本来只是短期保存的、载有"线形 B"文字的陶片烧制成了可以永久保存的人工作品。

书吏及其记录所侍奉的主人都是独一无二的统治者，这些统治者称自己为在上之王，他们对各种大小不一、形式不同、权力不均的诸国——从希腊本土北边的塞萨利至位于地中海东南部、地处亚非之间的克里特岛——称王称霸。我们之所以称这个文化和时期为"迈锡尼文明"，是因为经考古学证明，当时位于伯罗奔尼撒半岛东北方向的迈锡尼是最富裕的，它为这些中心地带提供了最强大的防御，而且在西方最早的文学作品《伊里亚特》（*Iliad*）中，迈锡尼是伟大君主阿伽门农——远征特洛伊的希腊联军统帅——的荣耀的祖国。考古学表明，荷马笔下的特洛伊就位于希萨立克（Hissarlik），它是公元前 13 世纪的主要枢纽，东连安纳托利亚高原（Anatolian Plateau）的主要帝国赫梯（Hittite），西连不过几日航程之远的希腊世界。然而，历史上是否曾经真的存在过这样一个统一的希腊联盟还非常令人怀疑，更甭提长达十年之久的特洛伊远征了——不管这场远征的目的是什么。

到了公元前 13 世纪末，一些重大灾难突然同时降临到了希腊以及地中海东部的非希腊世界。事实上，赫梯帝国大约也在同一时期内土崩瓦解，留下了一段真空期，而且在当时的埃及文献中被提及的海上民族也以某种方式暗示自己进入了这段真空期。几处迈锡尼宫殿的中心有遭破坏的迹象（刻有线形 B 字体的石板正是因此烧制而成），而少数繁荣的、在区域上统一的中心格局都遭到了毫不留情的废弃。有关宫廷社会及政治的各种装备，包括所有的书写形式，都随着宫廷的消失而消失了。一个例外乃是残留在塞浦路斯（Cyprus）岛上的音节体文字——公元前 12～前 11 世纪期间，大量希腊本土难民迁移到了那里。这场迁移发生在大迁徙（Völkerwanderungen）时代，其最终结果是沿着安纳托利亚的西海岸稳稳地形成了说希腊语的民族。雅典人后来就声称是他们发起了这轮"爱奥尼亚迁移"（这个提法可能不准确，不过概括起来也差不多），但实际上，雅典这片土地顶多也就在希腊大地上给众多移民提供了最后一个停靠站而已。无论如何，雅典是从公元前 13～前 11 世纪及此后一直存在的极少数大陆定居地之一。

在其他地方，开始了一段被贴切地称为"黑暗时代"的时期，即便这股黑暗并非一致地降临到这片业已扩张的但还很脆弱的希腊世界上。目前对于公元前 12～前 8 世纪这段时期的最权威解释认为，"所谓的'黑暗时代'可能是一个由大崩溃所引发的真实现象"（Dickinson 2006：239）。奥利弗·狄更斯（Oliver Dickinson）倾向于将大崩溃与在同一时期内发生于近东地带的日益增长的骚乱联系起来，认为各种不稳定是引起"黑暗时代"萧条与倒退的主要因素，即便不是原初的因素（242）。

除雅典之外，最早迎来曙光的两片土地就是优比亚岛（Euboea）和克里特岛（Crete）。优比亚岛上有一座公元前 10 世纪末为某个小王公所造的大型建筑体，他被以某种特别的方式安葬在里面，并以他的配偶和陪葬品为伴，其中包括了各种外邦来的奇珍异品。其他地方，最引人注意的就是伯罗奔尼撒半岛的南部地区，在那里斯巴达陷入了消沉期，一直延续至公元前 8 世纪。然而，到了公元前 8 世纪中期，各种复苏的繁荣迹象随处可见、十分明显，以至于学者都满怀希望地称这个时代为"文艺复兴时代"。其中最明显的就是，人口的相对过剩结合技术的提高使得本来无论在战争期还是在和平期都只能用作利器的金属铁现在可以作为日常应用，从而引发了一段媲美于欧洲文艺复兴时期的发现之旅。

那些最早搞远洋贸易的商人也是第一批在海外建立永久殖民地的人当中，有的来自优比亚岛。起先，他们为了寻找金属、奴隶以及其他必需品一路东行，经由埃及与塞浦路斯到达黎凡特。之后不久，显然是从无所不在的腓尼基人（即现在的黎巴嫩人）那里获得了不少消息，他们往西行进，穿过位于西西里岛和意大利"脚趾"之间的墨西拿（Messina）海峡，于公元前

775 年最终到达了那不勒斯（Naples）湾——那里正是伊特鲁里亚人自他们的老家托斯卡（Tuscany）扩张以来所到达的最南端。优比亚人在此建立起殖民地，先是在伊斯基尔岛（Ischia，古代的彼达索塞［Pithesoussae］），后是在意大利本土上的库迈（Cumae）。再后来，库迈发展成了一座充分的**城邦**，而没有被希腊人独占的彼达索塞在建立起大约一个世纪后就遭到了废弃。**城邦**的世界，是在公元前 750 年之后，而非在此之前形成的。

在伊斯基岛的晚期地层中发现的很多墓葬品里，有一件手工制品非常有力地描绘出了这轮西进所代表的希腊文化的发展本质。这是一件非常标准的酒器，其产地位于爱琴海最远处的罗得岛。使这件器皿看起来独特——确实是与众不同，甚至是脱颖而出的——是刻在其表面的、以当地的优比亚字符写成的三行诗句：

涅斯托尔（Nestor）有一只好酒杯——
无论谁用此杯饮酒
［他］就会立刻渴望美丽的阿佛洛狄忒。

使用由彻底的语音字母书写系统，是希腊人以原初的腓尼基语中的非元音模式为基础所做的根本性发展，这本身就颇具启发意义。希腊人再一次学会了如何使用一种相比于粗陋的、服务于官方的线形 B 字体的音节加上形象文字系统更加适合于他们自身语言特征的文字系统。现在，基本上连一个小孩子都能很快学会识字，只要他能掌握 24～28 个必要的字符就行（在不同地方，有些字符有变体）。至于希腊人为何能在这方面做出有如此深远影响的革新，我们尚不得知，但是，其中缘由必然包含了商业方面的动机。然而，从文化上而言同样有意思的是，字母系统自一开始就被用于作诗，而且是那种讲究韵律的诗。甚至有一种说法认为，字母系统被设计出来的真正缘由就是这个，还甚至被认为是用来作某种特定类型的诗句，即英雄史诗中的六步格体诗（Hexameter），这些诗合在一起被统称为"荷马"。

尽管这个说法看似有点牵强，但是通过这个伊斯基岛的小杯子多少能够获得一些佐证。前面提到的涅斯托尔，只能是荷马笔下唠叨不休的迈锡尼的皮罗斯（Messenian Pylos，位于伯罗奔尼撒半岛西南方）的君主，因为他手中确实有一只价值连城的器皿，或者更确切地说，一只由昂贵金属制成的并经过精雕细琢的酒杯。所以，我们这位当时地处希腊世界最最西边的作者，通过这三行诗句（其中两行属于史诗的六步格体），向我们透露了一首最初

## 第二章 城邦、政治和政治维度——希腊人的发明

创造并流传于希腊最东部的诗篇的相关知识。另外，我们这位作者感觉在文化上和荷马是如此契合，以至于他——确定是"他"——能肆无忌惮地戏谑荷马及涅斯托尔。毫无疑问，他不仅在杯子上写作，还在享用杯中物时写作，即在会饮（symposion）或全体男人的酒宴上命笔。在这个上层阶级形成的氛围中，贵族们——那些在意识上代代相传的生活和价值观方面共享同一套文化模式的人（Starr 1992：2）——或者说想要成为贵族的人，不仅追求优越的财富地位以及闲暇状态，还不遗余力地去提高作为社会地位象征的文化修养。然而，关于荷马笔下的世界，我们的兴趣点却会让别人感到乏味或者也不那么性感：这个世界中存在着**城邦**吗？而且，是否确实曾存在过一个——真实的——荷马世界呢？

# 第三章 一人统治：荷马的政治学

大约公元前 759 年

> 君主政体之所以是一种强有力的政体，最大的理由在于，它是一种处于人类理解范畴之内的政体形式。对于这样的一个政体，人类多半都能理解它，而世界上无论哪里的人，几乎都不能理解还会有其他形式政体的存在。
>
> 沃尔特·白芝浩［W. Bagehot］，《英国体制》，1867

君主政体就像一条红线贯穿了希腊政治史和思想（见第八章）。不过，它从来就不是常态的，或者说不是规范性的。希罗多德（2.147）就蔑视埃及人，因为他们看起来就好像天生一副离开君主就没法生活的样子。然而，这个说法对完全是希腊国家的斯巴达也适用，它与众不同的双君主制确实让希罗多德想到非希腊人（埃及人、波斯人、斯基台人）的王权（见第十章）。通常有两位来自不同王室的斯巴达国王联合执政，这事就某种程度而言可以视为是"少许例外反而证明了通则的存在"。正宗的君主政体所代表的权力集中，总会让人觉得与作为城邦根本原则的自由以及平等在根本上是格格不入的。

如果把迈锡尼时代的国王（*wanax*）放在一头，那么关于希腊王权接连不断的故事则始于荷马：但是，把荷马史诗当作一份史料来源是不可靠的，尽管把它当作文学来看则是一部非常伟大杰出的作品。是否有一个单独的、存在于某个特定时代和特定地点的"荷马社会"呢？如果有，那又是在什么时候、在什么地点呢？如果有这样一个社会，它的政治又该是怎么样的呢？说得更直截了当点，在荷马的叙述中，城邦在哪里呢？或者换句话说，也可以问得更确切些，政治维度在其中到底是如何被表达出来的呢？

"荷马"指《伊利亚特》和《奥德赛》两部长篇史诗，每一部都把重点集中在某个人物的英雄壮举上（不过，有意思的是，只有《奥德赛》是以诗中英雄人物命名的）。两部作品都是传统口述史诗，很好地将内容和字数平衡在了非常严格的六步格诗行之内。它们都是由无数篇单独诗歌经过各种各样的修改后而成，被传唱了约五个多世纪，大概在公元前700~前600年间最终在（可能是两个不同的）伟大诗人的手中尘埃落定。如果确实发生过诗中所记载的故事，或者像诗人所记述的那样的话，那么，史诗定型的时间要从这些事情所发生的实际年代（青铜时代晚期，或者公元前13世纪的迈锡尼时代）往后推六百年。

《伊利亚特》开篇第一句话就是阿喀琉斯的愤怒。为了表达正义这个主题，杰出的原创者从大量围绕特洛伊毁灭的神话传说中选取题材（特洛伊的毁灭其实在《伊利亚特》里并未被提及，在《奥德赛》里也仅仅是被当作插叙的内容提到），目的就是把重点放在一位伟大的、受命运安排的希腊英雄身上：来自塞萨利的阿喀琉斯，一个凡人和一个女神（忒提斯，Thetis）的儿子。他的愤怒直指阿伽门农。阿伽门农正是前往达达尼尔海峡（Dardanelles，即赫勒斯庞海峡［Hellespont］）远征特洛伊的希腊联军的统帅，而这场远征的目的就是为了追回其兄弟墨涅拉俄斯（Menlaus）被诱拐的妻子——倾国倾城的海伦。引起阿喀琉斯暴怒的原因是，阿伽门农假借补偿之由掠走了阿喀琉斯最宠爱的女俘布里塞伊斯（Briseis），这侮辱了阿喀琉斯，令其丢了英雄的颜面。不过，阿伽门农可以辩称他并没引起这场冲突。出于神的干预，阿伽门农之前被迫归还了他自己最宠爱的女俘克律塞伊斯（Chryseis）；所以他掠走布里塞伊斯，只不过是弥补自己的损失而已。因此，整部史诗就是围绕着英雄人物在丧失心爱女子之后所发生的一连串事情上，对这些女子的拥有权是衡量这些英雄们的公共地位的关键标志。诗歌对传说进行了选择性的加工，长诗以阿喀琉斯与特洛伊英雄赫克托耳之父达成的动人和解为终。赫克托耳是特洛伊的英雄，阿喀琉斯在一对一的单打独斗中杀死了他，之后对其进行了极其残暴的辱尸。不过，特洛伊还没有毁灭，而海伦也没有被追回……政治上，这一切还都有待于诗人去处理，而他关心的是其他事情。

诗人借《奥德赛》的同名英雄完成了最后的政治结尾，《奥德赛》是一部同样伟大、时间稍后的史诗，Odyssey这个名字后来成了一种写作风格和电影摄影手法的代名词。这部史诗讲述的是，一个来自希腊本土最西边的国王十年漂泊的故事，他历经千辛万苦，最终从特洛伊回到了他在岩石小岛伊萨卡（Ithaca）上的王国，回到了他忠贞的妻子佩内洛普（Penelope）身边。

用常话说,奥德修斯属于典型的"诡计多端"之人,他最重要的一计就数特洛伊木马。然而,他也是一个"非常有忍耐力"的人,曾经历过大大小小无数次战斗,最重要的敌人就是超级强大的海神波塞冬(奥德修斯勇敢地刺瞎了波塞冬之子,独眼巨人波吕斐摩斯[Polyphemus],见卷九)。另一方面,奥德修斯又有神助,在雅典娜的相助下,最终顺利地回了家——就他一人。

要证实史诗的史实性,我们可能同时需要凭借无声的考古学依据(来自公元前13~前8世纪之间的),以及所谓的线形文字B泥板上的证据。考古学已经表明,从塞萨利到伯罗奔尼撒半岛最南端的希腊本土,以及隔海相望的克里特岛上,都有大量的宫廷经济活动和社会活动存在。其中,位于伯罗奔尼撒半岛东北部的迈锡尼是最富强的——这和诗里将阿伽门农表现为特洛伊战场上希腊军队的统帅是一致的,尽管事实上他既不是最伟大的英雄,也不是因为是最强大的武士或统治者而当权的。至于现实中的阿伽门农到底可能是个什么样的君主,需要我们回过头来单独思考。另一个重要问题也是如此,即是否真的存在一个在政治上联合的"希腊"(不管在何种意义上的)可以供他领导。

写有线形文字B的泥板,被大火很偶然地保存了下来,从大量重要的迈锡尼中心——距今最近的是底比斯——被挖了出来。这种音节体而非字母体的文字最终在20世纪50年代期间被破译,它是一种希腊语的早期形式。这种简陋的创造仅仅被用于官方书写,它被设计用于记录王室的账目。文学、历史等等从来没有用线形文字B撰写过。纵然如此,泥板还是非常有力地证实了宫殿和王国在历史上确实如史诗里记载的那样存在过。然而对于那些拘泥字义者(literalist)来说不幸的是,它们同时也证明了荷马笔下的君主并不是迈锡尼式的君主,因为史诗中所虚构的王国较之青铜时代的任何一个原型都要无比之大、无比复杂。

公元前3世纪的一位著名希腊学者,昔兰尼的埃拉托色尼(Eratosthenes of Cyrene),便对荷马史诗的真实性提出了非常尖锐的质问。他说他本来是打算相信《奥德赛》的内容是在历史中真实发生过的,不过,他却读到了一位补鞋匠能缝好风神用来装风的皮革袋……换句话说,《奥德赛》和《伊利亚特》一样(前者相比后者,可以说是有过之而无不及),掺杂进了各种各样的民间传说、小说、传奇故事的元素,这些元素起码是把本来可能包含的历史事实给掩盖了起来。另外,这样的历史并不是对确定的过去进行"真实的"重建,"即便是在明显涉及世俗事务的地方,一部史诗也不可能作为可靠的依据帮我们达到真相"(Dickinson 2006:240)。而对于塑造和指导行动的那种神灵介入之超凡"现实"来说，则更加不可能作为可信之向导了。

当海因里希·施利曼（Heinrich Schliemann）启程前去"发掘"特洛伊、迈锡尼以及同时代的其他遗址时，他坚信荷马是位历史学家。现代的主流观点并不完全与施利曼相悖，除了现代观点把这段历史定位于荷马史诗成型的那五六百年之间的另一端——公元前8世纪。不过我的观点一部分和约翰·麦尔斯（John Myres 1958）相同，一部分和斯诺德格拉斯（Snodgrass 1974）相同。麦尔斯认为荷马的世界之所以是不朽的，恰恰是因为它的存在从来没有脱离过诗人（我们应该更确切地说，是诗人们）丰富的想象。斯诺德格拉斯在一篇很有说服力的（最近重印了）文章中提过，荷马极为混淆地结合了机械技艺和社会技艺（青铜和铁，聘礼和嫁妆，等等），而在真实生活的社会里，这不可能出现在任何一个单一、真实的时代里。

因此，正如摩西·芬利（Moses Finley 1978）观察到的（尽管在我看来，他将荷马社会定位于公元前十世纪和九世纪仍然是错的），荷马笔下的君主和宫殿只是现实世界中被诗意地"英雄化"和伟岸化了的小地方首领，事实上，他们统治着一个在"暗黑时代"（公元前11~前9世纪）饱受贫困折磨又四分五裂的希腊，当时正处在伟大的青铜时代晚期和"文艺复兴"的公元前8世纪之间。史诗传奇的创作预设了昔日疏远的光辉事迹的毁灭和对其生动的回忆（那时候，一个男人可以举起一块巨石，不像今天，两人都不行）。毫无疑问，荷马史诗本身就是希腊文明自公元前800年——尤其是前750年——以来上升发展的产物；不过，在这段时期内，希腊商人为了做金属和奴隶生意（在荷马那里，这是腓尼基人干的事）往东去了叙利亚，并向外"殖民"（即永久居留），先到西部（南意大利、西西里，以及后来的北非、法国南部、西班牙东部），然后到东北（沿着黑海）。尽管史诗在社会和经济层面上非常详细地反映了公元前8世纪和前7世纪的面貌，然而在政治层面，它们最多不过是间接表明了发生在这个时期的一项最重大的发展，即城邦或公民国家的兴起。

*Polis*（城邦，或 *ptolis*）这个词以及与它同源的词（*ptoliethron* 等）确实出现在了荷马笔下——事实上，出现频率还挺高。然而在特洛伊并没有 *politai*（公民），伊萨卡也没有。*polites* 这个词没有在荷马那里出现；而且我们所知道的对现实公民政治最相近的（其实也不是非常相近）的描写也都是一些完全虚构的篇章，即《伊利亚特》的第十八卷里提到的，在由奥林匹亚匠神赫菲斯托斯（Hephaestus）为阿喀琉斯打造的盾牌上，有关于人类公共活

动——既有和平也有战事——的描述，还有就是在《奥德赛》的卷七至卷十二中提到菲阿斯岛上（Phaeacia）的梦幻世界时的那些相关内容，当时正是奥德修斯自特洛伊战争之后在海上漂流的第十年，此地也是他回到家乡伊萨卡岛前的最后一个停靠站。

事实上，在伊萨卡本土上，自奥德修斯离开之后，二十年来一次大会（Assembly）都没召开过；在《奥德赛》的开头提到它终于召开，那也仅仅是因为国王不在而导致特殊危机爆发的被迫之举：当时奥德修斯之子忒勒马库斯（Telemachus）尚未成年，108位年轻贵族一道包围了他父亲的王宫，他们向奥德修斯的妻子珀涅洛珀（Penelope）求婚。而且，当大会召开的时候，人民并无发言权。乔纳森·郝博德（Johannes Haubold），一位非常杰出的学者，之前（2000）就已经尝试挖掘 laos 或普通大众在荷马史诗中所发挥的重大作用，但是，除非我们给 laos 重新下定义，使这个词至少对于精英和大众一样适用；否则，真正卑微而温顺的民众作为整体，就只能出现在政治背景当中。同样地，迪安·哈姆（Dean Hammer）曾大胆尝试（2002）把《伊利亚特》当作一出本质为"政治思想的演出"来读，这让我感觉就好像是在风中抓住了一把稻草。权威和服从，在公共领域之内予以解决的有关共同体的重要问题，这些被贴上"政治的"标签是很对的；不过就制度上而言，即便是哈姆也不得不承认，《伊利亚特》的世界属于前政治式的（pre-political），或者说得更明确些，是"前城邦式的"（pre-polis）。

荷马史诗里，大大小小各种集会被提到或写到总计有二十来次，但没有一次是真正用来做决策的。因为在特洛伊也与在伊萨卡一样，在政治上发号施令的总是"国王们"以及他们的代表，尤其是迈锡尼的阿伽门农以及其他"最优秀"的人。譬如，阿伽门农是否征询整个军队的意见，这得由他个人说了算；而且，当他决定征询建议时，其实也只是想看下军队会有什么反应，而不是因为军队真的有什么权利使得他们必须被征询，更别提军队能决定什么议项了。因此，在《伊利亚特》卷二中，在围攻特洛伊长达九年不成功的情况下，在特洛伊的希腊军队对阿伽门农召开的大会作出回应——他们回到（或者更确切地说，奔逃回）他们的船上，盼着这场远征能够最终被叫停。称这个为"决定"是明显的语言误用，荷马笔下的这些希腊人只是用脚投了票，不过，这也给出了公元前8世纪真实情况的一个很强烈的暗示，即当时希腊的普罗大众正开始让自己以及自己的观点能够被意识到。（要注意的是，这并非正式投票；计算票数则更还早着呢，见第四章。）

当装模作样的大会解散之际，关键的对决在两人之间上演了（155-283

行）：奥德修斯——一个拥有美好未来和辉煌过去的英雄，和塞耳西忒斯（Thersites）——一个名不见经传、象征性地出场一下之后就从文中彻底消失的人（尽管很久之后，色诺芬等人都提到过他）。作为法定君主—贵族制代表的奥德修斯，与被认为是傲慢的、自封为 dêmos（即普通士兵，其军事作用尽管非常重要，但是出于社会和叙事的理由，口传史诗的诗人们并没有系统描述他们）"代表"的塞耳西忒斯，展开了巅峰对决。

大会就像是一艘"在海上摇晃"的船（144以下各行），士兵们回到船上的目的就是为了能最后活着回到他们的希腊故乡。"接下来，对于阿基斯人（Argives，指围攻特洛伊的希腊人）来说，如果不是赫拉（Hera，宙斯之妻，特洛伊之敌）对雅典娜（也是特洛伊之敌，奥德修斯的特殊保护者）说了什么，而雅典娜又接着唤醒了奥德修斯，这位智虑"堪比宙斯的人"（149行——这简直是巨大的荣耀！），本来他们就兴许可以摆脱命运而还乡了"。在诗人所呈现的因果关系中，神的干预是一个至关重要的因素，但我们要考虑的是奥德修斯受到神启后究竟是如何行动的。首先，他抓过大王阿伽门农本人的权柄——如我们将会看到的，它不仅是职位也是权力的象征，无论字面意义还是象征性意义上说它都是一把武器。

权杖在手的奥德修斯力挽狂澜，阻挡撤退的人潮，他采取了两手抓的办法来对付两个在等级上分化的群体——诗人（对他听众了如指掌）将围攻特洛伊的希腊人分成了这两类。一方面，他首先用温和口吻对"某些王者，或有影响力的人"劝诱道，"你们难道没有为自己不合乎荣誉的行为而感到羞耻吗？不要做个懦夫"（这是个充满社会意义与道德意义的词语，后来完全与"低等"同义），而是要"坚持住"——也就是说，首先要管好你自己，坚守自己的岗位；然后，利用你们拥有的至高权威（无论是出于先天自然的，还是出于后天传统认定的）"阻止其他人"，即那些贫贱无知的平民大众（demos）。另一方面，"当看到某些四处叫喊的人"——也就是那些粗鄙的希腊平民——时，奥德修斯往往二话不说，"操起手中的棍棒（确切地说，是阿伽门农的权杖）就直接向他挥去"（199行），然后才开口训诫。他不说那些温柔的、吸引人的话，而尽说些刺耳的批评、严厉的斥责和让人泄气的讽刺（200-6行）：

> 你这蠢货，还不给我老老实实地坐下，服从你的上司，
> 那些比你们杰出的人的命令。你这个逃兵，贪生怕死的家伙，
> 战场和议事会上一无所用的窝囊废！

## 第三章 一人统治：荷马的政治学

阿开亚人［希腊人］岂能个个都是王者？
王者众多可不是件好事。这里只应有一个统治者，
一个大王——此王执掌着工于心计的克罗诺斯的儿子授予的
权杖和评审权，统治属下的子民。

奥德修斯的想法是保守的，甚至是过分守旧的，他想到的是一种传统君权——尽管他没有用任何诸如 *monarkhia* 或 *basileia* 之类的抽象术语——这种君权由一批贵族顾问所组成的议会支持，但是它的神授权力并不和他人分有。

就在此刻，一个不可思议的事情发生了，现实闯了进来——不过不是想象中《伊里亚特》所发生的英雄时代的现实，而是历史中的公元前750～前650年之间的时期和世界，这是《伊利亚特》最终成文的时刻。"现在其余的人已经就座"，正如奥德修斯命令的，而且重新恢复"有序"（211行——这又是一个关键的价值词），并找到了自己的合适位置。"其余的人"——除了一个麻烦制造者，"喋喋不休的"（212行）塞耳西忒斯。他（212-19行）：

满脑子颠词倒语，不时
语无伦次，动辄就和王者们争吵，
用词不计妥适，但求能逗引众人开怀。
围攻伊利昂（Ilium，即特洛伊）的军伍中，他是最丑的一个：
两腿外屈，撇着一只拐角，双肩前耸，
弯挤在胸前，挑着一个尖翘的
脑袋，稀稀拉拉地长着几蓬茸毛。

换句话说，他的外在形象恰好反映了他内在的道德败坏和差劲的社会教养。这与精英们骄傲地自诩的并被最终抽象为 *kalokagathia* （"高贵美好"）的特质完全相反。尽管如此，诗人还是给塞耳西忒斯安排了发言，其恶意攻击直接针对阿伽门农本人，同时还意图煽动众人造主子们的反。过了一阵，奥德修斯再一次出场，一部分原因是为了捍卫阿伽门农，不过更重要的则是为了贬低、羞辱塞耳西忒斯：他的言语缺乏审慎，在特洛伊的所有希腊人中，他的道德是最恶劣的，说到底，他无非就是个麻烦制造者和煽动分子，完全不值得和他争辩什么，唯一要做的就是把他彻底打倒在地，让他当众尝

一尝被羞辱的滋味。奥德修斯说做就做,直接把塞耳西忒斯打得痛哭流涕。

在我看来,诗人明显想将集会的希腊人对此的反应描写为某种认可,即尽管对塞耳西忒斯遭受的痛苦感到几分难过,但是他们还是放声笑了出来,甚至还带点夸张的口气(对于暴民又可以指望什么呢)宣称,"奥德修斯干的这事,是迄今为止他所做过的最漂亮的一件事"(174 行)!如果你想知道这事对后古代政治思想的影响,你可以在《牛津英文字典》里面查一下 Thersitical 这个形容词,有意思的是,你竟查不到"有远见的"、"进步的"或者"平等主义的"这样的定义,却会查到诸如"辱骂的和臭嘴巴的"这样的定义。贵族式的荷马,经由色诺芬笔下的苏格拉底以及在西方思想中迄今还占主导的"反民主传统",无论是从理论还是意识观念来说,都最终占据了上风。

我前面引用了奥德修斯的讲话,就我们所关注的政治的行动层面而言,这番讲话可以说是整部《伊利亚特》中最重要的篇目。我们特别留意到了一个多音节抽象名词 polukoirania,在这里被翻译成 manifold lordship(众主制)。这个词向我们暗示了抽象概念的最早出现,而思想和词汇的抽象概念已经被认为是希腊政治理论发明的先决条件,即让-皮埃尔·维尔南(Jean-Pierre Vernant, 1957)等人做过很好描述与分析的心理的与象征的转化。这个在意识上产生的复杂转化,包含了对新的世俗化理性的探索、对神话的寓言式阐述以及历史反思的诞生;简言之,这是传统交流方式的危机,亦是与之相伴随的价值的危机。所有这些都以各自不同的方式,向我们描绘出了(最广义的)政治的理论和实践层面在古风时代后期所发生的一系列显著变化:从神话到逻格斯,从礼物交换到体制化政治交换,从神性理智到人类理智,从具体推理到抽象推理,从不成文法到成文法;总的来说,从一个诸神之城到理性之城。不过,这是另外一个故事了。

再回过头来看《伊利亚特》一书:第三卷至第十二卷,战斗还在继续,但希腊人的处境已变得非常糟糕;糟到希腊人不得不派出专使前去哀求躲起来的阿喀琉斯(卷九)重返战场。值得注意的是这里面包含的一个假定:只有在伟大的战士带领下才能赢取战斗,而普罗大众只能扮演辅助的配角。有一个众所周知的例子很符合这一语境,即萨耳珀冬(Sarpedon,宙斯的一个儿子)与格劳克斯(Glaucus)——他们都是卢西亚(Lycia)和特洛伊的盟友——的对话(12.310ff.):萨耳珀冬把贵族统治"解释为"或者说辩护为履行在战斗前线为赢取荣誉而战的职责(line 325)——并因此能享用新鲜的肥羊肉和痛饮美酒。然而,阿喀琉斯却向来不守常规,拒绝所有恳求。战斗在继续,对于希腊人,局势变得越发棘手——就差特洛伊人放火烧毁希腊人的舰只了(卷16,123)。

特洛伊人照常由强大的赫克托耳率领,他是年老的特洛伊国王普里阿摩斯(Priam)的长子,也是宙斯(12.437)和阿波罗(15.254ff)二位支持特洛伊的主要神灵所偏爱的统帅。他是《伊利亚特》中间部分的真正英雄,有着一股不可阻挡的力量,如同一颗"滚石"。有一些个别的希腊英雄——如狄奥墨德斯(Diomedes),埃阿斯(Ajax)——干得非常漂亮,但是希腊人的整体处境还是变得更加恶劣了。卷十四的作用是插入一段从战场暂时脱身的轻松场面:赫拉——宙斯之妻,这位在政治上与其夫敌对的、又长期受忍的女神——耍着爱欲的把戏,企图分散她的丈夫的注意力。然而不久,我们就被重新拉回了激烈的战事当中——一如既往,这是由男神和女神挑起的人际战斗。

接着,阿波罗唤起了赫克托耳,而这又反过来激发起了阿喀琉斯的好友帕特罗克勒斯(Patroclus, 15.390ff.)去鼓动阿喀琉斯再一次参战(15.402)。不过他并没成功,因为阿喀琉斯还在为阿伽门农愚弄自己一事而愤愤不平(16.53)。另一方面,阿喀琉斯也意识到希腊人所遭遇的困境的严重了,他允许帕特罗克勒斯代他出战——可以说是以他的名义出战,最明显的证据就是帕特罗克勒斯穿着阿喀琉斯的盔甲出战。因此,在《伊利亚特》最后的第三部分,一个最重要的支线情节就是帕特罗克勒斯的英勇行动及战死(卷16.130 ff.),尤其是他杀死萨耳珀冬一事以及赫克托耳在阿波罗的再一次帮助下手刃帕特罗克勒斯,而后面紧接着整一卷(23)内容讲述的都是悲痛万分的阿喀琉斯为其举办的宏大葬礼。与帕特罗克勒斯有关的支线情节是《伊利亚特》第三部分故事主线的导引:阿喀琉斯因帕特罗克勒斯之死最终决定参战,作为希腊勇士代表,与特洛伊勇士代表赫克托耳一决雌雄。赫克托耳之死(卷22)与阿喀琉斯最后将赫克托耳的尸体还给普里阿摩斯(卷24)都是给帕特罗克勒斯葬礼竞技会锦上添花的。

《伊利亚特》的后半部分从政治上看,提出了两个重要问题。第一个是关于爱国主义的问题,而另一个则关于两座"城邦"的地位问题,奥林匹亚瘸腿匠神赫菲斯托斯应阿喀琉斯之母海洋女神忒提斯之求,巧妙地将这两座城邦雕刻在阿喀琉斯的新盾牌上。正如我之前所说,在荷马时代还没有公民,这也就直接证明了荷马时代还不存在 polis 即城邦。然而,当时却已经有了爱国主义的观念,并且还有法律程序(在卷十八中有所描述),这至少相当于彼时公元前八世纪/七世纪现实世界中所出现的法律诉讼。

爱国主义（Patriotism）作为一种情感，指某个人拥有一个必须为之而战的"家国"（country），爱国主义的最著名典故，出自特洛伊的磐石和捍卫者赫克托耳之口。"一只鸟的迹象是吉兆"，他如此宣称道（12.243），意思是说，为捍卫自己的父母之邦（patra，"country"，"fatherland"）而回击。然而，正如《伊利亚特》所记载的，这是一个特洛伊人的观念而非希腊人的观念。这是不是部分表明了，荷马对特洛伊人和希腊人的处理是相对公平的、非族群中心式的？或者说，假如真实情况正相反，是特洛伊人驻军在迈锡尼城外，那么原话是否就会完全颠倒过来呢？《奥德赛》中有一段话暗示了后一种说法：当奥德修斯乔装蒙混进菲阿斯岛的国王阿尔基诺斯（Alcinous）的宫廷后，听到宫廷吟游诗人德摩多克斯（Demodocus）在唱诵特洛伊木马之计（当然，是奥德修斯亲自设计的那个）时，他哭得像个"搂着自己的丈夫的妇女一般，她丈夫因保卫城邦与儿童而在自己的城邦与人民面前战死"（《奥德赛》[Odyssey]，8.523 – 5）。这恰如赫克托耳的所作所为一般：一个被"对共同体的爱国主义忠诚"——它必定是比个人与家庭荣耀更加重要的驱动力——驱向最终命运的英雄（Greenhalgh 1972：534）。

同样，诗人也花了大量笔墨描述了火神赫菲斯托斯为阿喀琉斯精心打造的（新）盾牌（卷18.478 – 607）。赫菲斯托斯不知用了什么办法，把"两座凡人的城池"（490 – 1 行）呈现在了盾牌上——基本上，这既不现实也不实际，尽管现代"重建"可以。赫菲斯托斯采用典型的希腊式二元对立风格：一座城池处于和平状态，另一座则处于战争状态。即使在和平之城内，也依然有杀人事件的存在。不过，这个问题可以通过诉讼程序，用和平的手段加以处理。有两个人在为"对一个被杀之人的赔偿"而意见不合（498 – 9 行）。因为痛心的亲人不接受凶手付出的赔偿，就采取了诉诸公共仲裁的行动。公共仲裁由坐着的"长老"团决定，他们有传令官的协助，公裁时，传令官负责维持公共广场上热闹的旁观人群的秩序。这两个人轮流为自己辩护，"在他们中间的地面上还堆放了两泰伦的金子"，这些金子留给办案时［诸位长老中］发言最为正直的人（507 – 8 行）。关于这笔巨额钱财的名义，说法有很多种。有人或许认为这是用来补偿受害者家庭的，而有的人甚至认为这相当于一笔罚金，作为一种进步手段用于替代过去使用的"以牙还牙"的报复法（lex talionis），因为报复法没有半点真正的"法理"。然而事实上，这个放在中间的金子是用来奖励某位裁判官的，这表明，如果这确实是"司法制度"的话，那么我们在这里讨论的仍旧是一套相当非平等主义的司法制度。那么，为什么荷马没留下如何解决冲突的线索呢（常见 Farenga 2006：

128)？我应该说，这正表明了真实世界的司法制度在当时明显尚未成熟。

至此我们总结一下：荷马时代是否存在城邦呢？在史诗框架之外有迹象表明它的存在，比如大规模普通战士的有组织战斗，又比如从特洛伊的赫克托耳——而不是希腊领导人——口中说出的"爱国主义"，还有就是被巧妙地描绘在阿喀琉斯盾牌上的和平之城，那儿正举行着法律审判程序。荷马时代是否存在政治呢？显然，不存在我们在第二章中所定义的那种强意义上的政治。荷马时代是否有关于政治思想的证据呢？是的，确实有，最明显的就是奥德修斯为合法继承的（并非声称的）王权 monarkhia 的辩护，对所谓塞耳西忒斯的空想多主制 polukoirania 造成的威胁的反抗。可是，这是否就意味着，荷马史诗中已经存在政治理论呢？远非如此。要回答这个问题，我们必须去考察雅典梭伦的生涯以及留存下来的相关文本——尽管在那里，我认为（见第四章）我们也解决不了这问题。不过，在离开早期的希腊史诗之前，我们必须找到城邦出现的最早的、直接清晰的文本证据——赫西俄德的《工作与时日》（*Works and Days*）。

这篇不同寻常的长诗得以幸存，要归功于赫西俄德另一部更加著名和可靠的作品《神谱》（*Theogony*）。《工作与时日》的主干是由一个农民的历书构成，其中融入了大量掺杂起来的道德说教——就是在两千年之后托马斯·图瑟（Thomas Tusser）为伊丽莎白的英格兰所做的那档子事。然而，让我感兴趣的是，这篇诗歌是如何构成的，即促使它成型的最表面的动机。因为赫西俄德通过赋予一场个人之争一个普遍意义，既引出了这位作者（参见 Thomas 2005），又为我们第一次提供了在严格的城邦语境中的希腊政治实践的例子（即使是负面的例子）。

赫西俄德显然是一个真实存在过的人，而且是第一个用自己的诗歌语言说话的人。他来自阿斯克拉（Ascra），一个位于贝奥提亚（Boeotia）的塞斯比阿（Thespiae）城邦地带的小乡村，在成为民族诗人之前，他一直是个地方上的小诗人。公元前 700 年前后他达到鼎盛年。赫西俄德写《工作与时日》的缘由，或者说起因，是一项公共的政治决定。当时，赫西俄德和他的兄弟珀尔塞斯（Perses）为了父亲的遗产发生了争端，而这项公共的政治决定最后帮了他兄弟一把。他们的父亲是一个来自小亚细亚的移民，很有能力，留了一大块田产给他们，使得两个儿子为此争夺而置兄弟情分于不顾。根据雅典人的传统，遗产是可分的，也就是说，在活着的合法子嗣中平分。然而不知怎么地，赫西俄德声称珀尔塞斯已经抢取了遗产中的大部分，并说服当权者承认了他的不合法的要求。

赫西俄德把阿斯克拉"王爷们"——或者说微型君主们，即做出这个决定的统治精英们——痛骂成一个个热衷收受贿赂（gift‐devouring 或 bribe‐swallowing，希腊人用来表示"贿赂"的词 *doron* 同时可以表示"礼物"）的小人，还用鹰和夜莺的寓言神话讽刺他们，暗示不公正的统治者最后将会给他们的共同体以及他们自己一道带去灾难。尽管如此，赫西俄德发出的重要声音仍旧是在野的。纵使他再如何尽情于疾言厉色，赫西俄德名义上的"王爷们"甚至连聆听他说什么的义务都没有，更甭提修改或者推翻他们先前的决定了。因此，赫西俄德的证词在政治上留下的重要启示就是：真正的改良——即赫西俄德所理解并且拥护的"正义"——要求进行重要的政治、经济、社会以及军事上的全面改革，下面我们将对此详细论述。

# 补充阅读2：古风时代的希腊世界

## 约公元前750~前500年

请诸神慈悲为怀。城邦的决定是这样的：一个人一旦担任了执法官（Kosmos），那么十年之内就不能再担任这一官职。如果他担任执法官，那么不管他受了什么判决，他自己都要付出双倍，并终身失去权力，他任职期间做的任何事情都将无效。宣誓者（将是）执法官，民主和城邦的二十人团。

这段话是在公元前7世纪后半叶的某个时候以"来回书写法"的形式（"像牛耕地一样的书写形式"）被刻在一块不起眼的石灰石岩块上的。它很有可能是希腊现存最早的刻写下的法律，它和被归于最早的立法者所立之法（后者得到通常是后来的文字史料的证实）几乎一样久远。在这些立法者中，据说有一位是来自克里特岛的：大量最早的法律已经得到确证来自克里特岛，所以这个说法相当可信。篇头引文正是引自克里特岛东部的德拉卢斯（Drerus）。

在古希腊历史的宏伟图景上，德拉卢斯从未占据过举足轻重的地位，也从未在其历史大舞台上扮演过重要角色。因此，在这篇早期文献中，对于古希腊政治思考及实践的发展具有深远意义的三个词语（*kosmos*、*polis*以及第三个词Damioi——源自希腊词*damos*，即"民众"）的出现，向我们透露出了重要的信息。这份强有力的证据向我们说明了，古希腊政治思考及实践的发展在古希腊人的意识中已经延伸得十分之广，又在多大程度上内化成了希腊人的意识。Kosmos是希腊人用于表示整个世界或宇宙的词，其本义为"秩序"，因为有序被认为是有吸引力的，所以它就有了第二层意思，即"装饰"——于是便有了我们的"化妆品"（cosmetics）一词。在公元前7世纪的克里特，*kosmos*一词是德拉卢斯最高行政及司法职位，其含义保持了该词原义的充分力量。最高行政官被称作*Kosmos*，其任务是建立以及维持秩序。

具体而言，他被公共授予的职责是去建立以及维持政治秩序。因为德拉卢斯是一座**城邦**或公民国家，就像这篇文献通过短短几行字中两次告诉——

或者说，提醒——它的受众的那样。我们无法精确地指出"**城邦**"兴起于何时；总之，它可能分别是在不同时期、以不同的速度、在希腊不同地区出现的。正如我们在上一章中所讲的那样，就《伊利亚特》与《奥德赛》的诗人而言，**城邦**当时尚未完全成形。然而，在《奥德赛》内，有一段特别的历史过程被提到过，一个非但没有减缓、反倒可能大大推进**城邦**形成的历史过程。这个过程被学者认为是殖民化——不过这个看法不太准确，甚至还可能会产生误解。

其实，大约在公元前750～前500年间，地中海以及黑海周围共建成了230处左右的新殖民地（Tsetskhladeze 2006：lxiii），但其中几乎没有一处可被算作现代意义上的殖民地。这些殖民地最初几乎完全都是独立自主的政治实体，而且很快——最晚不过公元前700年——它们就演化成了**城邦**类型的共同体。由来自爱琴海的优比亚岛的殖民者于公元前750年左右在那不勒斯湾所建的迈库，或许就属于这一类型；同样位于意大利南部的、建于公元前700年左右的塔拉斯（Taras）则必然属于这一类型。然而，建立时的艰难曲折——或者说，有关塔拉斯建立的传说——恰好证实了，在过去的希腊世界里存在着政治混乱以及不稳定，而这正是引发或促进移民运动的因素。殖民者们共同任命了一位殖民地建立者（oikist或奠基者）——法兰特斯（Phalanthus），而且他们拥有早期希腊智慧之地德尔斐的阿波罗神庙的神谕佑护。然而神谕并未提到塔拉斯，只提到了沿海稍南面的萨提瑞恩（Satyrion）；有一种传言说，这位建立者是遭谋杀的；而所有传言都证实，这些塔拉斯人和他们的意大利加（Italic，古意大利）邻人莱普基人（Iapygians）关系一直相当紧张。另外，这块殖民地一开始似乎并未获得塔拉斯首府（mētropolis）或母城的**城邦**——斯巴达——的批准就建立了。确切地说，这些殖民者是一群在政治上非常不满的半斯巴达人或次等斯巴达人，因为他们认为他们在本土应得的政治和社会身份以及名声遭到了否定。

另一个促进**城邦**产生及发展的因素是战事，在公元前750～前650年之间的一个世纪内，战事不仅变得常规化，而且在形式上也完全一致了。其实，塔拉斯的建立正是"第一次迈锡尼战争"——被后世传统视为后迈锡尼时代和前古典希腊时代的战争史中最重要的战争之一——所遗留下来的产物。风靡公元前7世纪中叶的斯巴达挽歌诗人提尔泰奥斯（Tyrtaeus），曾提到过一场几代人之前发生在他的同胞及其邻邦的迈锡尼人之间的战争，一场据说长达二十年的战争（这有特洛伊战争的两倍之久！）。让人无法相信一场战争竟可以持续这么久，不过这也恰恰意味着，这是一场无论在规模上还是在意义上都重要的战斗。这场战争标志着，到了公元前 6 世纪后半叶，斯巴达人的**城邦已经崛起**为希腊超级强权。

斯巴达在那段时期内制定了某种宪法性的协约，而这种协约可能在整个希腊都代表了同类政治安排中最早正式化的样本。据传说，这场改革和一位远见卓识的立法者莱克格斯有关，据说他颁布了"大"瑞特拉（Great Rhêtra，参看普鲁塔克《莱克格斯传》[Lycurgus]，6）以及其他几部次要公约。Rhêtra 有"宣言"或"法令"的意思（见附录 1.1，奥林匹亚 [Olympia] 的文本，刻于公元前 500 年左右），这里的 rhêtra 是经德尔斐的阿波罗神谕的允许后所确立的。一方面，大瑞特拉神圣化和固定化了斯巴达两位世袭君主及赫拉克勒斯（Heracles）的后嗣贵族手中压倒一切的贵族权力，即具体存在于经选举产生的三十人元老院（Gerousia）内的权力，而斯巴达君主无论年龄多大，都是元老院的在任成员。另一方面，大瑞特拉正式承认斯巴达人民（dêmos）——由重装武士阶层组成的公民主体——为一支政治权力，尤其是在涉及和平与战争的重大事务上享有最终决定权。这种特有的折中方式历经斯巴达内外政治的兴衰而存在了三百多年，一直到公元前 3 世纪的革命为止（见第九章）。

宗教与政治在大瑞特拉中的无缝结合完全符合希腊特征，而且也属于典型的斯巴达特征。然而，斯巴达自身却几乎算不上是一种典型的——或者说，甚至是一座通常的——希腊**城邦**。在领土大小方面，斯巴达是距离其最近的竞争对手锡拉库扎（Syracuse）的两倍之多。在大约 8000 平方公里的领地（大约占伯罗奔尼撒半岛的五分之二大小）内，除了斯巴达人自己之外，还有另外两支不同的族群：一支是珀里俄基人（Perioeci）即"边陲居民"，他们虽拥有自由，但在斯巴达并未享有完整的公民权利（斯巴达才是公民权力及决策权利的中心）；另一支是希洛人，尽管是希腊人，但他们属于没有自由的准农奴阶层。就地位上而言，希洛人并没什么独特的——类似的人在其他希腊人中有（比如塞萨利的珀涅斯忒人 [Penestae]），在非希腊人中也有（比如马瑞底尼人 [Mariandyni] 或比西尼人 [Bithyni]，他们生活在黑海的西端，或西西里的西里奥里人 [Cyllyriori]）。然而就政治效应上而言，他们又是独一无二的，因为他们是主动或被动地将自己变成一架军事机器的斯巴达城邦的经济基础，这个城邦因此有许多政治怪象，比如最显著的，就是形成了独一无二的世袭的联合王权。

斯巴达独有的政治形势和复杂性所产生的一个效果是，成功避免了古典时代前夕的一个典型现象，即僭主政体的产生。turannis 一词的来源可能并非希腊语。这个词在希腊语文献里最早被用于吕底亚（Lydia）的统治者——我们从当时的亚述语（Assyrian）文本可知，此人在公元前7世纪前半叶的萨迪斯（Sardis）都城处于全盛时期。诗人冒险家阿尔齐洛科斯（Archilochus），自己就是一名从帕罗斯岛（Paros）前往萨索斯岛（Thasos）的"殖民者"，他大胆——或许会有争议——声称自己并不愿意去当一个像盖吉斯（Gyges）那样的僭主。然而，自公元前7世纪中叶起，遍及希腊本土和爱琴海地区的不少希腊人都在当僭主，这种超越宪政之上的一人独裁的体制形式据说有力地诱发了大约公元前650～前550年之间的政治变革。

一方面，僭主制有助于永久分裂并废黜旧式贵族统治阶级——荷马和赫西俄德笔下的"君主"（*basileis*）——手中的权力。之后，只有一小部分**城邦**在严格意义上还能被算作贵族政体，即"最优"人统治——这些人完全以拥有某位英雄或神的高贵血统为由，声称自己拥有唯一的统治权。相反，正如麦加拉（Megara）的哀歌诗人提奥戈尼斯（Theognis）所哀叹的那样（可能在公元前6世纪中叶），财富——大多仍指对农地的拥有，不过有时也指巨额的商业利润——一开始先模糊了纯粹以出生作为政治标准的主张，接着又跃居其上成为更高的标准。另一方面，僭主必定会在旧的统治精英之外，往下从自视为*dêmos*（"民众"）那里寻找支持。一些学者认为，当时与这种超越精英趋势相关的，有一种"处于中间的"意识形态——处于之间，即处于上层精英阶层与底层大众之间。然而，至于这个趋势有多普遍，还是有各种不同的说法，但是这至少给我们提供了一个非常特定的具体例证，来结束这一章并给下一章起个头。

在这段时期内，除了斯巴达，另一个主要的希腊城邦雅典也不曾开始或遭受过僭主政体。本来它可能会的，因为到了公元前600年，诸项条件皆已具备——包括严重的经济和政治危机，这些在其他地方都推进了僭主政体的发展。然而，雅典早期有一位极具领袖魅力的政治人物不想接受僭主制，他提出并用法律确定了诸项改革，一段时间后便成为定规。这些改革正是被当作了僭主政体的替代品。那位被视作英雄的改革者正是梭伦（solon），他作为民主的开山鼻祖被载入了雅典史册——严格地说，是雅典的神话史册。

# 第四章 多人统治：梭伦的政治学

大约公元前600年

贵族政体，即由最好的人组成的政府。（在这个意义上的这个词已经废弃不用了，这种类型的政府也如此。）

安布鲁斯·比尔斯（Ambrose Bierce），《魔鬼辞典》，1911

对于那些用哲学眼光看待人类事务的人而言，没有什么事会比少数人能轻易统治多数人更令人惊讶的了。

大卫·休谟，"政府的第一原则"，《文集》，1743

古希腊式的民主在我所谈论的"关键主题"中，可能是最为关键的主题。当前可能没有比这个主题更受人关注的了。比如，在今天的缅甸，普通群众还在为民主——或今天被称之为民主的那套东西——赴汤蹈火。不管怎样，他们想要的是一种与现实存在的军政府执政——希腊人称之为 dunasteia，或责任缺失的集体僭主制——截然相反的政体。在现代民主已经建成的国家中，民主显得有点过时，或者说过气（vieux jeu）。它可能只有在刚建立时才显得如此甘美——如果我们用古希腊人中留下的一个政治隐喻来说的话（Herodotus 7. 135.3）。不过，我们应该将民主制的最初确立追溯到具体哪个时期呢？

我意识到，如果换个角度即全球比较的角度来看（Detienne 2007），那么民主在世间最早被发明的具体时间，貌似相对起来并不那么重要。不过从我自己的角度看，因为我关注的是观念和实践在古希腊的关系，而民主事实上也是古希腊最早被发明出来的，所以找出具体的发生时间就成为至关重要的了。关于在哪里的问题，没有异议：它发生在雅典人的城邦中。不过，雅典人自己将年代顺序的问题搞复杂了，他们在不同的时间、不同的语境中采取了不同的看法。根据公元前4世纪保守的雅典人（大多数雅典人在当时都保守）的说法，民主是他们"祖传下来的体制"（Finley 1971），而且它的建立者毫无疑问是梭伦。而根据希罗多德和雅典史料——或者说，他所采用的雅典史料——来看，"为雅典人建立民主和部族"（6.131）的人毫无疑问是克里斯提尼（Cleisthenes）。

当然，我们可以把这两种观点仅仅当作希腊人将历史过程人格化，以及他们迷恋 *prôtos heuretês*（"第一位发现者"）的神话或神话史的典型例子。不过，这两位被称为奠基者的人所涉及的远不仅仅是意识观念层面的重要东西，值得我们的注意。在这一章中，我们将依次详细讨论梭伦以及克里斯提尼为奠基者的两种主张。

据知，17世纪的激进派人物约翰·密尔顿（John Milton）明显比其他重要的英国诗人都要更热衷于参加政治事务。但即便是他，也不及梭伦在雅典（大约公元前640年，全盛期大约公元前600年）那番深刻的、直接的以及核心性的投入；梭伦在他富有才华的挽歌中，试图为其政治理念进行辩护。不过，对他的成就进行完整的还原已经不可能了，而且最初的动机和意图，以及在梭伦法律中准确的言辞细节，现在绝大部分也无法被修复了——尽管到了亚里士多德时代（d. 322），有关他的立法以及他的诗篇的完整文本，对那些孜孜以求真相的人来说似乎依旧可得。因此我们至少有一些梭伦的原文（*ipsissima verba*），其中包含了一些自我辩护的诗句，而这些诗句能带着我们深入到梭伦对发生于公元前594/3年雅典的社会经济及政治危机的理解中去，梭伦被召唤去解决危机，既为双方担任当时的仲裁者（*diaitêtês*），也给未来立法（*nomothetês*）。

梭伦似乎已经料到，他该去做的——也是最急迫的任务——就是去平衡好两个相互博弈的社会—经济群体（或阶级）之间的政治权力以及特权：

> 我授予大众（*dêmos*）以尽可能多的他们所需要的特权，
> 既不从他们那里夺取荣誉，也［让他们］不再索取更多。
> 但是，至于那些坐享权力，并因财富而受到尊重的人，
> 我也设法让他们不丢身份。

从他的另一首诗里，也继续沿用了他在为公民起草法律时所用的公民二分法。他使用的是典型的道德和社会的古风时代（也不仅是古风时代的）的术语相结合的话：

第四章　多人统治：梭伦的政治学　　47

我同时为劣（即贫穷，下层阶级）与优（富裕、上层阶级、精英）立法（*thesmon*）。

值得注意的是，梭伦用 *thesmoi* 这个词，而不是后来成为标准词的 *nomoi* 来指代"法律"。这不仅仅出于技术、诗韵的缘故，而是因为，*thesmoi* 是他那个时代的通行术语（*Thesmoi* 这个词之所以通行乃是因为它是六位 Thesmothetai［民事司法执行官］的总称，这在雅典每年选举的九位首席行政官中占了大多数席位），同时也暗示法律是经由神默示的权威规则。即便后来 *nomoi* 成了同时意指世俗的和神授的"法律"的术语，这番寓意也被保留进了惯用的方法里。

我们仅有的一些可靠证据表明，就政治的实质而言，梭伦改革是在两个维度上展开的。一方面，他试图剥夺所谓的"最好的人"（*aristoi*）——世袭统治的、被整体称为"高贵者"（Eupatridai）或"贤父的子嗣"的雅典贵族——对政治权力的垄断，然后把政府的主要职位向最富裕的雅典公民开放。另一方面，他给予普通的穷弱公民关于一些重要的公共议题的发言权——其中包括正式的投票表决。后一项改革标志着雅典大多数人在地位与特权方面的重大发展，但是正如我们将阐明的是，这并不意味着任何诸如"大多数公民统治"之类的事。

大约三个世纪之后，一份留存至今的文本《雅典体制》（*Athenian Constitution*, *Athenaiôn Politeia*, 或者 *Ath. Pol.*）的作者，考察了在他看来雅典从提修斯（Theseus）时代到 5 世纪末的渐进式政治发展。这部作品虽然被归在亚里士多德名下，但事实上，很有可能是其学生所写，在前 4 世纪后半段非常不同的条件下完成，当时的雅典已经运行民主近一个世纪。因为梭伦在当时也被认为是民主之父，所以我们可以料到，该书会有很多年代上的错误，而且事实上也确实如此。举个明显的例子，作者（*Ath. Pol.* 9.1, Rhodes 1984 译本，译文有所调整）认为梭伦的立法创立了一种具有"三个最平民化的［见下文］特征"的政体：

第一个也是最重要的，禁止以人身作为抵押的借款；其次，允许任何人为受冤之人讨回公道；最后，据说是尤其提升了民众权力的：民众上诉陪审法庭的权利——因为当民众可以决定投票时，他们也就能决定体制了。

（1）有趣的是，最起码作者把经济改革放在了第一位。雅典人明显已经受经济危机的困扰有一段时间了，最严重的就是农民的债务；而债务给普通雅典人造成的后果之一就是奴役，即个人自由的丧失。梭伦"免除重负"（*Seisachtheia*）的核心，正如他自己所称，就是普遍取消现存债务——同时伴以在法律上禁止用人身作为借贷担保。从那以后，只要严守法律的字面意义，则雅典城邦里的希腊人就不会合法地成为奴隶了。反之，公民权的享有和执行则必然蕴涵了个人自由。

我们已经在梭伦自己的诗里发现了作为隐喻的自由观念；他说道，他"解放了"（freed）黑色的土地（从石头标牌下解放。这些石头记号本来表明不再允许土地的原先主人自由地处置土地了）。但是对雅典公民而言，自由在字面上的、法律上的含义则重要得多，无论是实质上还是象征意义上均如此。因为它还在社会—经济方面发挥着重要影响。曾经能把雅典公民贬为准奴隶或奴隶的雅典精英阶层们，现在就不得不找其他人来替代，为他们从事那些经济上的必要事务；换句话说，就是找到完整意义上的真正奴隶——他们是出生在雅典之外的、在由法律强行支持的暴力下被迫从事劳务的外族人。通常，为了得到这样的奴隶，雅典人——像其他希腊人那样——彻底地把注意力放到了非雅典的野蛮人（barbarian）身上。这些奴隶后来被称之 *arguronetoi*，字面意思就是"由银子（即钱）买来的"，他们来自爱琴海快速发展的奴隶市场，尤其是近海的希俄斯岛（Chios）。而且，这些人是完全被拥有的、非人格化的商品奴隶，被当作主人的各种财物之一对待。

（2）在公元前5世纪晚期和前4世纪发达的希腊民主（恢复于公元前403年）下，自愿的原则被稳固明白地确立了下来。任何一个"有意愿的"公民都会被邀参与公民大会发言。任何一个"有意愿的"公民都被邀去了解在公民大会上颁布的、并公开记刻在石碑或铜碑上的法令以及决议。这里最相关的是，任何一个"有意愿的"公民都被邀提出针对（对整个雅典共同体而言）重要事务的法律诉讼，无论有关事务是否直接影响到该公民；这样一份法律诉讼正式而言是 *graphê*（writ，令状），与 *dikê* 不同，后者指的是只有当事人才能提起的诉讼。不过在梭伦时代，*dikê* 要么意指作为普遍概念的正义，要么指任何类型的起诉或诉讼，而非某类特定的诉讼。因此，在《雅典体制》对梭伦系列改革的第二个"最平民化"特征的记载（或者说误载）中，至少会有一些时间错位的问题。

（3）第三个"最平民化的"的特征就更加表明了严重的时间错位。一直要到梭伦之后，希腊语境中的 *dêmos* 才能被准确地称之为"国家

# 第四章　多人统治：梭伦的政治学

（*politeia*）的主人"。不过，梭伦建立上诉法庭即所谓 Heliaia（字面上是"议会"[assembly]，不过这和被称为 *Ekklêsia* 的政治集会不同），确实就是严格意义上的民主法庭与诉讼系统的前身，如果要问最根本的平等民主原则——即一人一票——最早可能在哪建立，那么一定就是在这里了（Larsen 1949）。也就是说，上诉法庭的成员不仅仅通过正规投票来决定诉讼，而且他们的投票是按个人进行与计数的，这就是平等原则。

可是，到底是哪些（阶级的）公民才有资格获得新法庭的成员身份，我们还一点都不清楚。不过据我判断，最有可能的假设是，成员身份所授予的那些社会等级最多止于重装兵阶层（hoplite），即那些能够为自己配备武器、并组成或大或小的作战方阵参战的步兵（Hanson 1995）；这样的话，所包括的人最多不超过三分之一的公民。然而，这样一批群体理所当然代表了 *dêmos* 即精英之下的民众，而且在做审判时，地位高于精英阶层即出身好的人以及那些虽然出身不佳但是有钱的人（梭伦改革使他们现在有权了），他们共同垄断了行政权与立法权。

我在上面已经再现了彼得·罗兹（Peter Rhodes）的精妙翻译，不过把他的"最民主的"（most democratic）改成了"最平民化的"（the demotic）。希腊词 *dêmôtikotata* 确实可以用来意指"最民主的"，而且很有可能，这是那位公元前 4 世纪第三季的作者希望这个形容词的最高级所表达的含义。然而，我的第一位剑桥博士生（Stephen Todd）坚定地向我指出，在罗兹翻译之前，这个词的字面意思是"最偏向人民的（或者，最符合人民利益的）"；马丁·德雷尔（Martin Dreher）恰恰就是根据这个意思，在其高质量的德文译本中将其翻译成了 volkfreundlichsten。虽然这样还无法全部地甚至是部分表达出古希腊人所理解的民主，不过倒是与梭伦本人所以为的（或者他声称的）作为相一致了——我们所读到的："我授予那些大众以尽可能多的他们所需要的特权。"这也就是说，这些特权远远多于过去的统治精英贵族认为这些卑下的奴仆所应得的，但是又远远少于迄今为止受压迫的公民中那些更敢说敢想者所大胆要求的。

梭伦的法律不仅被写了下来，还且还在大庭广众之下进行了公示，这件事也向我们预示了雅典民主意识形态的本质特征，这种意识形态被具体化成了一套非常明白的常规。然而，把梭伦描述成任何一种意义上的民主派，都犯了时间错位的问题——尽管很久之后，雅典人就是如此把他神化的。如果从历史的眼光来看，我们最多可以在回顾时将梭伦的有些措施视为具有某些原始民主的含义。

让我尝试一下，把梭伦实际上完成的事还原回尽可能广的希腊语境中，借此来给本章下个总结。首先，他坚决反对由拥有精英血统的人来统治的那种旧式的、责任缺失的政府，并且最后用改革将其终结。当然，如果没有财产，仅仅出身是无足轻重的。亚里士多德根据出身**加上**祖传的财富来定义贵族，这表明贵族身份不仅与 Blut（血统）相关，还与 Boden（地产）及其连带事务相关，例如在一个牧场极其有限的国家里养马。这些曾经都是雅典贵族地位与权力的基础条件。不过那些被排除在旧式贵族之外的人，他们的财富越是多达或者超过了这些贵族的财富，贵族们就越可能在语言和外在上坚持高贵出身（eugeneia）以及血脉（用现在的话说就是基因）的唯一信奉。例如，他们会耗费无数的人力物力来表现自己的理想一面，尤其是竖起 kouros（裸体青年，通常尺寸大于真人）风格的大理石雕像，从公元前 600 年左右（正是梭伦的时代）开始，这种雕像就开始迅速增多。梭伦本人尽管是一位贵族，但是却超越了这种意识形态喧嚷。

然而，古风时代的希腊贵族以及贵族制，直到公元前 5 世纪的雅典，都不缺乏拥护者（诗人阿尔凯奥斯[Alcaeus]、伊比库斯[Ibycus]、斯特希克罗斯[Stesichorus]、西蒙尼德以及品达都对高贵出身赞不绝口）。其实，他们甚至在当代都有拥护者，例如切斯特·斯达（Chester Starr, 1992: 15），他坚持认为，贵族对正义的制度性保障完全不亚于"城邦的精神基石"。这一坚持在下述事实面前听上去真的有些空洞：梭伦时代之前，在科林斯（Corinth），反贵族的政治宣传正是以改革科林斯的名义进行的，即建立一种在巴齐亚达（Bacchiad）世袭制下明显缺失的正义政体。成功发起这项主张的人是库普塞罗斯（Cypselus），他自己就是一个贵族，但是公元前 650 年左右，他推翻了统治巴齐亚达的贵族制度，成为已知最早的被称为"僭主"（turannos）的统治者：一个不受制度制约的唯一掌权者，他的权威完全凭借于军事力量（由武士阶层维持），但是并不必然是任意专制——确实，所谓"僭主时代"（大约公元前 650~前 480 年）的希腊僭主可能事实上会宣称他们自己是人民的捍卫者，甚至其表现也有可能名副其实（Morgan 2003）。

然而对于梭伦来说，这样的宣称还不够。正是因为僭主政体并不具有法律上的基础，所以他就公开放弃了这种专制式的权力，即便他的支持者拥护他抓住这个权力。另外，他还告诫他的同胞僭主政体的危险，而这些危险也恰如他所料，正在逼近。实际上，在他的改革成为法律后过了大约一代人的时间，雅典就成了僭主政体——庇西特拉图（Peisistratus）及其子希庇亚斯

(Hippias）的王朝，他们（在经历了几次失败开端后）一直从公元前545年左右到前510年都统治着雅典。有些奇特的是——而且这一奇特性解释了后来雅典或多或少直接从僭主政体（见第五章）过渡到民主政体——庇西特拉图家族在很大程度上，至少在原则上还是支持这套由梭伦所引入的政治系统的。他们阻挠了雅典执政官的选举，但是另一方面却没正式摧毁由梭伦建立起来的新政治结构。另外，他们还进一步推行了必要的改革，将阿提卡（Attica）相对广阔的和分散的城邦领土巩固成了一个有意识统一的中央化实体。

梭伦于是试图让他的城邦免遭长期以来影响或肆虐希腊世界的一人统治形式（mon-arkhia，君主制）所带来的危害。梭伦在反对它时提出了后来被称之为 olig-arkhia（寡头制）即少部分人统治的形式（Ostwald 2000）。他提的是一种非常特殊的形式，即"中间道路"的一种先驱形式。非常有趣的是，梭伦把自己描述为立于两股最重要的、相互斗争的政治力量"之间"的人，一方是出身高贵、富裕的精英，而另一方则是贫苦大众。后来，很不合时宜的是，他把自己的社会—经济地位归为"中间群体"（middling），他通过引入一套"适中的"法律制度，在公开场合为属于"中间群体"的公民声张利益。事实上，当时"中道"话语在希腊分布很广，它的主要推力仅限于反贵族方面，关键在于满足富裕公民的需求与利益，而这些富裕公民并非是血统遗传的贵族阶层，他们相信需要超越于旧式精英贵族阶层的有效选举权——正如梭伦对雅典的作为一样。

在爱奥尼亚（Ionia），米利都（Miletus）的弗希尼德（Phocylides）可能非常赞同这个办法，他写道（大约公元前6世纪中期）："很多事情对于处在中间的人来说是最好的；正是因为处在中间，我才想要待在城邦之内。"（fr. 12）还有一个被希罗多德（5.28–9）记录下来的这种"中道"意识形态的口传例子，也是发生于公元前6世纪的米利都。在亚细亚这个最重要的希腊城中，内部的政治不和已经发展到了白热化的程度，就像公元前600年左右的雅典那样让人感到有对独立仲裁的迫切需要。雅典人设法找到梭伦这个内部的公断人，但是，米利都人觉得必须把眼光朝外看，于是就从基克拉底（Cyclidic）的帕罗斯岛（Paros）上挑了一批有名有钱的人来履职。经过对城市中央地带以及周边田地的现场视察之后，这些仲裁人把统治权分给了那些看起来能把土地经营耕种得最好的人，即最富裕的中间群体的农业重装兵阶层（Hanson 1995）。这个说法可能并不完全可信，听起来还算合理，但是公元前6世纪期间，类似的事情确实是影响希腊的一个长期过程的结果，而梭伦对此已早有预料。

无论如何，在公元前500年之后，貌似除了埃伊那（Aegina）这个反动的岛国是一种与其邻邦雅典相反的政体类型（anti-polis）之外，贵族政体在整个希腊世界都已经找不到了。取而代之的是，那时的常规——如梭伦在雅典的改革所预示的——是拥有财产的温和寡头统治。过了好一段时间之后，寡头制即oligarchy这个词才被发明出来，与之相关的是各种理论（从希罗多德3.81开始）或贬低（见亚里士多德高徒，来自莱斯博斯［Lesbos］的泰奥弗拉斯托斯［Theophrastus］所描写的寡头人即Oligarchic man的特点）。然而，除了节制、审慎的理想或虚构形象之外，也有从骨子里坚信寡头的意识形态者。其实，随着民主变得越来越广泛，以及民主派与寡头派之间的政治斗争日益加强，一些寡头事实上已经发出宗教性誓言全力以赴攻击那些恨之入骨的民众（Demos）了（亚里士多德，《政治学》，1310a8-12，以及de Ste. Croix 1983：73）。

这般"骨干"反民主寡头作为一种集体形式可能正好配得上dunasteia（collective tyranny，集体僭主）这个标签，比如公元前404/3年在雅典的"三十僭主"（Thirty Tyrants）。这个邪恶的集团无论在理论方面还是在实践方面，都受到支持斯巴达的克里提亚斯（Critias）的控制，在他的墓碑上，刻有一幅图，是一个象征寡头制的女人用火把燃烧一个代表民主制的女性。从长远来看，寡头政体把民主政体远远地甩在了后头，克里提亚斯八成会对此幸灾乐祸。尽管如此，普鲁塔克的小册子"对公共生活的建议"依然很好地提醒了那些自亚历山大时代以来就一直统治希腊城邦的寡头们（见补充阅读5），要他们注意罗马行省总督在他们头顶上晃悠的马靴（第十章）。

在这本书里，章节的顺序将以**城邦**政治（*polis* governance）的历史演进为主线。我们首先讨论在文学（荷马史诗）与现实中得以见证的君主政体和贵族政体（即赫西俄德笔下的贝奥提亚的所谓"王"*basileis*，以及前梭伦时代的雅典贵族）。接着，我们再讨论寡头政体——不过在公元前594/3年，当梭伦的"宪法"成形、公布与在雅典人中被接受之时，它还不叫这个名字。此后，就进入希腊政治史的古典时代，我们（当然）将进一步探讨严格意义上的民主政体，然后在希腊世界倒退到君主政体横行时代（这都拜马其顿的亚历山大大帝所赐）之前。事实上，亚历山大最早来自于一个民族式的**非城邦**式国家（*ethnos*-非*polis*-type state），开创了一个以领土为界的君主政体时代，尽管在后亚历山大时代仍然残存着某些城邦自治、乃至民主政体，却实质上都远不如昔了。

# 第五章 所有人统治：雅典革命

大约公元前500年

> 你永远无法通过一场革命来建立民主。你要发起革命，必须先建立民主。
>
> 切斯特顿（G. K. Chesterton），
> 《惊人的琐事》（*Tremendous Trifles*），1909

> 对那些建议他在斯巴达建立民主的人，莱克格斯回答说："您还是试试首先在你自己的房子里建立起民主吧。"
>
> 普鲁塔克，"斯巴达格言"，
> 《道德文集》（*Moral Essays*），228cd

## 介绍

1993年或其前后，西方学术圈普遍发起活动，纪念被认为（或被归为）是由克里斯提尼于公元前508/7年所发起（或埋下伏笔）的雅典改革的二千五百周年。其主要原因就在于，这场改革完全可以被算作全世界——而非仅仅雅典——范围内民主起源的标志。不过近年来，有些非常强烈的反对声在批评被视为不恰当的"希腊中心主义"，而反对之声既来自古代史内（Detienne 2007），又来自古代史外（Goody 2006）。他们强调，希腊并不是我们——或者至少不是我们唯一的——在政治领域方面的祖先；而且他们还相信，对古希腊人不仅盲目而且还言过其实的崇拜已经让我们忽略了一个同样重要的、甚至还更为重要的事实，即许多其他历史上的民族在推进民主形式的进程中，曾经发起过各种突破性进展乃至于革命。我并不打算贬低、更别说诋毁其他这些声称的民主或（通常发生的）"民主"进步，我只是认为，基于合理的比较，荣誉仍该归于希腊人，而且无疑雅典人应当放在绝对优先地位上。比较研究不仅要留意有关的同样性，还要突出差异性。一整套的希腊制度和意识形态是由城邦公民、强意义上的政治以及由非贵族的普通公民群体拥有直接明确的权力的制度化所构成的一整套的希腊制度和意识形态，在我看来，这在公元前6世纪末的希腊以外的任何地方都是找不到的，而且它实际上在世界上从来就不常见，不显著。

1993年与推行"人民民主"的苏联帝国土崩瓦解的巧合给这场纪念活动祝了兴。十五年之后，其间经历了2000年成问题的美国总统大选，以及2003年对萨达姆·侯赛因政权发起的同样成问题的伊拉克战争，依然看不出人们对民主的热情有衰退的迹象。我们已丧失的民主是一首永远会反复出现且永远在场的哀悼曲（Barber 1984；Keane 2003；Skocpol 2003）。关于民主古今之争的诸多当下作品中，毫无疑问，最有趣的作品非布鲁克·曼维（Brook Manville）和约西亚·奥伯（Josiah Ober）合著的《一群公民》（*A Company of Citizens*）莫属——它有一个不太谦虚但算不上放肆的副标题：世上最早的民主政体教导领袖们如何创建伟大的组织［Manville and Ober 2003］）。另外还有两部内容互补的课题成果也在这同一的语境中引起了人们的注意：一项是在2000千禧年出版的，由克里斯多夫·罗（Christopher Rowe）和马尔科姆·肖菲尔德（Malcolm Schofield）合编的《剑桥希腊罗马政治思想史》（*The Cambridge History of Greek and Roman Political Thought*），顾名思义，这本书主要侧重于古代民主的意识形态以及概念维度；另一项课题则是最近刚完成的"哥本哈根城邦项目"（Copenhagen Polis Project），经由摩根·汉森（Mogens Hansen）主持的哥本哈根城邦研究中心发行，其内容则更为强调希腊城邦生活的实践的以及经验的维度，包括古代民主政体的运作方式（Hansen 2006）。

我以两位雅典民主可能的"缔造者"——梭伦和克里斯提尼——开始前一章的论述。不过，被誉为"雅典政治革新者"的名声，在克里斯提尼身上与在梭伦身上发生了几乎截然相反的变化。在古代，前者消失得几乎无影无踪，在现代，人们通常要么完全否定他，把他仅仅视为由他挂名的改革方案的名义魁首，称他对伪装起来的个人权力有着典型的马基雅维利式野心；要么就对其进行彻底的贬低和剥夺，设法把真正的或完全的民主引入雅典的功劳转到公元前460年代晚期的厄菲阿尔特（Ephialtes）以及他的年轻副手伯里克利（Pericles）身上。换句话说，他们就是不肯同意几乎同时代的希罗多德的明白陈述（6.131.1）：克里斯提尼"为雅典人民引入了部落与民主"。恕我从大众堆里跳出来，为希罗多德的简洁明了的观点进行一场辩护——尽管这个观点本身必须经过解析并被还原至适当的语境之中，因为民主在古希腊的起源与发展现在应该被置于一个更宽广的框架内，而不仅仅在雅典人的政治史内进行全盘考虑（Robinson1997；cf. Robinson2003）。

从本书前两章的讨论中，我们还可以再归纳出两个初步的观点。第一，古代希腊民主，就像其他任何一种政体（politeia）一样，是一种作为整体的社会现象、一种文化，而不仅仅是一种制度化的政治系统（正如我们所可能理解的那样）。其次，所有古代民主政体，也包括雅典民主，和任何一种现代民主在以下六个基本方面有着根本性的差异：（1）他们是直接民主，我们是代议民主；（2）在古代民主政体中，dêmos（大众、大多数人、穷人）手握权力（kratos）；（3）任何一种古代民主政体都没有分权制，无论是在（体制或哲学）理论方面还是在现实的政治实践方面都是如此；（4）在古代的各种民主政体中，事实上正如在任何一个希腊**城邦**——不论这些**城邦**的体制和意识形态背景为何——内，公民身份都被积极地阐释和构建为一种参与式共享的理念；（5）古希腊人，包括——可能尤其是——民主制下的雅典人，确实区分了公共领域和私人领域，但是他们重点保护的或鼓励的"权利"是公民权利，而不是人类权利或少数人权利；（6）最后，当时没有对"个体"进行保护以免受国家（后霍布斯意义上的国家并不存在）伤害的关切。

## Dêmokratia 的发明

对于如何识别民主在希腊的"起始"问题有各种不同的且常常是互不兼容的说法（更别说民主在世界范围内的起始问题了）。导致分歧的一个理由是，希腊民主并非一头一成不变的动物。根据亚里士多德的生命政治分类法，民主有四种主要类型，而且每一种类型可能不仅经历过由外部压力造成的变化，也经历过内生性的演化，甚至变异。因此，我们所看到的民主到底是何种类型，以及处在什么阶段，都是需要具体考虑的问题。另外一个原因是，学者用于衡量"真正的"——或"真实的"，或"完全的"——雅典（或在其他地方的）民主之创立的标准各有差异。更别说在如何去阐释被认为是可用的和相关的证据上，还有一些不可避免的实质性分歧。我的论述将从最后一点开始。

最早提到民主创立的精确时间的古代史料来自希罗多德,他直截了当地说(之前已提过),正是贵族克里斯提尼"为希腊人民发明了部落与民主"(6.131.1)。之后的史料偶有证实这个说法,但是更多的时候要么没有,因为史料甚至大体上都没怎么提到克里斯提尼;要不然就是把这项创立之功归于梭伦——或者甚至是提修斯(Theseus)!——而不是克里斯提尼。现代学者却很少认为民主是由梭伦创立的——我在前一章已指出,"梭伦创立说"是错的。在我看来,即便亚里士多德自己也无法把后梭伦时代的雅典 politeia 完全等同于 dêmokratia,因为亚里士多德理想的民主远没有他那个时代(公元前4世纪第三季)的雅典人所拥有的民主那么激进和平民化。我想,我们至多可以把梭伦改革中的一些特征当作民主的雏形,因为这些特征后来成了真正的民主治理结构的基本要素,或者至少相兼容的要素。而且,它们之所以能成为这样的民主雏形,还是因为庇西特拉图——一个暴君,或者说一个专制君主——选择了容忍、允许它们在一段长而稳定的时期(大约公元前545~前528年)内不受干扰地运作,这使得在他统治之后更加动荡的二十年僭主制时期(公元前528~前510年)也无法被从雅典人的普遍记忆中彻底清除。

作为希腊民主发明的另一个主要的候选项依旧在雅典,是由伯里克利支持的厄菲阿尔特在公元前462/1年所推行的改革法案。这个"厄菲阿尔特—伯里克利"观可以得到强有力的论证。经公民大会于公元前462/1年通过的一揽子改革取消了贵族手中的最后一丝特权,即在由前执政官(自公元前487年起就通过抽签选定)所组成的最高法院议事会(Areopagus Council)中所享有的最终法定否决权,并将权力完全授予了作为基础法院的公民法庭(斜,这体现为特别的陪审团法院或所谓 dikastêria);在此同时,公民在公民大会中的实际权力藉着由克里斯提尼所引入的五百人议事会的行政权力的进一步加强而加强。公元前450年代,为了有效执行用以选出执政官和其余大多数地方官员(700人左右?)的抽签制度,公民法庭的陪审员可以获得日常"报酬"——这种手法符合典型的民主特色(见希罗多德3.80.6)。这些手段一齐有助于确保真正的民主理念——机会和参与的平等——得以付诸实践。(在我看来)这些都是事实;但是,这并不等于说,民主本身是在公元前462/1年创立的,从而否定希罗多德陈述的真实性。谁若要否定的话,那么就要他亲自举证(如果确实能找到证据的话)。

总之,我认为公元前462/1年后的民主是一种不同的、更进化的民主,但不是雅典最初的民主。不过，不可否认的是，对希罗多德记述的内容进行辩护远非一项简单明了的任务，这主要基于两个原因。第一，希罗多德在处理政治制度方面的细节时，从来没有（在我们这些专门从事政治制度研究的史学家看来）能做到最佳。我们甚至还有余地去讨论一下希罗多德到底是否算"政治"史家，尽管就我自己而言，我发现他从各种有意义的方面看都足够政治了，这尤其体现在两点上，一是他对作为政治人的希腊人与包围他们的、作为前政治人的非希腊人之间所作的大致对比（Cartledge 1990，2002），二是他保存了正式政治理论的最早成形的例子（见第六章）。另外有一些学者——比如诺玛·汤普森（Norma Thompson，1996）——比我认为的合理限度走得更远，甚至声称这些政治思想就是希罗多德的。关于希罗多德的证言的第二个问题是，他的证言满是偏见，这缘于他使用了党派化的、反民主的消息来源。

在 5.66.2 中，希罗多德记述了克里斯提尼是采取何种手段引入了被他（希罗多德）后来称之为 dêmokratia 的制度（6.131.1）的。不过，当他说克里斯提尼 proshetairizetai the dêmos（联合起民众）时，他意指什么呢？这里最值得考虑的问题是，这个术语从哪个角度看是自然的或有用的。因为就形式上而言，"（出于他自己的利益）把人民/大众纳入到他的 hetair(e)ia 里"或"（出于他自己的利益）把人民/大众变成他的 hetairoi"要么是一种自相矛盾的、完全不可能办到的做法，要么至多也就是一种矛盾的修辞说法而已。从定义来看，hetair(e)ia 是指一小群 hetairoi（intimate comrades, 亲密伙伴），在公元前 507 年——甚至在 407 年，hetairos 还保留着由贵族同僚之间的团结以及伙伴关系的意思，这种意思早在荷马时代就有了。因此，proshetairizetai 这个词在这里必定是在某种隐喻的意义上使用的，而且照我看，这样一种隐喻会很容易就通过某个贵族人士传到希罗多德那里，而希罗多德本人则没有半点必要对克里斯提尼成功使用的手段或他（在希罗多德看来）借此实现的目标——dêmokratia——表示赞同或认可。从最简单的假设来看，这样一名提供信息者可能是和克里斯提尼一样的贵族，甚至是主要的政治家族——阿尔西曼尼德（Alcmeonids）家族——的一名成员（因为大致可以肯定的是，希罗多德把阿尔西曼尼德家族作为直接的信息来源），而且这个人完全不支持克里斯提尼的改革，并且把改革的始作俑者或发起者视为其家族和阶级的叛徒。同样也是一名阿尔西曼尼德家族的人，也是出于同样的理由，对后来的民主改革者伯里克利也表现出了完全一样的态度（参看伪色诺芬著《雅典政制》[Politeia of the Athenians]，"老寡头"，[附录 II]，2.20）。

总而言之，希罗多德之所以使用 proshetairizetai 这个形式上并不精确的——或有误导性的——动词，在我看来，是因为他采纳了一名贵族——可能是阿尔西曼尼德家族——成员的说法，而这个人喜欢把克里斯提尼实际上在发起的对政治博弈条件的颠覆性变革定位为在干那种贵族"常干的事"。而且一点也不会让人感到意外的是，希罗多德确实应该乐于使用这样的隐喻，因为他自己从来就不是由克里斯提尼改革所引入的政治系统的彻底拥护者。他可能曾经支持过 isêgoria，即自由的公共言论的平等权，他用 isêgoria 这个词在某种程度上指代 dêmokratia（5.78），因为它影响了雅典军事力量的壮大。此外，他也带着非常轻蔑的口吻提到过（5.97），在公元前500/499年，欺骗三万名雅典人要比欺骗一名斯巴达君主容易得多。（事实上，从来就没有发生过三万名雅典人在同一时刻齐聚普尼克斯山 [Pnyx hill] 集会的事；这番夸张纯粹表现了希罗多德的负面态度。）

换句话说，克里斯提尼其实既没有"把人民/大众纳入到他的 hetair（e）ia 里"，也没有"把人民/大众变成他的 hetairoi"。更确切地说，他正是通过颠覆了一直以来被认为是理所当然的、贵族派系之间的政治斗争模式而改变了整个雅典政治的性质。这也正是奥伯（Ober）所主张的——在我看来是正确的——观点，尽管出于不同的理由（见下文）。他把所有人——具体地说，实际上是他们之中的那部分次于贵族阶层的大多数有力量者——引诱过来，然后满足他们政治参与的交换条件，借此把他们引到了自己所构思的路子上，并且第一次把他们带入了政治进程的核心地带（见5.69.2，不过那儿的表述还是略有偏见）。在某种程度上，这种引诱可能被愤世嫉俗的人解释为仅仅是一种自私自利的拉票伎俩（尽管我个人对此会采取一种更加积极的态度），但是这与希罗多德在5.66.2中用的那个时间错置的术语让人误以为的行为还是大相径庭——遵循传统政治博弈的习惯规则，争取一批人形成一个纯粹的新派系。

奥伯比我走得更远。他提出了一个强版本的——强烈的平民主义式的——克里斯提尼观点，根据这个版本，与其说克里斯提尼的行事更独立于上层阶级，不如说他更多地受制于——或甚至受迫于——来自下层的大众压力，从而将雅典 politeia 重塑成了 dêmokratia。然而，真正大众的或平民主义式的自我意识在公元前508年已经存在了，以及这股自我意识成为克里斯提尼改革的主要驱动力的程度，在我看来，是非常可疑的，或者说，是非常成问题的。另一方面，我确实非常同意他的是，由 dêmokratia（当然，当时还未使用这个词）所蕴含的一些理论概念或原始理论概念，事实上正是公元前

508年以及其后的那类群众运动得以成功发生的先决条件。正如亚里士多德所言，politeia得以运转的条件之一就是要有合适数量的合适人群有足够意愿推动它。

还有，更与当下议题有关的是，我也同意奥伯——以及希罗多德——的说法，即克里斯提尼为雅典人民引入的是"民主政体"的一种——尽管是未成熟的——形式。我的理由基于两个维度，内部维度和外部维度。就内部而言，一个最重要的事实——我想没人会否定——是德谟（deme）的创立。古代人和现代人都有的共识是，德谟（地方村庄、分区或行政区）对于克里斯提尼的改革是至关重要的，即便对其理据及目的的阐释尚有很大争议，而且德谟在它的整个历史中都一直是雅典民主的基础。正是通过德谟，一名雅典人成为一名公民——雅典人通过在139或140个德谟中的某一个登记为成员来获得雅典成年公民的身份。这与希罗多德证言的相关性在于，德谟是（十个新）部落的基础——希罗多德把部落的发明归于克里斯提尼，而反过来，部落既是新的中央行政机构即五百人议事会的基础，又是改革后的城邦重装兵军队的基础。对于我们在政治理论和政治实践之间存在共同关系的观点而言，它有更深一层的意义，即德谟因此构成了一个既结构复杂又有理论支持的政治系统的基本单元——确实，最基础的部分。

内部维度就说到这里。就外部而言，对于古代民主的关键检验——即检验一个政体是否在任何有效的意义上是民主的——是看它如何确立外交政策，用古希腊人的话说就是如何做有关"和平与战争"的决策。雅典人民在公民大会上通过正式的民主方式作出了一系列外交决定，先是在公元前508/7年寻求波斯援助以对抗斯巴达，然后在公元前500/499年又援助爱奥尼亚人反叛波斯，以及最有名的、在公元前490年短兵相接的激烈战斗中抵抗波斯人。在这些年间，积极参与的*dêmos*，从社会—经济的意义上而言，毫无疑问主要是重装兵（以及之上）阶层的*dêmos*，他们与后萨拉米斯（Slamis）时代发挥积极作用的*dêmos*完全不同，在后一群体中，战舰上摇桨的穷人开始扮演起重要的角色。毫无疑问，新引入的五百人议事会一开始不可避免地由一批至少在经济上富足的、有田产的人所组成；组成最高法院的执政官仍旧是靠选举而非抽签的方式任命；而他们所组成的最高法院仍旧承担着"捍卫法律的职能"，或者说，拥有最终否决权。

然而尽管这样，公民身份即参加公民大会的潜在成员身份现在都由地方一级的德谟所决定——这确实是一个面对面的机构，议事会成员身份也是如此；议事会现在获得了一种更加独立的、与最高法院相对的新身份；"将军"

的新职位任命则由公民大会公开投票选出，其地位高于过去的战争执政官（Polemarchos，这个职位现在改造成了处理各种和平事务）；新兴起的 *dêmos* 不仅在政治上表现自信，而且在军事方面——至少在本土国防上——也变得非常富有成效。毫无疑问，从观察到的结果直接倒推至动机的做法是不合理的，但是新政体的成功以及对其精妙表达好像至少暗示了某种统筹思维或引导精神的存在。更重要的是，后克里斯提尼时代的新 *dêmos* 确实可以合法地掌控某种形式的力量（kratos），基于此，我赞同雅典民主是由克里斯提尼开创的这个观点。

在古希腊民主政治共同体内，the political（*das Politische*）——政治空间或政治领域——位于 *es meson* 或 *en mesôi*（"在中间"），意思就是说，政治空间向那些想要充分参与其中的公民透明敞开（Vernant 1965）。由修昔底德（2.35-46）记载的著名的伯里克利葬礼演说事实上并非一篇对民主的简单的赞美词，而是一篇有着明显意识形态取向的说词，其中充满着各种令人困惑的修辞（Yunis 1997；Hesk 2000）。不过，当修昔底德笔下的伯里克利提到，雅典的 *politeia* 之所以被称作 *dêmokratia*，其原因在于政治治理是事关多数人（公民）而非少数人（2.37.1）的利益时，他是在陈述一个事实；同样，"唯有我们"尽管有夸大，在"唯有我们才认为一个不关心公共事务的人（*ta politika*）不（仅仅）是一个没有野心的人，而是一个无用之人"这样的说法中，确实存在着一种关键性的真实（2.40.2）。

## DÊMOKRATIA 一词的发明

我们的 democracy 来自古希腊语中的 *dêmokratia* 一词，字面意思即"人民的权力"，但是今天的民主与"权力"或"人民"都关系不大，或者说没什么关系，更别提（全体）人民的权力了。在雅典，他们做事——以及说话——的方式与今日非常不同。*Dêmokratia* 一词在一开始用于指称某种治理系统，后来这个词被神圣化为一个女神之名，大概是为了同时应对来自于本土与外族的世俗反对力量。我们不知道、也可能永远不会知道到底是谁创造了 *dêmokratia* 这个词，或者这个词是如何以及在什么时候被接受使用的，但依旧值得我们想一想：这个称谓的成形过程意味着什么。

在希罗多德的"波斯人的辩论"中，由"欧塔涅斯"（Otanes）所做的发言（3.80；见附录1.2）就提供了最佳的线索。他没有用 *dêmokratia* 而是

## 第五章　所有人统治：雅典革命

用 isonomia 这个词来指称民主（原因在第六章中讨论）。因此，最早把 dêmokratia 这个术语用在雅典人身上的要么是希罗多德（6.131.1），要么就是那些在所谓的"老寡头"（见附录 II）中出现的人物，这些人被记载于伪色诺芬作品《雅典政制》中，此书的成书年代可能最早在公元前 430 年代，最晚则在公元前 410 年代，但是依我看来，最有可能是在公元前 430 年代，即在希罗多德的《历史》（Histories）"发表"之后。汉森曾经提出过一个很巧妙的论证，因为在公元前 470 年代左右（最迟肯定不会迟过公元前 460 年代），可以称呼一个雅典人为"民主党派"（Demokrates），汉森认为这暗示了民主之抽象名词在那个时候就已存在。可是这个说法经不起推敲。我把重点放在 dêmou kratousa kheir（民众的统治之手）这个词组上。这个词组出现在埃斯库罗斯《乞援女》第 604 行，而这出悲剧的出品时间可以基本上确定为公元前 463 年。在悲剧中，作者要避免在术语上犯明显的年代错误问题，于是乎使用了专门用于写诗的双关提喻法，而这正暗示了这个抽象术语早已存在。关于那两个例子我要说的是，有若干个理由让我以为，公元前 5 世纪第二季才是这个词被创造出来的"正确"时间。

最早让人想起后克里斯提尼时代的政治制度或政治系统的"流行词语"明显就是 isonomia，这恰恰也就是希罗多德笔下的欧塔涅斯所使用的词。这个词的意思似乎是指公民在法律下的权利平等，并同时伴有个体间尊重的平等的意思。如果希罗多德是对的，正如我确信他是对的，即认为在军事力量与政治秩序或政治意识（5.38）之间存在直接联系，那么尤其是马拉松战役和萨拉米斯战役，以及既作为这两场战役的结果又作为它们的催化剂的大流放（公元前 480 年，见补充阅读 3）就推动了制度与语言的变化。然而，Dêmokratia 可能并不是 isonomia 的简单替换或现代用法，因为前者很容易导致负面的阐释——如果这个词的发明者确实是一个反民主的人或群体，那么当初发明这个词的时候就是要传导一种负面的含义。然而，如果确实如此的话，为什么 dêmokratia 这个词不仅能在大众间流行，而且被官方正式接受为专门术语了呢？我们到底该如何解释这个词自下而上的流动呢？

我想，答案就是当时的雅典精英（aristoi）成员通过成为其自称的民主"拥护者"（prostatai），最终选择加入了日益强大的 dêmos，而非尝试击败他们。正在这样的背景下，dêmos 一词才能主要指作为整体的民众，而精英群体中的"进步"分子应该也在认可一个新的制度体系，凭借着这个体系，劳苦大众以及地位低下者得以充分享有政治上的权重，无论是在实际意义上还是在象征意义上均如此；而且重要的是，他们不再视自己为在梭伦以及之后时代中受人鄙视的 *kakoi*（bad，恶人），而是视自己为民主政体（*politeia*）下的平等公民或参与者。众所周知，作为正式的民主理论意义上的民主在整个希腊都找不到，即便是在公元前 4 世纪；但是，*dêmokratia* 一词的发明——也可能是换个面目重新出现——起码对这种体制与过去的治理系统之间存在的区别以及其被认为的优势开始了一些明晰的思考（见 Nippel 1994a，1994b）。

第五章　所有人统治：雅典革命　　　63

## 补充阅读 3：古典希腊世界（一）

大约公元前 500～前 400 年

雅典既是希腊第一个，亦是世界第一个民主政体（dêmokratia），而其余大多数希腊城邦在开始时并不了解民主会有什么好处。确实，至少在地中海东部，公元前 5 世纪第一季期间能看到一些僭主政体复活的迹象，因为专制的波斯帝国给这片土地带去了萦绕不散的威胁。和历史上大多数帝国一样，波斯帝国也喜欢在其附属的共同体内，寻找某个或某些忠贞不二的支持者，而非潜在不安分的——甚至是不忠的——大众合作。在希腊远西——西西里——地区，公元前 5 世纪迎来了家族式王朝的僭主政体的最佳发展期，其中以格拉（Gela）和锡拉库扎两座主要城邦为核心。在那里，军事成功从政治上支持了个人式的僭主政体，因为在锡拉库扎的格伦（Gelon）的领导下，西西里的希腊人成功地击破了腓尼基人——迦太基（Carthage）和西西里西部的殖民者——企图"野蛮化"整个岛的计划。

与这场成功恰好发生在同一时期（公元前 480～前 479 年）的是，一小撮忠于希腊的城邦成功遏制住了波斯大王薛西斯征服希腊本土的野心。这场抵抗的率领者有二：在陆路上是斯巴达，而在海路上则是雅典。对于雅典而言，希波战争大大提升了普通公民中的下层人士，在两场胜利的海战——萨拉米斯战役（Salamis，公元前 480 年）和麦卡利战役（Mycale，公元前 479 年）——中，这些人（或许，是和奴隶一起）完全凭借体力推动三层桨战舰（每艘舰上大约有 170 个桨手）的前行。雅典民主政体的建立，在公元前 508～前 483 年就已经做好了铺垫，所以在这个基础上建立起的一个被扩大和强化的雅典民主政体，看起来是一个自然而然的产物，即便其到来是以接连不断的内部动荡为代价的——包括最著名的维新人士不是遭流放就是遭谋杀。

狄密斯托克利（Themistocles），海军统帅，于公元前 470 年遭流放。雅典人通过一套非常特别的民主程序将他流放，即陶片流放法（ostracism）。这种方式是一种逆向选举（reverse election），雅典民众通过这种程序集体决定，挑选出他们想要流放十年之久的人。在年轻时的伯里克利的资助下，埃斯库罗斯在公元前472年创作了悲剧作品《波斯人》，高度赞颂了雅典英雄狄密斯托克利——尽管为了戏剧表达没有直接说与他相关。世事难料，就在大约一年之后，情况骤变，雅典人用投票将狄密斯托克利强行驱逐出了雅典。对于大多数遭此方式流放的政治家而言，陶片放逐法意味着他们个人政治生涯的彻底结束；但只对狄密斯托克利而言，这意味着另一段新生涯的开始——非常讽刺的是，狄密斯托克利曾在战胜薛西斯时发挥了重要作用，此时却归顺了薛西斯，成了他的座上宾。

进一步的民主行动——比如，公元前487年，仅次于将军的最高行政长官职位每年都通过随机性很强的公开抽签方式决定——预示了公元前460年代末的大规模民主改革，即厄菲阿尔特和（年仅30岁的青年搭档）伯里克利所领导的改革。尽管费尽力气，厄菲阿尔特还是遭到了暗杀，但是他的改革仍旧在有条不紊地进行着，而且在伯里克利的领导下，于公元前450年代，各项改革都获得了巩固。公元前451年，一部修订过的公民权法获通过，以正当婚姻权与合法生育为依据，限制了享有政治特权的公民人数，从而深化了雅典民主化。

然而对于斯巴达而言，希波战争的结果明显只是进一步确证了其特殊的政治现状十分明智。但是即便在传统保守或反动的斯巴达，一位摄政王（即泡桑尼亚［Pausanias］，普拉提亚［Plataea］战役的胜利者）也会因不服从——以及更严重的，收买希洛人——而遭到指控，并因这些声称的罪行被以法律的手段判处死刑。另外，在普拉提亚战役之后的十年里，希腊人陆上反抗波斯的中流砥柱即军事同盟中有几个斯巴达的盟友表现出了各种可疑的平民趋势——如果不是明显的民主化趋势的话。与他们一齐走上平民主义道路的还有斯巴达长期以来的敌人、与其争夺伯罗奔尼撒霸权地位的阿戈斯（Argos）。如果斯巴达在外广泛支持寡头政体以及寡头的话，那么这事本身就会给阿戈斯的民主事业打上一剂有力的强心针。大约在公元前460年，民主雅典与民主阿戈斯结盟——埃斯库罗斯在其完成于公元前458年的《奥瑞斯特》(*Oresteia*) 三部曲里，带着赞许的口吻提到过这场联盟（这部剧用一个年代上不可能的"阿戈斯"代替了荷马笔下真实的迈锡尼）。

埃斯库罗斯当时还写过另一出保存至今的剧本，故事以底比斯城（Thebes）为背景，一座往往以反雅典的形象出场的城邦，是雅典的颠倒镜像。位于贝奥提亚（Boeotia）的底比斯长期以来一直义无反顾地推行寡头制；事实上，底比斯人后来还为他们在波斯入侵时支持波斯狡辩过，他们以当时的底比斯是一个封闭的寡头政体（*dunasteia*）为由，表示在公元前480

年，如果他们有机会选择的话，大多数底比斯人都会毫不犹豫地站在希腊这一边。然而，民主雅典的扩张主义在公元前450年代甚至给顽固的贝奥提亚带去了诸多变化，公元前447年，在底比斯和贝奥提亚的奥科美那斯（Orchomenus）的联合领导下，他们自身发展出了以温和的寡头传统为主线的全新的统一联邦形式。然而即便如此，也不是所有的贝奥提亚人都选择入伙。很明显，普拉提亚宁可继续做雅典的盟友，并且拒绝加入联邦——就因为这个立场，普拉提亚最终在公元前427年付出了灭顶性的沉重代价。在其他的贝奥提亚的城邦内，或多或少会有走民主路线的，或者说或多或少都有支持雅典的派系，他们不时偶尔出现，但大多被长期独大的底比斯镇压下去。

公元前460～前445年间发生了一场大战，这场大战主要在雅典同盟和斯巴达同盟之间进行，回头来看，这被称作"第一次伯罗奔尼撒战争"。正是在这场冲突发生的早期，埃斯库罗斯完成了他的《奥瑞斯特》三部曲，藉此赞颂雅典的法律以及——通过暗示的方式赞颂民主的——秩序。七年之后，伯里克利通过推动新的公民权法奠定了自己的地位。而恰恰就是伯里克利这位连续多年被选举为将军的人把雅典拖进了从公元前432年一直打到404年的伯罗奔尼撒战争（中间有多次休战）。不仅作为战场上最敏锐的观察者、还作为战士和受害者的修昔底德，留意到城邦内接连发生的内乱（stasis）即内部冲突（civil strife）或者失控的内战（civil war）所引发的不断蔓延、不断加深的邪恶，其中最不幸的例子就发生在公元前427年的科基拉岛（Corcyra，即科孚岛，Corfu）上。比他年长的同时代人希罗多德（最初是哈利卡纳苏斯［Halicarnassus］人，后来因为家乡发生内乱，成了意大利南部新建立的色瑞阿［Thuria，或Thurii］）人）说出了切身观察：内乱就道德上而言要比联合抵抗外患的战斗更糟，就好比战争比和平更糟一样。

他可能本来能——事实上也确实——预见到残酷的伯罗奔尼撒战争的发展与后果，这场战争对希腊政治——尤其是民主政治——造成了两方面对立的意义与后果。一方面，这场战争第一次挑起雅典向另一座大型的、成功实现民主的城邦——西西里的锡拉库扎——开战。在锡拉库扎，民主在僭主王朝倒台之后就获得了确立，一直兴盛了半个世纪，直到公元前405年被另一位僭主狄奥尼索斯一世（Dionysisus I）颠覆为止。正是因为当时的锡拉库扎是民主政体，所以它才能如此灵活地并成功地对雅典在公元前415～前413年间发起的攻击做出反应。另一方面，伯罗奔尼撒战争对古代希腊世界最具争议的政治决策负有责任：公元前399年发生在雅典的苏格拉底审判和死刑。在这里，有一个观点可以得到证明（我将在第七章详说），依照民主自身的原则,雅典民主政府采用的是一种非常合理的方式判处苏格拉底犯有不虔诚罪以及政治颠覆罪。不过这是一个非常有争议的观点。

正如修昔底德所描绘的,伯罗奔尼撒战争极具毁灭性,而且在政治上也引起了巨大震荡。尽管如此,正如以弗所(Ephesus)神秘哲人赫拉克利特在公元前5世纪初所说的警句那样,战争总体上也可以极具创造力,不仅在实践上,而且在思想上,也是引发深远变革的源头。确实,正是因为处在这样一个希腊内部发生血腥内乱的动荡世纪中,希腊人——或者说某些地方的希腊人——才创造出了如此丰富的政治理论,从而实现了由**城邦**的颠覆性创造力所释放出来的潜能——城邦既作为政治的和一般性的空间框架,又作为强"政治"(一个常被滥用的词)实践的框架。

# 第六章 人类的尺度：希腊人发明的政治理论

大约公元前500～前400年

> 在君主政体下感到不满的人就称之为僭主政体，而不乐意贵族政体的人则称之为寡头政体；同样的道理，在民主政体下感到不满的人就称之为无政府状态。
>
> 托马斯·霍布斯，
> 《利维坦》（*Leviathan*），1651

关于政府及国家的争论一直要追踪至现存的公元前700年左右的希腊文献。然而，我在这里所关注的是一种对正式的政治理论更为严密准确的定义，根据这一定义，政治理论"总的来说是将不清晰的、弱体系性的含糊阐释的清晰化、体系化以及明确化后的版本，通过这样的版本，普通男女们就能理解他人的行为经验，从而能以自身行动对其作出反应"（MacIntyre 1983）。

尽管很难确定清晰的理论系统化到底是在什么时候从含糊的实践阐释中被分离出来的，不过它被发明的最早可能时间（*ter minus post quem*）正好处在以泰勒斯（Thales）、阿那克西曼尼（Anaximenes）、阿那克西曼德（Anaximander）为代表的米利都研究（"研究"在爱奥尼亚地区的方言中是 *historiê*）学派的思想先驱活跃期。在荷马那里，我们发现了某种政治思想，但是这思想并不依赖于城邦背景。在赫西俄德那里，我们不仅发现了城邦，而且还发现了一种更先进的——而且从更精确的含义上而言的——政治思想类型。从政治思想至政治理论转变的初始阶段或许可以追溯至公元前600年左右的雅典梭伦时代（见 Vlastos 1946，Irwin 2005 和 Lewis 2006），尽管他自己部分出于认知原因，部分出于政治的原因总是往回看，而不是向前看。然而，决定性的突破随着所谓的公元前6世纪的爱奥尼亚启蒙运动的心智的及符号上的转型而来到。

这些崭新的爱奥尼亚派思想家们所"探究"的对象是非人的、"自然的"宇宙，他们特别关心的问题是：一切可见之物的基质是什么。绝非偶然的是，有一位来自米利都的爱奥尼亚思想家赫卡塔斯（Hecataeus）在公元前500年左右迈出了关键的一步，他将米利都学派的思想及方法运用至新的主题：人类以及人类的过去。他们的探究同时暗示了意识上的复杂转换，而这场转换则孕育出了新的非神话理性以及历史反思。简而言之，一场影响传统交流模式及相关传统价值的危机爆发了。所有这些因素均以各自不同的方式勾勒出了在古风时代晚期希腊在政治理论和政治实践（广义）方面所发生的一系列深刻变化：从神话到逻各斯、从礼物交换到体制化的政治交换、从神启到人类理智、从具体思维到抽象思维以及从不成文法到成文法。总而言之，从诸神之城转向了理性之城（Vernant 1957；cf. Lloyd 1979；第四章）。

公正地说，到了公元前500年的时候，用于理解诸神世界和（日益分离不同的）人类世界的传统范式已经不再适用了；"常规的知识"可以说是不再有用了。因此，一场智识上的变革也就到来了，或者说不得不发生了，它不仅时间上先于而且事实上也推动了一场政治上的变革：民主变革（或者说 *isonomia* 的变革，因为民主这个术语当时还未被发明出来）。最早关于政治变革与智识变革交集的明显标志可以从科洛顿的阿尔克迈翁（Alcmaeon of Croton）对 *isonomia* 的政治隐喻中找到（Rahe 1992：208 – 9；同样见 Vlastos 1953，1964），而阿尔克迈翁来自意大利最南部的科洛顿的事实也进一步表明，他所提到的智识运动已经从希腊东部蔓延至了希腊西部。

这场变革进程的核心部分被维尔南（见 Vernant and Vidal - Naquet 1988）称为雅典的"悲剧时刻"：古老的诸神与英雄的神话必须在一种全新的文学类型——悲剧——中受到民主启示的重新阅读。悲剧在雅典作为一门深受宗教影响的艺术形式一直可追溯至公元前6世纪第三季，当时的雅典正处于僭主王朝的统治之下；不过基本可以肯定的是，一年一度的大狄奥尼索斯宗教节（或城市狄奥尼索斯节）要到公元前500年左右才作为一种民主制悲剧节被重新确立起来；也就是在克里斯提尼推行其智识—政治改革后不久——确切地说，是作为改革过程中一个不可或缺的部分——被确立了起来。有关克里斯提尼改革的详情在第五章中已经有所讨论。雅典政治制度的进一步民主化发生在公元前480～前460年代晚期，而后一阶段则主要由伯里克利联合其年长伙伴厄菲阿尔特（后来被顽固的反民主派所杀）推进。尤其循着埃斯库罗斯的一生，我们可以追踪存在于民主雅典发展以及在悲剧舞台上的政治

## 第六章 人类的尺度：希腊人发明的政治理论

思想发展之间的紧密联系。

埃斯库罗斯的《波斯人》上演于公元前472年早春时节，其赞助人据载是当时还很年轻、尚未涉足政治的伯里克利。该剧是现存最早的悲剧作品。在此要特别指出的是，这部戏剧中包含了很长一段对专制政体与（雅典人日益熟悉的）共和自治政体之间的显著差异的细致反思。就民主的精确含义而言，剧中的波斯王无论从形式上还是非形式上看，都是一名毫不理会在其专制统治下生活的民众的人，因此他被充分刻画成了一名暴君的形象。十年之后，埃斯库罗斯借《乞援女》（Suppliant Woman，463）这出戏，从希腊内部的视角对王权展开了反思。在他笔下，神话时代的珀拉斯戈斯（Pelasgus）——伯罗奔尼撒半岛上的阿戈斯国王——神奇般地转型成了一名公民国王，他在做一项主要的政治决策前会声明，他必须等到阿戈斯议会通过投票做出决定后才进行。埃斯库罗斯的用语"（民众的）统治之手"（dêmou kratousa kheir，1. 604）避开了犯下明显的时间错位的问题，这是对的。在公元前463年的民主雅典，普通公民们在参与公共政策的表决时，是通过举起右手的方式，所以 dêmou kratousa kheir 这个词组以悲剧所能允许的程度接近"民主"这个（新）词所描述的政治类型（Meier 1993）。五年之后的公元前458年，埃斯库罗斯在其伟大的《奥瑞斯特》三部曲中，用戏剧化的手法将阿瑞帕格斯法院（Arepagus，希腊最高法院）描述成专为处理谋杀案而立的部门，并藉此将血亲复仇引发的罪责从家族层面上升至政治共同体层面，从而质疑了与神圣正义相对立的人性正义，以及与永恒正义相对立的短暂或世俗正义。因此文本可证，在雅典，自公元前450年左右起，出现了"有意识的政治分析与反思……连续的、强烈的以及公开的"（Finley 1983：123）。

埃斯库罗斯仍然是位剧作家，而非政治理论家。而和他同时代的品达，一位底比斯赞美诗诗人（d. 447），就更算不上理论家了。不过，品达用诗的语言谈及过统治权威三部分，这表明早期的希腊哲学和诗歌的政治化是如何产生了作为独立的 historia 分支的政治理论的。最终的关键一步完成于希罗多德生涯中的某个时段。希罗多德可能于公元前425年左右"发表了"他的《历史》（Histories）。在我看来，作为强意义上的希腊政治理论的产生标志（terminus ante quem）就是希罗多德的"波斯人的辩论"（3. 80-2；附录1.2），我将在本章剩余部分内详细讨论其相关的意义及暗示。

比希罗多德年长的同代人希波丹姆——并非巧合的是，他也来自米利都——已经一一实践过他自己曾宣扬的平等理论。他是已知的撰写过理想政治乌托邦的最早作家（见第九章），不过在公元前 450 年左右，他确实受命重建雅典的港口城市比雷埃夫斯（Peiraieus）。还有一位被雅典（有明显的证据表明，雅典拥有作为崛起帝国核心的向心力，不仅在军事、政治和经济方面如此，就连在文化上也是）吸引过去的思想家，普罗泰戈拉（Protogoras），一个几乎和希罗多德同时代的人。和德谟克利特一样，他也来自希腊北部的阿布德拉。他曾受命去为色瑞阿（Thuria，又叫瑟瑞［Thurii］，雅典于公元前 444/3 年在意大利南部所新立的城市）起草法律，而且更重要的是，正如我们所见，通过这些法律他给瑟瑞阿带去了民主制度。

普罗泰戈拉在所谓的"古代"智者派人物里是领衔的一位。这些智者派人物和普罗泰戈拉一样，几乎都非雅典人。智者派并不特指某个思想学派，而是指一场思想运动。有些智者通晓一切，而有些就只专注于某个特定领域的学问或思考。然而，他们所有人都是，或者说都自称是 sophia（智慧）方面——要么是作为最普遍意义的"智慧"，要么是作为某种特定的技艺或技术或手段——的专家或导师（Stüwe 和 Weber 2004：文本 2）。Sophistes（智者，sophizomai 阳性施事性名词）似乎原来仅指"有智慧的人"（wise man）；例如，希罗多德（1.30）就如此称呼雅典的梭伦。不过，到了柏拉图时代（大约公元前 428～前 347 年），这个词通常就只用来表示谬误或虚假智慧的兜售者，即那些声称可以传授真知但实际上却只是脑子灵光的骗子。当然，正如乔治·格罗特（George Grote）在《希腊史》（1846-1856）第 67 章中所论证的那样，主要由于柏拉图，sophistes 的负面意义才最终胜出，这不仅在古希腊语中如此，而且在从古希腊语演化而来或有所借用的其他各种欧洲语言中也如此。譬如，英语中的 sophistry 和 sophistical，以及 sophisticated 都明显含有贬义。

尽管如此，并非所有希腊人都会不分青红皂白地沿用或接受柏拉图对智者派的负面看法。在作为"言语之城"（由西蒙·戈德西尔［Simon Goldhill］所起的一个非常贴切的名称，1988：第三章）的雅典，官方会频繁地组织举办竞争激烈的公开辩论会。借埃斯库罗斯、索福克勒斯（Sophocles）和欧里庇得斯（Euripides）生辉的狄奥尼索斯剧场（容量大约在 15000 人），和公民大会（通常有 6000 左右的参与者）以及公民法庭（由大量通过抽签决定的普通公民所组成的陪审团构成）一样，都用于提供辩论会的场所。如果我们相信修昔底德笔下参与公元前 427 年的米提利尼［Mytilene］辩论的克里昂（Cleon）形象（3.37）以及其他相关史料为真的话，那么普通雅典人喜欢旁听智者之间的非正式公开辩论，而他们从中所获得的或许只是纯粹

# 第六章 人类的尺度：希腊人发明的政治理论

的个人愉悦或教导，而不是公共行动决策。在这些正式的或非正式的、公共的或私人的辩论中，有一种类型的辩论对于我们的讨论是至关重要的，即有关什么是最好的国家形式、什么是最好的法律以及什么样的人最适合统治的辩论。

最早被记录下来的此类辩论保存于希罗多德的文本中，而且我们有理由——既出于形式上的理由，又出于实质上的理由——假定，至少在部分的"波斯人辩论"（3.80 – 2）背后隐藏着来自阿布德拉的普罗泰戈拉的思想——不管这思想本身是如何被表达出来的。据说普罗泰戈拉曾撰写过 *antilogiai*（各种理论的对辩），其中记载了一个被称作 *Dissoi Logoi*（twofold Arguments，双重论证）的受抨击辩论的例子。希罗多德所记载的辩论并非 *dissoi logoi*，而是一种三角式辩论，尽管每一场单篇演说都采取了普罗泰戈拉式的对辩形式，即三篇演说中任意一篇的内容都会主要抨击另外两篇中的一篇，而不是同等地针对两篇。

希罗多德要求他的听众和读者相信，在公元前 522 年左右，发生于苏萨的三个波斯贵族间的那场真实的历史辩论就属这一类型。这要求简直是不可思议的。然而，不管我们所认定的希罗多德的原话是在什么地点、什么时间说的，如果确实存在文本的或口述的原件的话，那么我们就可以从其现存形式中推断出，民主作为继一人统治和多人统治之后的"第三种类型"已经产生。因此，民主的最晚产生时间将必定是在公元前 500 年左右，或在此之前不久，这与 *isonomia* 这个关键的概念术语在文字辩论中和在后克里斯提尼时代的雅典现实中的通行完全相吻合（见下文）。

波斯人的辩论给我们留下了一个惊人简单的直观，但是这种简单性是误导人的：所有体制上有序的政体所构成的形式在原则上必不外乎三种，即一人统治、多人统治，或所有人统治。这是一个完美有效的假设，同时兼具了完备性与简洁性的特征，令我们能方便地分辨出一切最佳的希腊理论思想。这也就为我们揭开了正式的希腊——事实上，也是所有——政治理论第一次出现的"时刻"。公元前 5 世纪的悲剧、伊庇尼西亚诗歌、辞藻华丽的演讲以及历史书写，在某种意义上都在"进行"政治思考，就如此前的古风时代的史诗和抒情诗一样。然而波斯人辩论受到智者派影响，从抽象和复杂程度上把政治思想的质量从先前的水平推上了一个不同的新高度：成为正式的理论。

即便如此，这一提升的性质有被歪曲的危险。所有希腊政治的措辞总是有意识地承载价值观：甚至毫无韦伯所说的"价值无涉"（*wertfrei*）的政治

"科学"的理念上的丝毫努力——或许事实上这也不可实现。我在这里只谈一个明显的例子。在辩论中,第一个说话的人是欧塔涅斯(见附录1.2的全部译文)。尽管他旗帜鲜明地拥护 dêmokratia,甚至是其颇激进和极端的形式,但实际上他并未使用 dêmokratia 这个术语,即使希罗多德本人在其他地方亲口说过这个词(6.131.1,见第五章)——包含在描述波斯人的事情时(6.43)。但为什么欧塔涅斯自己不说呢?希罗多德本人提供了线索,因为他笔下的欧塔涅斯拥护 isonomiê,并声称 isonomiê——而不是 dêmokratia——拥有"最美丽的名字"。无论是谁第一个发明以及为什么发明 dêmokratia,也不管 dêmokratia 最初是什么时候流行于雅典的,dêmokratia 一词本身一直包含了并保留着被负面解读的词源可能性。

也就是说,在经济方面具有优势的极少数社会精英(即那些观点制造者)眼里,dêmos 这个词并不指"人民"(people,即所有人,全体公民),更确切地说,它专指那些大众、穷人以及下层阶级——即通常无特权的大多数公民们。Kratos 有对权力(或者对被剥夺权力的人)进行"控制"的这一层潜在的物理意义,因此,与 kratos 相关联的 dêmokratia 一词就可以被(极端保守的希腊反民主派)负面地解释为那种散发着列宁所说的无产阶级专政气质的玩意儿。因此,对欧塔涅斯而言,最好就是避免令表达受制于语言本身的问题,而是主张一项能被一个含有正面意义的词来统称的方案——事实上,他也的确是这么做的。因为所有头脑清醒的善意希腊人都肯定会同意,isonomiê——在法律面前的平等——本身就是一个值得追求的理念;有关分歧多半也只是关乎谁才算得上平等以及怎么样才算。正是在这个意义上,isonomia 一词看来成为伴随公元前508/7年的雅典民主政治革命的公开口号(见第五章)。

总而言之,欧塔涅斯未使用 dêmokratia 一词无法表明这个词在辩论发生时是否已经被造了出来,无论这个时间是争辩事件所发生的那个时间(不太可能是这个时间,因为当时是公元前522年左右),还是希罗多德描述此事的那个时间(这个时间几乎可以确定,即便欧塔涅斯演说的原型可以回溯到公元前450年或更早)。不过从另一方面讲,这也向我们充分展示了承载价值观的、本质上有争议的关键的政治术语在特定语境中会引起共鸣。

希罗多德所描绘的波斯人辩论的另一个特征也值得详细说下,即复杂灵活的两面论证(细节见附录1.2)。有据可证,直到柏拉图的作品出现,哲学——包括政治哲学——才发展成了一门成熟的、有特定风格的技艺(technê)或技能,尽管仍旧有大量空间留给愿意就任何真正的 sophia 进行辩论的人。（这就是 *sophistês* 怎么会有贬义的原因。）即便如此，我们通过波斯人的辩论还是可以预见到柏拉图是如何从六个方面对体制发展及衰落进行更为详尽的分析的。因为辩论中的每一位发言者都为其所偏好的体制形式的最佳且最令人信服的版本进行辩护，并且对最糟的以及最不令人信服的版本进行抨击。

比如，欧塔涅斯论证反对独裁政体（不负责任的僭主政体，"一人统治"的最糟形式），主张 isonomy（"所有人统治"中最好的、最平等的和公正的形式）。迈加比佐斯（Megabyzus）和大流士（Darius）都论证反对暴民统治（mob rule，即所有人统治中的最糟形式，因为群众是"最糟糕的"人，他们做出的决定也是"最糟糕的"）；但是，迈加比佐斯主张贵族制政体（"多人统治"中最好的形式，因为"最好的"人自然会做出"最好的"决定"），而大流士论证则反对这种形式，并更偏好合法的君主制（一人统治的最好形式——那个"最好的"人统治）。当然，大流士在辩论中获得了胜利，这也是必然的，因为历史上他的确在公元前 552 年左右成为波斯的大王，从而终结了大部分波斯帝国所陷入的混乱时代，并事实上（继居鲁士大帝之后）成为第二位缔造波斯帝国的人。

# 第七章　苏格拉底的审判

公元前 339 年

有句话说得好：我们渐渐遗忘了自由的价值——直到我们已经失去了它。自由本身是一个在本质上极具争议的概念（关于它的核心内涵，还未形成普遍共识），不过我猜想，有一个观点会获得大家的广泛认可：对西方人而言，有一种特别的自由即言论自由，是最根本的公民自由。没有言论自由，就不会有其他自由——或者说无疑只有一种弱意义的自由。然而，追求言论自由需要付出极高昂的代价：冒犯，即便遭冒犯的感觉永远无法凭借感觉其自身就能证明官方的、由国家强制或主导的审查制度是正当的。苏格拉底的审判是一个会被经常想起的案例，它通常会被视为对民主政体下的公民自由原则造成的一个永久性侮辱。有一位现代解读者（I. F. Stone [1988]）甚至认为，对苏格拉底这样一个仅仅谈论政治而未参与政治行动的人进行审理和定罪，是雅典人亲手破坏自己言论自由信条的铁证。

斯通（Stone）本人总体上说是一名雅典式民主的主要拥护者，但是自苏格拉底时代以来的大多数知识分子并非如此；事实上，他们还往往持相反意见（Roberts 1994）。人们立马会想到柏拉图及其弟子，亚里士多德也不例外，尽管与他的导师相比，这位斯塔利亚人（Stagirite）对于决策本身的多数人原则持更开放的态度。因此，对柏拉图导师苏格拉底的审判和死刑通常会被视作和描述成由不容异己的、无知的、被暴民统治的民主政体所推行的审查制度的至恶行为。就连约翰·斯图尔特·密尔（John Stuart Mill）——尽管他支持多数雅典人反对右翼寡头派批评者（见 Irwin 1998）——在他的小册子《论自由》（1859）里，也视苏格拉底的审判为最令他担忧的事，即多数人的暴政。

但是，斯通和密尔的反对、批评与担忧难道就是完全正确的吗？这事很难说，不仅因为我们永远无法轻易还原当时法庭——在一种与我们当下所熟悉的规范及准则截然不同的情况下运作的法庭——的激烈气氛，还因为我们缺少公正无偏的证据，这使得我们无法重新判断这个具体案例。一方面，苏格拉底很有可能是有史以来最著名的哲学家，至少在西方传统中如此——对于一个其生平（公元前469～前399年）不为人确知而且未在其哲学和教诲方面留下过只言片语的人而言，获得这样的成就实属不易。另一方面，这个情况导致我们遇上了一个最基本的问题，即无法确定什么观点是属于"他的"、更甭提如何正确阐释这些观点了。而且，关于他被控不虔诚，我们所听到的就只有这个案子的辩方陈述；此外，我们只能间接地、甚至通过三重复述知悉此案。毫不奇怪，"在不少学者眼里，苏格拉底的审判使得许多学者高度地道德卷入，有时甚至无法保持历史研究所需要的与对象的合适距离了"（Giordano – Zecharya 2005：350）。

不过坦诚地说，我还是要斗胆地论证，公元前399年的雅典陪审团——由501名信誉良好的进入年度名册的公民组成，审判当日通过抽签从名册中随机抽取——对苏格拉底的定罪是切实合法的。更具体而言，我要论证他们对苏格拉底的审判依据的主要指控，即不虔诚。有必要为这桩指控进行辩护，本身似乎有些奇怪，因为反对苏格拉底的指控正式地讲，是一桩 *graphê asebeias*，即指控其不虔诚，这样的案件是在由巴塞勒斯（*basileus*，"王"）即负责监管与执行主要的宗教法律的执政官所主持的法庭上进行的。然而，那些为苏格拉底辩护的人，可能还包括自那时起的大多数分析者，却认为或者主张：对苏格拉底的真正指控——最后将其被判处死刑的指控——并非关于人神之间的关系，而是人际间关系。对他们而言，苏格拉底遭控告与定罪的真实原因是出于政治，一种狭义上的政治，即卑鄙的、往往还伴随暴力升级的政治斗争，这种政治在短短十几年内就把雅典的大街小巷和正规的政治舞台搞得乌烟瘴气。不过，我将论证反对这样的说法。在具体反驳之前，我还是要重申一下（见第一章）：在古希腊，宗教本身并非被政治所用，事实上它自身就是政治——属于"政治的"本质的一部分。因此，要将"宗教的指控"与"政治的指控"区分开来，这是一种明显的时间倒错和误解。

我为雅典民众的辩护将从有关普遍存在于古希腊城邦——不仅仅是公元前399年的民主城邦雅典——的宗教的四篇"信条"开始。然后我会进一步提出四个有关当时雅典城邦的特殊环境的"命题"。我们可以从中获得的启发是：根据这四篇"信条"可以得出，古典时期的雅典是一个较为普通的希腊城市，然而根据那四个"命题"，我们会发现雅典不仅是个很反常的例子，而且当我们把公元前399年的环境放到整个古典的、民主的雅典的历史中去看时，也会意识到当时的环境非同一般。

## 信条一

希腊**城邦**不仅是凡人之城,还是诸神之城——或更确切些说,在成为凡人之城以前,首先是诸神之城。做一名合格的希腊人的关键之处在于知道自己在世界框架中的地位,知道自己生来就不具备神性,并低于神圣宇宙。希腊城市是在诸神佑护下具体存在的实体,只要城市不背弃诸神,诸神就不会背弃它。因此,宗教和一切事物紧密地联结在一起,而一切事物也和宗教相叠置——即使希腊人并未使用"宗教"一词,而只用一些诸如"诸神之物"(*ta tôn theon*)这样的间接说法。因此,宗教要么决定(或者说,导致)了人类行为——尤其是与仪式相关的特征,要么就赋予了那些并非首要地与宗教关联或完全是宗教的行为以宗教维度、联结性,或至少是宗教意味。譬如,雅典民众大会的会议以杀猪仪式开始,并用其血在仪式上洗净普尼克斯山(Pnyx Hill)上的会议地点。

## 信条二

希腊**城邦**的宗教与我假设大多数读者从小所身处的宗教很不一样,我指的是人们多少有点熟悉某一种犹太教、基督教或伊斯兰教派别。这就是说古代希腊宗教并非启示的与教义化的纯粹灵性一神教,也不是在本质上关乎个人信仰,也不是依赖专职的权威祭司来阐释和执行宗教典籍的宗教。将这样的划分与对立概括起来就是:根据犹太教——以及后来的基督教和伊斯兰教——的绝对教义,神(单数)创造了世界;但是根据前基督教时代的希腊人的神话,世界先于诸神(及诸女神)的存在,在某种意义上,是世界创造了诸神。

## 信条三

从广义的集体自决和统治角度而言,希腊宗教并不与政治相分离。但从狭义的政治竞选与政治斗争的角度而言,通过分析可以将希腊政治与宗教相分离,尽管以最现代的自由民主标准来衡量,两者的关系即便在此也依然非常紧密。举个相关的例子,通常用来表示革命政治密谋的希腊术语是*sunômosia*,该词字面意思指一起誓约的团体,而誓约明显是有宗教意味的,即以诸神(作为见证人和保证人)的名义起誓。从技术上而言,迈雷托斯

（Meletus）对苏格拉底的指控是一起 antômosia，即宣誓性控诉：迈雷托斯在作为见证者的诸神面前，指控苏格拉底，并宣誓其指控属实。最初借自拉丁语后来引入英语的 affidavit 一词相当于希腊语中的 antômosia，但是 affidavit 一词明显已经失去了 antômosia 这个希腊词语所蕴含的强有力的原初精神和实质。

## 信条四

希腊**城邦**的宗教，直至苏格拉底时代以及在那之后，本质上都属于公共事务的范畴，主要表现在公民共同体导向下所举行的集体仪式行动。**城邦**宗教典型的表现形式、它的核心节奏就是举办盛宴或节日（heortai），这些被系统地遵循，其举办周期和气象历法完全相吻合，而节日的安排乃是城邦事务的重要组成部分。因此，我们现代的概念二分法或两极性，比如行动与信念的对立、仪式与信仰的对立，在古典希腊城邦的语境中并不适用。希腊宗教仪式本身就视信仰为理所当然之事；反过来，信仰也并非仅仅某种明确属于理智或情感的属性，而是某种需凭借行动才能被经历和被间接确认的东西（这些行动既包括非言语的行为，也包括言语本身：例如，一个指控苏格拉底的词组 nomizein tous theous 不仅与祭祀行动的参与有关，还与信仰问题有关）。

根据这四个"信条"来看，古典民主雅典完全处于典型的常态，它甚至每年比其他希腊城邦举办更多的宴会。然而，后面四个"命题"不仅会从几个关键方面向我们呈现出一个处于非常态的希腊城市，还会向我们呈现雅典在公元前 399 年——一个在其自身历史框架中属于非正常状态的时期——的经历，从而证明了频繁使用"危机"一词的合理性。

## 命题一

公元前 399 年的雅典是一个民主政体（"人民掌权"），而当时的大部分希腊城市并非如此。（这个格局在大约后来的四分之一个世纪里发生了转变，从而使得公元前 380～前 355 年的那段时间迎来了民主的辉煌期，其间见证了基于温和民主原则的贝奥提亚联邦国家的重建。）此外，这是一种很激进或者说很彻底的民主，而大多数希腊民主并非如此（无论是当时的还是后来的）。然而仅仅在五年前，雅典就已经在十年以内第二次中断了民主制。由于斯巴达支持的政变，雅典的政权落到了一小撮极端反民主的阴谋团伙的手里，他们也因此获得了"三十僭主"的恶名。这段经历给了我们两个教训：

第一，雅典比其他任何一座希腊城市都给予了普通底层民众更多的实质性权力，而且 kratos（权力）包含宗教权力，即决定对于城市所供奉的诸神来说，什么样的行为是中矩的或不中矩的。其次，不管民主制建立了有多久（雅典自从公元前 508/7 年就开始建立各种形式的民主政体：见第一章），民主本身还是脆弱的（见补充阅读 3），所以，延续民主自治的代价，就是要永远保持警惕。公元前 399 年，民主的警惕被正确地感觉到非常重要。

## 命题二

人民在法庭上对民主的实践并不亚于在公民大会上的实践。确实，根据亚里士多德（《政治学》卷二，1274b31 – 78b5，esp. 1275b19 – 20）的定义，无论城邦的体制局面如何，做一名希腊公民均意味着"共享执政权（arkhê）和司法审判权（krisis）"。尽管亚里士多德本人并非雅典公民，但他是雅典的敏锐观察者，而且可能正是因为他思考的对象是雅典，所以他补充说，他对公民的一般定义特别适用于民主政体下的公民。当然，生活在民主政体下的雅典人将其人民法庭大众司法权理念推到了合理范围的极致；而且他们并不知道——也不会想要知道——出现于现代早期并被沿用至今的三权（立法权、行政权和司法权）分立的自由主义理念。

雅典式的民主在不止一种意义上表现为直接的参与式民主。公民志愿者（ho boulomenos，"自愿的人"），就像迈雷托斯在公元前 399 年所做的那样，可以对其他公民提起公共诉讼；他们公开地、理想地、甚至意识形态地认为自己是代表城邦本身提起诉讼，从而在政府职能缺失的地方扮演起本该由公共检察官担任的角色。当然，雅典没有公共检察官，因为它并不需要。因此，像迈雷托斯这样的公诉人必定会竭尽所能证明自己所代表的是公共利益——不仅是在当时被视为共同体最佳利益的东西，还有他们所声称的是传统上一直被视为共同体最佳利益的东西。

换句话说，他们得到了 norms（传统与习俗）的支持，并且正在公开捍卫 nomos（法条，法律）。这与民主雅典内关于诉讼为何，以及诉讼目的为何的主流意识形态完全一致。在实践中，造成城邦法律遭破坏与否的事件真相反倒没那么引人注意——有时候甚至无人问津。更确切地说，这实际上只是用于解决个人之间——当然，至少是原告和被告间——争端的方法，同样，也是出于公民和谐以及团结的考虑，用来维护整个共同体之善的方法。

通过这样的方式处理争端，可以被赋予强烈的宗教意义，就像用仪式来净化遭犯罪肆虐的城市一样，即便是当审理案件的公开内容和宗教毫不相干时也是如此——比如苏格拉底的审判。

## 命题三

在公元前 399 年的特定情境中，诉讼在雅典尤其发挥了这一被普遍承认和接受的社会功能。因为雅典当时正处于"危机"中——这个希腊来源的词语的现代意义在此十分贴切，指经济、社会、政治，以及不可忽视的观念意识危机（包括宗教危机）。当时的雅典因为输掉了一场持久、代价惨重又大伤元气的战争，即公元前 431～前 404 年间的伯罗奔尼撒战争。不久之后，雅典又遭受了第二次血腥残忍的 *stasis*——公民不和激发为公开的内战和政治革命。雅典除了遭受纯粹的兵祸例如西西里（公元前 413 年）与赫勒斯滂（公元前 405 年）的失败之外，还遭到了我们称之为重要的"自然"灾害的侵袭，即公元前 430 年及之后的大瘟疫（大概夺走了雅典公民总人口的近三分之一）。我们有时会把这样的灾难喻为"天意"；然而对于古代雅典人而言，这就是天意，而非比喻。即便是伯里克利这样极其理性的人（他自己死于公元前 429 年的瘟疫余殃），在修昔底德的笔下（2.64.3），也把灾难称为 *daimonion*，即"天降的"或"超自然的"。缺乏理性又迷信的普通雅典人则会毫不犹豫地把这场巨大而始料未及且无法应对的意外（*sumphora*，这个词也有"灾祸"的意思）当作 *daimôn* 或 *daimones*（复数）的结果——即超自然的力量或超出常人的各种力量的结果。

除了天降灾难之外，雅典人已经在伯罗奔尼撒战争中被迫经历了两场与诸神有关的人祸。第一场大祸发生于公元前 415 年，大量用于装饰私人住宅和公共神龛的赫尔墨斯石像（石像展示出勃起的阳具）遭破坏。这场破坏行动带有不祥的恶兆，毫无疑问是有人蓄意所为，因为当时正是雅典人组建联合海军远征西西里之时，这支海军是有史以来一座希腊城邦所能派出的最强大的舰队，而赫尔墨斯的神职之一就是行路者的保护神。与此同时，西西里远征的主要发起者阿尔西比亚德斯——伯里克利的前侍官——因亵渎神圣的埃莱夫西斯秘仪（Eleusinian Mysteries）遭到指控：他倒并不是（像传言所说的那样）假冒密仪，而是脱离传统的埃莱夫西斯祭司的直接控制，在私宅里搞未经授权的秘仪，而这也意味着脱离雅典人的最终控制——雅典人最近（公元前 422 年左右）频频立法，以确保从阿提卡大地上的这一近乎泛希腊的神仪得来的好处全都归于雅典人。大多数雅典人都是埃莱夫西斯秘教的信徒（mystai），因此，阿里斯托芬（Aristophanes）在其完成于公元前405年最成功的喜剧《蛙》里，就把由这些信徒组成的歌队安排为主歌队。因此，阿尔西比亚德斯于公元前405年遭到了敌手就此事提出的特别指控；这可以视为预示了对阿尔西比亚德斯的老师苏格拉底的宗教罪指控，而几乎所有的雅典人都会不加思索地视这种罪行不仅可憎，还罪该万死。

在公元前399年极其恶劣的环境中，虔诚的普通雅典人几乎必定会追问自己：因为诸神（或者说，"神"）对雅典人表现出明显的愤怒，使他们大败于伯罗奔尼撒战争并陷入内战，以致遭受了如此剧烈的损失，究其原因，到底是因为雅典人忘了虔诚祭拜某些神，还是因为雅典人出于某种原因没有供奉另一些神？换句话说，是诸神离弃了雅典人，还是雅典人背叛了诸神呢？或者两种可能都有？这是一个非常合适的框架，让我由此出发考察最后一个论点。

## 命题四

雅典人提供了一个公共的政治话语空间，在这个空间内，公开的思考——不排除对诸神存在的质疑——可以拓展到许可范围内的最大程度，尽管不得超出。存在着一些限制范围，并且公共法令非常清晰地划定了官方所能容许的理性思考的限制范围，而这些限制自公元前5世纪起开始迅速收紧。我们既不知道苏格拉底所遭起诉的不虔敬（graphê asebeias）之罪及其法定程序最初是在何时被确立的，也不知道雅典人用这个罪名涵括了什么。雅典民主的司法体系回避了专业的法学人士或专业律师，以至于法律上对犯罪的定义或描述被有意地模糊化了，留待起诉人自己阐释。然而，我们知道（至少，如果我们相信普鲁塔克的《伯里克利传》第32章的内容是确实的以及被精确地描述的，我们就可以说），在苏格拉底成年的某些时候，一个叫狄奥佩蒂斯（Diopeithes）的预言家（mantis）——一个自封的宗教专家——成功地在公民大会上提出了一项法令，内容"涉及对那些不认可神灵之事（nomizein ta theia）的人或教授有关上天的学说"的人，这些学说被视为是错误的、非传统的，尤其可能是主张无神论的。

除了唯一一起审判是根据这项法令执行的，其余据称归属此罪的个案都存在历史真实性问题。例如，对伯里克利的非雅典人伙伴克拉佐美奈的阿那克萨哥拉（Anaxagoras of Clazomenae）的控诉。唯一一个不存在历史争议的实例就是苏格拉底的审判。狄奥佩蒂斯法令之所以有威力、意义以及适用是因为它的主要靶子就是背负智者（*sophistai*——江湖术士、半吊子学者：见第六章）恶名的思想者和教授者。然而，给智者冠上永久恶名的责任在于柏拉图，而不是狄奥佩蒂斯，因为柏拉图极力驳斥当时雅典人认为他所敬重的导师苏格拉底只不过是个智者的印象。这个印象的一个显著的例子就是阿里斯托芬在他那部完成于公元前423年的作品《云》中对苏格拉底的描绘，那儿尤其强调了所谓苏格拉底的智者诡辩的宗教意义（我们马上就会看到）。面对这个诋毁，柏拉图极力反驳，强调苏格拉底不像那些纯粹唯利是图的智者，他并没有出于粗鄙的物质原因而施展他的技艺，他对真正智慧的追求是一种对于真理的无私追求，或者说，至少也是自我启蒙、尽管（或是正因此）会加重听众的茫然和困惑（*aporia*）。所以，苏格拉底，柏拉图笔下的苏格拉底，在"认识"的一切强意义上，都极力否认他知道任何东西：如果他确实如德尔斐神谕（一切宗教智慧之源）所声称的是世上最聪明的人，那也（仅仅）是因为他知道他自己一无所知。毫无疑问，这是一种夸张的说法，严格地说，可能算是一种逻辑上的悖论，不过这是和著名的德尔斐箴言"认识你自己"（*Gnôthi seauton*）完全一致的说法——事实上，这就是柏拉图所呈示的整个苏格拉底哲学的核心。

柏拉图为苏格拉底所作的专门辩护，远没有他对智者的普遍攻击来得成功。在苏格拉底死后半个世纪的一场著名的作秀审讯中，一名重要的政治家埃斯基涅斯（Aeschines）再一次提到了苏格拉底以及对他的定罪（埃斯基涅斯文集，卷一，《反对提马克斯》[*Against Timarchus*]，173）："雅典人民们，你们判处了智者苏格拉底死刑，那是因为他应该算是克里提亚斯的老师，而克里提亚斯正是破坏民主的三十僭主中带头的那一位。"事实上，在苏格拉底一生的大多数时间里，并非所有的雅典人都和他一样对所有的智者持消极态度，而对于苏格拉底本人而言，在一个平常的、令人愉悦的城市氛围中，仅仅被当作智者也并不一定是一场灾难。然而公元前399年，雅典不再是一片可以容许公开自由思考以及无拘无束辩论的快乐之地了。由于失败的伯罗奔尼撒战争所造成的严峻形势，当时的雅典变得面目全非，实在难以称作是伯里克利在葬礼演说中所提到的雅典。在修昔底德记录的那篇作于公元前430年的葬礼演说中，伯里克利自信地宣称道："即便我们的邻人特立独行，我们也不会因此就不高兴，给他们脸色看，因为即便这样不会对他们造成切实的伤害，也会伤害人们的感情。我们在私人生活中是自由与宽容的。"事实上，"我们"（雅典人）在公元前399年时很不自在，就像传统的"地中海村民"的那种老套形象所描述的那样多疑、迷信、不理性；实际上

## 第七章 苏格拉底的审判

比这还要厉害。因为公元前 399 年左右，雅典人已经不再满足于仅仅露出一副凶相，而是要把他们的同胞送上法庭，并控诉他们犯了死罪，比如说"不虔敬"。其实，公元前 400/399 年间，据我们所知，至少有六场审判在某种意义上都与战争最后一年所发生的灾难事件及其后果相关。

六场审判中有两场——苏格拉底的审判和狡猾政客安多基德斯（Andocides）的审判（因公元前 415 年埃莱夫西斯秘仪以及赫尔墨斯案中的行为受到指控）——是明确涉及宗教的。当被告被刻画成敌视宗教的自由思考者时，审判掀起了一股广泛流行的反智者浪潮，这就是复仇心，因为那些雅典人意欲对他们眼里的宗教污染采取严厉的报复，他们已经——或者说可能已经——对那些所谓在言语或行为上破坏城邦最基本的宗教规范与准则的人心怀怨恨。因此，这些审判从精神上说（如果不是表面上说的话），破坏了在公元前 403 年所立下的大赦（*amnêsia*—不记住）承诺。这次特赦可能是历史上记录在案的第一次大赦，当时正处在三十僭主倒台后的民主恢复期，经过全体雅典人立誓表决，官方通过仪式公开宣称不会追究早于公元前 403 年的"恶行"即反民主行为。

苏格拉底的主要控诉人是名不见经传的迈雷托斯。专事汇编著述的公元前 3 世纪传记作家第欧根尼·拉尔修（Diogenes Laeritus）精确无误地将起诉书存录进了他的《名哲言行录》（2.40）。控诉也以宗教誓言——或者说，宣誓书——的形式写，它包含了两项指控，而第一项指控（也可能还包括第二项指控）又可进一步地被划分成两项次一级的指控。（有证据表明，苏格拉底所遭到的正式指控为"颠倒是非罪"，一个标准的诡辩把戏。这可能是"毒害青年"指控的另一半项。）

> 迈雷托斯，德谟庇塞斯 [Pitthus] 的迈雷托斯之子，指控苏格拉底（德谟阿罗佩克 [Alopêcê] 的索福罗斯库斯 [Sophroniscus] 之子）犯了此罪并提请令状。苏格拉底的第一项罪是 [Ia] 不承认城邦所承认的诸神权威以及 [Ib] 引入异类新神，第二项罪是 [II] 毒害年轻人。对苏格拉底所建议的惩罚是死刑。

Ia 项指控是一项反面指控，指控苏格拉底不履行义务，这项罪状在语言表述上与狄奥佩蒂斯的法令十分同样：苏格拉底没有正式承认由城邦所承认的诸神。对于迈雷托斯真正想指控什么，尚存的两篇不怎么深奥的《申辩》即苏格拉底自辩词，给我们提供了相关线索。正是因为这两篇不怎么深奥，所以我们一下子就能领会：其中一篇由苏格拉底的另一个来自上层阶级雅典籍弟子色诺芬撰写。事实上，苏格拉底在其审判中似乎并没有进行过任何形式的清晰申辩，而是采取了一种非传统的、他自己所惯用的问答式技巧来反击主控官迈雷托斯；柏拉图版的《申辩》里保存了这个反击的一个虚构的例子。然而，色诺芬绝对是个更传统的思想者，那么可想而知，他所提供的材料也是标准的辩护词，其中，苏格拉底声称自己其实是承认诸神的，这表现在他会定期参加城市所要求和命令的一切祭祀活动（hiera）。

尤其是在当时主要的公共节日的语境里，祭祀在古希腊城市里，同时是政治和宗教的行为。执行祭祀，即分担祭祀任务，无论是公共的还是私人的，都是好公民的关键体现，而且它同时也是个人与诸神沟通、同时保持距离的主要手段。这就是希腊的宗教政治与政治宗教的本质。然而，从苏格拉底的另外一个辩护者柏拉图那里获得的启发，也许能告诉人们，为什么苏格拉底参加祭祀的事实不足以回应向他提出的主要宗教指控。似乎除了参加祭祀之外，苏格拉底还要求崇拜者表现更多的东西，即良好的心灵态度，这样才能让祭祀行为生效。显然，对于苏格拉底而言，崇拜者们仅仅履行一定行动是不够的。苏格拉底的额外要求还会让人想起他对神的非传统解释，即真正的神是什么：在他看来，作为神，就定义而言就必定是道德上善的（Euthyphro 6a–c）——这个观点应该会令荷马的听众感到震惊。

然而，可能是我们太苛刻了。或许迈雷托斯把陪审团中的大多数人争取过来所需做的一切就是要说服他们，苏格拉底是某种会采取非传统立场的人，他会喋喋不休地在口头上质疑那些在一般传统希腊人看来合乎情理而且有效的虔诚行为。这个假设不仅能够有效解释为什么对苏格拉底的指控生效了，还能解释为什么柏拉图在他的《申辩》中，安排苏格拉底重提阿里斯托芬的《云》（上演于公元前 423 年）。雅典人一般都熟知戏剧，许多甚而是狂热的戏剧迷，而且他们有持久的记忆力——或者说至少有一个行之有效的八卦交流网络。《云》中的苏格拉底被描绘成一名标准的智者，因而本质上也就是一位无神论者——因为他想用他自己虚构的神狄诺斯（Dinos, Vortex 或气旋）替换掉作为众神之王的宙斯。

所以，这也就理所当然地引出了对他的第 Ib 项指控，"引入新异神灵（hetera kaina daimonia）"。即便迈雷托斯本人没有用这三个希腊词，但以它们来形容也不为过，因为它们精确地把握住了必要的细节。希腊语中有两个词可以用来表示"其他的"（异己的），heteron 和 allon。Heteron 表示"两个中的另一个"，在这种情况下就有两类神（divinities），一善一恶——黑白二元论，完全符合希腊特征的思想，这触及到了希腊文化的最根本特征（Cartledge 2002）。在希腊语中，对应"新"的词也不止一个：用 kainon 一词可能是要表示"全新的"——前所未有的。就希腊人的思考方式而言，任何形式的新奇事物都被认为会潜在地破坏已经确立的秩序。他们用来表示政治革命的词是 neôterismos（革新主义）和 neôtera pragmata（新近之事）。与 new 意义完全相反的那个词是"传统的"，在希腊文中即 patrion，其字面意思是"与父辈相关的"或"祖传的"。希腊的或雅典的官方宗教可以被归为或者甚至被称为 ta patria，即"关于父辈/祖先的事务"。

　　第三，Daimonia 一般而言意指超自然力量。就这个词本身而言，它并非绝对就是否定词，尽管以词缀 - ion 结尾可能暗示了在神性上它比 daimôn 级别低，而 daimôn 又比 theos（god，神）级别低。所以，迈雷托斯的原意，可能并不是要让陪审团想到那些居住在奥林匹亚山巅的人格化的神，而是要他们联想到模糊不清的、不可见的、可能完全有害的隐秘力量，这些力量萦绕于希腊冥界，而且危及现实世界。不管怎么说，迈雷托斯到底有没有想要陪审团去想到苏格拉底（在柏拉图的《申辩》中）所谈及的他个人的 daimonion，我们不得而知。苏格拉底声称他能听到某种内在感召的声音，看起来就好像是某种能接通神灵的热线电话。这声音从来都只是告诉他什么时候不要做什么，却从来不会积极地要求他去实践某种特别的行动。即便是那种消极的力量，对陪审团来说都不是什么可以宽慰的消息，因为这正好暗示了有某种在民众的有序控制之外的力量存在，这正是迈雷托斯描述苏格拉底时用"另外的新神灵"（hetera kaina daimonia）一词的要害之所在。

　　还有"引入"（eishêgoumenos）新神的引入。可能迈雷托斯最妙的一笔就在这个词，因为倘若"引入"是合宜的，即通过正式、公开尤其是民主的程序（Garland 1992）的话，那么在雅典"引入"新神并非什么格格不入或者不合传统的事，更谈不上不虔敬了。公元前 5 世纪期间，确实有若干新的官方的崇拜被引入雅典的万神殿，接受雅典城邦的国家敬奉：潘神、阿斯克勒庇俄斯、本狄斯。其中最后一位是色雷斯的女神，其发源非但不在雅典，而且也不在希腊。因此，这不仅向我们暗示了苏格拉底的 daimonia 没有获得官方批准，而且还说明了即便苏格拉底试图（当然他没有试过）以官方形式将其 daimonia 引入，也不会成功。

　　简言之，他们对苏格拉底发起的宗教指控是极尽可能的重，无论是以雅典虔诚的民主制官方政策的一般标准来裁定，还是从尤其在公元前 399 年极度不稳定的紧张政治环境来看。在我看来，如果这些指控能被证明充分有理，单凭这就完全可以说服501位陪审团成员中的大多数人投苏格拉底"有罪"票。

为了避免陪审团中出现大量的"摇摆票选民",即那些要么在原则上对宗教异端非常宽容的,要么在面对灾难时更坚强的公民,又或者是那些既不相信苏格拉底过去会不虔敬,也不相信苏格拉底将来会对共同体造成真正的宗教威胁的公民,我想,第II项指控才被作为双保险添加上去的。它可能是在迈雷托斯的两位共同诉讼人(sunêgoroi)之一的煽动下添加的,而这人最有可能就是有名的政治家安尼托(Anytus,柏拉图在《美诺篇》[Meno]中表现出了对他非同一般的憎恨)。

第II项指控是一项狭义上的"政治"指控。如果这项指控并没有在形式上对公元前403年的大赦形成破坏,那么至少也在精神上违背了这一政策,因为它控告的是苏格拉底在三十僭主上台前夕及上台期间出于政治动机的反民主行为。不过,起诉团队知道,他们将能避开因破坏大赦而犯下的错。起诉状说了一大堆,但是并没有直截了当地将苏格拉底诉为反民主的叛徒,它只是暗示苏格拉底至少犯了勾结罪。因为"毒害年轻人"是称苏格拉底乃堕落青年之师的一种委婉、影射的说法,尤其是作为被确认是叛徒的阿尔西比亚德斯和激烈反民主的三十僭主领袖克里提亚斯的老师;这表明,苏格拉底教授他们的就是如何去成为一名反民主的叛徒。苏格拉底教授他们,他们是叛徒,因此,苏格拉底教他们成为叛徒——这个三段论演绎犯了逻辑错误,但并非一点说服力也没有。尽管陪审团不能决定什么是真正的"不虔敬",也不能决定苏格拉底到底有没有犯下不虔敬之罪,但是当他们看到demo的某个叛徒与敌人的时候,他还是会立即认出来的。他们所知道的,或者说他们认为他们所知道的,就是苏格拉底对于多数人统治的看法及其在三十僭主执政时期的行动使他看起来至少不是雅典公民的——或者说民主政府本身的——大力支持者。

然而,虽说苏格拉底的追随者很快就声称,这项政治控诉才是对苏格拉底的真正控诉,并且是苏格拉底被判有罪的真实原因。但是我觉得,我们在急着同意这种解读之前还是应该先好好想想。(至于苏格拉底自己是否真的反民主——无论是在理论上还是在实践上反民主都是另外一回事,这个话题非常有争议性。)在重要的雅典政治审判中,要弄清楚的问题通常不是被告是否真的犯了被指控的罪,而是在普通的陪审团公民中的大多数看来,他的罪是否对共同体之善造成伤害。因此,由雅典民主的视角看,苏格拉底确实在应有的法律程序下接受了公正的审判。从更广的宗教角度看,对苏格拉底的审判和对安多基德斯的审判一样,最后都发挥了某种类似于净化和再整合的集

## 第七章 苏格拉底的审判

体公民仪式的功能：通过清除（净化）一个精神上患恶性肿瘤的、不信宗教的叛徒来净化公民主体，继而在更新的、民主的接触上重新整合这个公民主体。

精确的投票数并不清楚，不过看上去应该是 501 名陪审员里大约有 280 人——人数虽然不多，但足够成为多数——投了"有罪"票。即便如此，难道陪审团就真的有必要判处苏格拉底死刑吗？确切地说，这是另外一回事。因为苏格拉底所经历的这种审判（agôn timêtos）在程序上有两部分。第一阶段关注的是被告到底有罪还是无罪。如果多数人认为被告有罪，那么第二阶段就会关注犯罪者应受惩罚（timê）的类型，而起诉人和被告则会为此再一次陈词公堂。

毫无疑问，迈雷托斯竭尽所能要求判苏格拉底死刑。毕竟，这种不虔敬是一种十恶不赦的政治罪行，而且，当雅典人觉得那些犯下的公共罪行会威胁到整个共同体之善时，会毫不犹豫地同意死刑。苏格拉底也自然提出了抗议。然而，他并没有对真正的重刑——流放或巨额罚款——提出看上去合理的反对，而是事实上先声称自己应该被当作一个对公共有益的人来优待，并且终生可以在城邦食堂免费用餐（就像奥林匹克的胜利者所获得的荣誉那样）。这话没有被接受。苏格拉底最终提出的"巨额"罚金（或许是出于对其友人最殷切的希望的某种尊重）显然也不够巨大，也没有被接受。

所以，如果苏格拉底自己既不愿交巨额罚金也不愿接受永久流放，那么他就只能被人们以强行的、不可挽回的手段将他从雅典共同体中清除出去。到头来，有比一开始判他有罪的人更多的陪审员判处他死刑（大概总共 340 人左右）。即便这样，他也没必要把毒酒一饮而尽选择死亡。他本来可以选择流亡，就像他的朋友如克里同（Crito）所极力煽动他去做的。

据说，当时的苏格拉底非常大气、但也有点令人困惑地答复他的朋友们：他在这个城邦的法律下成长，所以他有义务严格遵守其法律。我们不能否定他的勇敢。其实，他甚至可以被看作是一名英雄：一种全新的智识上的英雄，是思想自由与良知的殉道者，他坚信"对于一个人而言，未经检验的生活不值一过"（这句著名的警世之语被柏拉图记载了下来，《申辩篇》，38a）。不过，在某种重要的意义上看，苏格拉底是自愿的殉道者：只有那些处于与公元前 399 年的雅典不同的政治环境下、基于不同的政治立场的人才会认为造成苏格拉底之死的罪因已经从苏格拉底转移到了雅典人民身上。但是这么想就大错特错了，正如我力证的那样，因为雅典人的民主和我们的民主相比，无论是在建构还是在对其的解释上都大相径庭。不管 l'affaire Socrates（苏格拉底事件）是对是错，在雅典人看来，通过对他定罪或判他死刑，他们的民主已经获得了净化和复苏。

## 补充阅读 4：古典希腊世界（二）

大约公元前 400 ~ 前 300 年

苏格拉底的两名学生，色诺芬和柏拉图，明显从苏格拉底的审判结果中汲取了负面的教训：他们相信，民主——或者说希腊式民主——是一种不可救药的坏东西。然而现实世界中，民主正是在公元前 4 世纪上半叶发展到了其最大的程度，并获得了最强有力的拥护。确实，无论是当时刚建立起的民主，还是继另一场内乱（stasis）后重新恢复的民主政体，都不属于被亚里士多德所称之为的"最后的"或最极端类型的民主政体。相反，它们或多或少都算是比较"温和的"民主政体，它同时结合了纯粹的无约束民主制即大众权力之特征和几分寡头制的特征——比如要求官职的担任必须满足财力方面的要求，以及（或者）使用选举（而非抽签）来决定最高行政职务。

公元前 4 世纪的"新"民主有两个最鲜明的典范，即岛国希俄斯（Chios）以及内陆**城邦**底比斯，它们也是在公元前 378 年（恰好是在第一次联盟建起的一个世纪后）由雅典人组成的第二次联盟——主要是海上联盟——的发起者。修昔底德（8.24）曾赞颂过公元前 5 世纪的希俄斯寡头政体，因为其在繁荣环境中所保持的自制与稳定；可能他的意思是说，最富有的少数希俄斯人几乎没有通过对民众的残酷剥削——或政治压迫——来滥用他们手中的财力与权力。正如我们所见，底比斯之所以在公元前 5 世纪期间也依然推行寡头制，部分原因是其与邻邦雅典形成了永久的对抗关系。其实，公元前 420 年，当斯巴达其他盟友暂时背弃他们的联盟领袖，并与阿戈斯缔结无耻盟约之时，底比斯人的领袖们却拒绝这么做，就是因为他们坚信自己是有信仰的寡头，感觉自己无法和民主的阿戈斯牵手，更别说成为一家人了（修昔底德．5.31）。那么公元前 4 世纪，是什么同时改变了希俄斯人和底比斯人的心呢？简单地说，就是斯巴达——斯巴达在公元前 404 ~ 前 386 年间试图扩大在波斯的关键支持下对雅典的胜利战果，于是成了一个甚至比过去的雅典更加专横跋扈、令人反感的干预统治式帝国强权。

公元前 378 年的第二次雅典联盟完全是一个反斯巴达联盟。最讽刺的是，六个希腊同盟者都信誓旦旦地宣称，他们发起联盟全是为了遵守由斯巴达和波斯于公元前 386 年一起定下的国际协议——所谓的"君主和约"（King's Peace，这里的君主指阿尔塔薛西斯二世［Artarxerxes II］，其统治从公元前 404～前 359 年）——中的条款。他们尤其还（完全正确地）宣称，斯巴达人没有履行每一座希腊城邦都宣誓效忠的义务，即尊重其他每一座城邦的"自主权"。"自主权"，即免于外部干预及强制的自由，这个词表明了公元前 4 世纪希腊诸邦间的关系的理念。从这个词最具理想的或者说最意识形态的一面来看，它表达了一种建立"共同和平"的渴望。事实上，希腊人向希腊人发起的战争是再平常不过的了——因此也就需要不断地在外交上重申（公元前 375 年、前 371 年、前 362 年）"共同和平"这一理所应当的既定事实。

其中有两次重申都是发生在打破希腊本土三支强大势力——底比斯、斯巴达与雅典——中的霸气格局的激战之后。在公元前 382～前 379 年间，底比斯事实上已经被斯巴达占领并设防。公元前 371 年，一个全新民主的、在军事上蠢蠢欲动并奉行扩张主义的底比斯在留克特拉（Leuctra）战场上成功报复，终结了斯巴达的强权梦。当时底比斯和雅典就表面看延续着自公元前 378 年开始的盟友关系，但底比斯的崛起把雅典推向了斯巴达的怀抱，并在公元前 371 年与斯巴达缔结了松散的反底比斯联盟。

公元前 362 年，雅典和斯巴达徒劳地在阿卡迪亚（Arcadia）的曼提尼亚（Mantinea）设法压制咄咄逼人的底比斯。曼提尼亚是斯巴达先前的盟友，不过在公元前 365 年伯罗奔尼撒联盟瓦解之后，就又恢复成了一个独立自由的城邦。底比斯在伟大的伊巴密浓达（Epaminondas）与佩洛皮达斯（Pelopidas）的领导下，再一次赢得了胜利；但是伊巴密浓达本人却死了，而且在公元前 362 年之后，底比斯无法保住自留克特拉战役以来十年内一直拥有的陆地霸权地位。曼提尼亚战役的结果，用色诺芬讽刺的话来说，就是"在希腊引起了一场甚至比过去还严重的混乱"。色诺芬这话的意思其实是说，没有一个希腊本土城邦有能力建起一个稳定霸权。斯巴达长期以来非常成功地撑起了一个公正像样的寡头政治集团，并吸引了色诺芬自己的右翼士兵的加盟，所以斯巴达的受挫让色诺芬对当时的事态感到越发悲观。

在接下来的四十年里，雅典依然是一个实质性的民主政体，而且有一些人会认为，与被认为是"伯里克利时代下的"雅典"黄金期"相比，当时那段时期是一段更加稳定——至少也是一样有活力——的时期。然而就政治上而言，公元前 4 世纪的其余时期本质上是一段有关强者、有关一人统治的故事，是一个属于君主制的时代。西西里几乎完全落入了锡拉库扎僭主狄奥尼索斯（公元前 405 ~ 前 367 年）的统治——狄奥尼索斯被后世称为狄奥尼索斯一世，因为他想尽一切办法建起了一个很短命的继任王朝。柏拉图或许当时以为自己可以令狄奥尼索斯父子俩（一世和二世）中的某一个转投其门下学哲学，但西西里的君主本人却表现得顽固不化，而且，锡拉库扎经历了弥漫于当时公元前 4 世纪整个希腊世界的由内乱引发的不安定，一直要到公元前 330 年代在提摩里昂（Timoleon，他是锡拉库扎的大型城邦科林斯的公民）的干预下才稍许恢复了某种希腊式秩序。

在亚细亚的希腊地区，寡头集团在君主和约的豁免庇护之下悄悄恢复实力，并凭借着卡利亚（Caria）暴君摩索拉斯（Mausolus）所耍的种种伎俩变得越发强大——摩索拉斯通过从故国迈拉萨（Mylasa）迁都至希腊的哈利卡纳苏斯以及雇用希腊的能工巧匠，宣称自己是希腊精神的传承者。然而，他也在公元前 357 ~ 前 355 年间从雅典策动各项起义，即众所周知的"同盟者战争"，有效终结了雅典成为爱琴海地区强权的任何可能性，这削弱了希腊抗击任何新崛起的外部王朝的能力。

在希腊本土，当时发生的大事是迄今仅仅位于北方边缘的马其顿王国在第一任国王腓力二世（Philip，公元前 359 ~ 前 336 年）及其子亚历山大三世（亚历山大"大帝"，公元前 336 ~ 前 323 年）的先后领导下的崛起。有关马其顿的胜利，取决于我们如何看待它，它可以象征着民族（*ethnos*）国家的胜利，也可以视为君主政体原则在希腊政治中的胜利复兴。民族国家是以诸如民族性或种族性等一些共同原则为基础的国家。它们相较于典型的城邦而言，至少在一开始还是实践着一种弱政治化、弱公民式、低组织化以及低复杂化的治理模式。然而，一个民族国家，如果像塞萨利人那样，就可能会包括多个**城邦**（克兰农［Crannon］等），或者也可以像阿卡迪亚人那样不仅包括多个城邦，而且还组成一个联邦国家，拥有一个联邦都城（即梅格洛波利斯［Megalopolis］，建于公元前 368 年）。确实，一个诸如贝奥提亚的民族国家，既能发展出一套寡头政治联邦的复杂形式（始于公元前 447 年），又能将这种形式转变（始于公元前 378 年）成一种由单个城邦（底比斯）主导的联邦自治型的温和民主模式。在公元前 4 世纪第二季，由于底比斯的伊巴密浓达，联邦原则以温和民主形式获得了巨大的发展，甚至还引起了亚里士多德的注意（Huxley 1979）。然而要等一个世纪后（见补充阅读 5），才会迎来自己的伟大时代，那时；它们将成为遏制霸权政体——先是马其顿，后是罗马——的统治野心的最有效手段。

那个注定会对所有希腊人以及希腊文化造成最大政治影响的民族国家，

## 第七章 苏格拉底的审判

就是那个对落在自身族群边界内的城邦一无所知而且还满不在乎的国家，即马其顿。这里我们又有一个暗杀遏制独裁的典型例子。一直到公元前五世纪快结束的时候，马其顿都只不过是一个地理上的概念而已，这主要归咎于其在大范围的地区王公权力的极端形式。然而，先是由阿基劳斯（Archelaus，公元前413～前399年），接着（在一场令人作呕的王室内部厮杀之后）由腓力之父阿明塔斯三世（Amyntas III，公元前393～前369年）继之，他们开始推进统一化和中央集权化的必要进程——腓力将其推进到了一个无论从速度上还是从规模上而言都无法事先预见的程度上。确实，到了公元前338年，在希腊大陆上，他已经是自己命运的主宰，以至于他能够谋划推翻当时积弱的阿契梅尼德（Achaemenid）的波斯君主国，并攻取和解放亚细亚。腓力建立了一个希腊联盟体系，即我们所知的科林斯联盟，宣称自己为最高统帅，紧接着就下令驯服的代表议会投票作为其首次"希腊"决定支持远征解放亚细亚的计划。然而，公元前336年，一名暗杀者的匕首终结了腓力的野心；而且，不管亚历山大是否真的参与刺杀了他的父亲，至少可以确定的是，他从中获得了巨大的利益。

在亚历山大的脑子中，从来不会有丝毫犹豫的就是去实现其父东征的遗志——不管这项计划原来是怎样的：当父帅被暗杀之前，只派了先遣部队前往安纳托利亚（Anatolia）西北部。有一点或许也不会让人有任何怀疑，即亚历山大的意图从一开始就至少是征服当时的波斯帝国——在地理上一直向东至今天的阿富汗和巴基斯坦西部。然而在此之前，他不得不去平息发生在希腊本土以及马其顿北部边缘地带（从战略上来看，这些地方是他的后方）的各种事端，而这场平息耗费了他整整两年，并引起了极大的非议，主要起因就是发生于公元前335年的底比斯全面毁灭。这么做的一部分原因是为了惩罚底比斯对科林斯联盟的背叛，但是主要还是为了给希腊其他蠢蠢欲动的异议者们一个警告。不过，从官方角度来说，这次行动的宣传口号是"泛希腊主义"（Panhellenism），因为底比斯人在公元前480/79年的时候曾经"顺逆"（站在波斯人这边）。有些希腊人记性真久，而有些人则没有好记性。

在亚历山大的统治期间，还有一个行动也最具争议（此类争议其实很多），即公元前330年，亚历山大摧毁了波斯帝国的主要象征中心的宫殿建筑群，这被希腊人称为波斯邦（Persepolis，顾名思义，即波斯人的**城邦**[polis]，尽管事实上它并不是希腊意义上的城邦）。波斯人在公元前5世纪早期非常亵渎地洗劫过雅典和其他圣地，所以从某种程度上而言，亚历山大为了让自己的复仇看起来是虔敬神圣的，除了火烧波斯邦外，别无它法。然而，藉着洗劫波斯邦，亚历山大又顺带着摧毁了一个他自己的都城，因为届时他已经在宣布他本人就是波斯王朝的合法继承者，并且确实有模有样地开始扮演这个角色了。确实，这里展现出了亚历山大的过人才能——而我想说的是，这也是他的真正政治贡献：因为他想在一块规模大到无法想象的版图上成为一名希腊与东方世界的新型君主——亚细亚之王。至于这样一个愿望到底有多大的可行性，我们已经不得而知，因为亚历山大和他的父亲一样，最终死于非命，不过他的死很可能只是自然原因造成的，而非像谣传所说的死于暗杀。亚历山大早逝于公元前323年，年仅32岁，他的早逝在其家族与其先前的手下将帅及副手之间，掀起了一连串对王室及帝国继承的争夺战，一直持续到了公元前311年的埃普斯战役及之后。

在亚历山大还只有十多岁的时候，他就在马其顿的梅扎（Mieza）接受了亚里士多德的教导——腓力促成了这对希腊世界最强大的心智和未来最强大的统治者的组合。对此，一直以来都有一个悬而未决的问题，即这样的一对组合到底是有确实的效果，还是仅仅是一场偶然相遇而已呢？另一方面，毫无疑问的是，亚历山大非比寻常的统治在某种程度上激发了以君主政体为主题的理论写作，从而能够重新延续起那些为君主政体说话的人（希罗多德虚构的"波斯人的辩论"中的人物）以及公元前4世纪的理论家（比如色诺芬、柏拉图以及伊索克拉底）留下的叙事。

# 第八章　重新考察一人统治：色诺芬、柏拉图、伊索克拉底、亚里士多德以及亚历山大大帝的政治

大约公元前400～前330年

## 人民的暴政

我们先前（第五章）就已留意到的 dêmos 一词既指整个公民主体，又指作为贫困阶级的大多数，该词本身的模糊性使得 dêmokratia（the kratos of the dêmos，人民的权力）被指控为暴民统治。把 dêmos 比喻成僭主的说法屡屡出现在公元前5世纪和4世纪的非民主或反民主的理论构建中，而且事实上，这个说法从公元前4世纪起一直盛行至美国国父亚历山大·汉密尔顿以及在那之后（Roberts 1994）。柏拉图在《理想国》的末尾（563c）用非常形象的比喻揶揄道，在一个极端平等主义的民主政体下，即便是像驴子这样最低级的愚笨牲口也会自视甚高，膨胀得沾沾自喜。然而，对这股强大逆流——主张寡头政治的立场、理论以及行动——的精妙演示竟令人意外地出自雅典色诺芬之手，就这点而言，他是配被称为苏格拉底之徒的（对苏格拉底来说，多数人显然总是错的）。

雅典散文中保存下来的最早例子，是一篇对民主进行猛烈抨击的"雅典体制"，该文从古流传至今，后来以色诺芬原作的名义出版。但是将该篇文献归为色诺芬之作明显有误（见附录 II）。真正出自色诺芬的寡头政治理论见于别处，部分存在于他从别人那里借来的论证里，部分存在于《苏格拉底回忆录》里借其导师之口说出的话中，不过更主要的是在他的《居鲁士的教育》里（具体内容见下文，s. v. Xenophon）。

《回忆录》由一系列想象的对话构成，在这些对话里，苏格拉底（当时

已死）和真实的雅典人讨论了当时雅典政治的实践事务以及伦理基础。在其中的一篇对话里（I.2.40-6），色诺芬无疑是从早先的资料中借用了素材，在一篇对话当中嵌入了一个想象的新对话；可以推测，原初的对话大概发生于公元前430年代，在伟大的伯里克利和当时受他监护的少年阿尔西比亚德斯之间展开——讽刺的是，阿尔西比亚德斯的所作所为比其他任何人都更加严重地摧毁了其保护人伯里克利的政治遗产。他们所谈论的主题是法律的有效性；以下是一段缩略版：

> 来吧，伯里克利，你能给我解释下什么是法律吗？
> 法律，阿尔西比亚德斯，就是由大多数公民颁布的法令。
> 他们认为一个人应该去行善还是去作恶？
> 行善，当然是行善，我的孩子，不是作恶。
> 但是，如果聚在一起制定的人并非大多数，而只是小部分的话，就像寡头制下所发生的情况那样，你会把这个叫做什么呢？
> 城邦统治者颁布的一切都可称作"法律"。
> 什么？即便是僭主为公民制定的也能被称作"法律"吗？
> 是，作为统治者的僭主，不管他制定什么，都可称作"法律"。
> 但是，当强者仗着武力而非劝说去强迫弱者做某事时，这难道不是对法律的背弃吗？
> 恩，我想这应该是这样。
> 那么，一个僭主以法令的名义强迫公民做事，而不是靠说服，那都是对法律的背弃了？
> 恩，我想是的，而且我要收回我先前说过的话，即一个僭主无论他制定什么都算是法律——即便他没有靠说服。
> 假如少数人仗着武力而非劝说去制定法令，我们是否也可以称此为强制？
> 我应该说，任何形式的强迫，不管是靠法令还是其他手段，都是对法律的背弃。

这下阿尔西比亚德斯算是将伯里克利成功地带进了他的圈套，然后醒目地亮出了他反民主的底牌（强调是我加的）：

## 第八章　重新考察一人统治：色诺芬、柏拉图、伊索克拉底、亚里士多德以及亚历山大大帝的政治

那么，普罗大众对那些有产者（即少数的富裕公民）所制定的一切，若是依靠实行武力手段而非言语劝说的话，也同样算是强制而非"法律"了？

接着，色诺芬（或者是他从中提取此"对话"的寡头派宣传品）便在此幽默地结束了对话：

让我告诉你，阿尔西比亚德斯，当我在你这个年龄的时候，我对这样的辩论也很擅长。

啊，伯里克利，要是我在你风华正茂之时就能认识你，那该有多好啊！

任何类型的僭主政体或独裁政体到了公元前5世纪末，都被认为是明确无误的坏东西（除了推行它的那个人……），而且柏拉图（狄奥尼索斯一世[Dionysius I of Syracuse]很可能被柏拉图视为当时的僭主原型）和亚里士多德两人均成功地给它们贴上了恶名的标签。然而另一方面，以王权形式出现的一人统治——正当的君主制——原则上一点也没有遭废黜。事实正相反：某种君主政体倾向或者至少是政治思想的趋势，在前4世纪可以一直从伊索克拉底（Isocrates，与柏拉图属于同时代的人，比后者多活了六年），中经"苏格拉底式"的柏拉图、色诺芬和亚里士多德，贯穿到政治实践方面最伟大的古代君主马其顿的亚历山大以及在他身边喋喋不休的知识分子。

## 伊索克拉底（公元前436～前338年）

雅典的伊索克拉底的名字或许很合适，*isokratia* 这个词尽管很少用，一直指某种温和的寡头政体（见第五章）。与比他年轻的同代人柏拉图一样，伊索克拉底也开园授业，他用华丽的辞藻批评那些被他贬为"智者"的敌对思想家（但这并没使他自己免于被贴上智者的标签）。然而，和柏拉图不一样的是，伊索克拉底不觉得修辞术的理念和实践有什么不妥。事实上，他本来就是以 *rhêtôr* 的身份出现的，这相当于古代雅典的专业政客，只是后来他退居幕后，成了一名专门从事法庭演讲的撰稿人，为他人撰写公开发表的演讲稿或草稿。再后来（伊索克拉底有丰富漫长的职业生涯），他又专事于发

表政治文章，有些他用法庭演讲的形式呈现，有些似乎是写给希腊和非希腊当权者的书信。在后半生中，他同时还乘势办起了雅典（也是希腊）的第一座专门教授修辞学的学校。自始至终，他都更关心"如何"在政治上进行说服（或宣传），而非道德及政治哲学"是什么"以及"为什么"的问题，他也并没有发展出什么形而上学体系（Too 1995）。

在其早期的《致尼古克拉斯》（*To Nicocles*）里，伊索克拉底就已表明了他专注于向王权说实话（该信写给的这位君主正是塞浦路斯的希腊君主）。在他完成于公元前 355 年左右的《安提多西斯》（*Antidosis*）里，他大声疾呼重返正确合宜的民主政体下的美好时光——实际上他在为更根本的反民主倾向作掩护。然而，正是在他于公元前 340 年代写给马其顿国王腓力的一封信"谏"中，他——除了名义——完全以一名君主主义思想家的面目"出现"。尤其是他的《第三封信》（*Third Letter*）——一封打算让全希腊人都读到的"公开信"——所指出的，如果腓力成功征服亚细亚，那么他就将成为神了，这是人所能达到的最高成就。我们并不知道，这番辩护是否让伊索克拉底成了"腓力党人"，即很高兴看到马其顿人占领和直接统治雅典，而自己担任帝王师，因为在公元前 338 年击败雅典之后，腓力实际上对雅典人采取了高压手段，不过这却是他的民主派敌人即更极端的爱国者所宣称的。

## 柏拉图的哲学王

在理论上更有趣，并在教授法上也更引人入胜的是柏拉图借"苏格拉底"之口在《理想国》里所描绘的那种君主论思想：苏格拉底认为，直到哲学家成为君主或统治者，或统治者成为（柏拉图意义上的）哲学家以前，人类将无法从各种困扰自身的政治困境中解脱出来（473e）。然而，真实的苏格拉底似乎从来都没有为他自己的哲学写过一笔一墨，结果就产生了永远困扰《理想国》学者的问题，即在这部作品里，到底哪部分思想属于柏拉图，而哪部分思想又属于苏格拉底。这个问题因色诺芬笔下截然不同且更符合习俗的苏格拉底形象以及阿里斯托芬在《云》（公元前 423 年）里对"智者苏格拉底"的戏谑漫画，而变得更为扑朔迷离。

相比伊索克拉底，在思想上，柏拉图更加坚定地反智者（见第六章）。而反智者信念的进一步强化则起因于对苏格拉底之死（公元前 399 年）的谴责，当时的苏格拉底受到政治和宗教的指控，因为普通雅典人认为，苏格拉

### 第八章　重新考察一人统治：色诺芬、柏拉图、伊索克拉底、亚里士多德以及亚历山大大帝的政治

底本人就是某种从事自由思考的危险智者（见第七章）。如果柏拉图在政治上也是反民主的，正如人们有充分理由相信的那样，那么，与他有关的各种具有讽刺意味的事情之一就是：他本人自由无阻的——但在政治上并无建树的——教师及作家生涯（尤其是作为《理想国》的作者）恰好"最有力地证明了雅典人不惜一切主张的言论自由（parrhesia）确实存在"（Brunt 1993：389）。基于某些理由可以认为，柏拉图不仅有认识世界还有改变世界的雄心。而像公元前360年代的僭主克利阿科斯（Clearchus of Heraclea Pontica）——据说是柏拉图的学生——的一生活动或许也可以用来证实这个猜想。事实上，柏拉图的学园（是柏拉图于公元前380年代在祭拜英雄阿卡德莫［Academus］的公共林地里建起的一所学校，Academy之名由此而来）甚至已经被当作了兰德公司的原型（cf. Brunt 1993：ch. 第十章）。

不过，有一个流行的也看似更合理的观点认为，柏拉图的《理想国》以及他整个政治哲学的主要长处在于促进思考，而非起现实作用。柏拉图在《理想国》中为他的理想型君王所制定的教育课程首先是道德训练，其次是作为本体论预备课程的数学，最后是辩证法，这或许表明了他心中真正的优先次序（Brunt 1993：318 n.74）。以柏拉图认识论和本体论为基础的政治哲学以及政治实践，仅仅是为那些有足够智力基础且通过所有考核的小部分人开设的，尽管对他们而言，参政是义务而非可自由选择的事。总而言之，用Kings这个术语来描述受过严格训练的柏拉图意义上的哲学王，充分说明了公元前4世纪通向君主主义思想的知识界潮流。

## 色诺芬（大约公元前428～前355年）

The Socratics（苏格拉底学派）是古文献汇编者们所使用的一个统称，但是这个词可以涵括亚里士多德（见下文）和色诺芬。和柏拉图一样，色诺芬过去也是苏格拉底的一位友伴，并且视自己为苏格拉底的弟子，还费了大量笔墨捍卫他们共同导师的回忆以及道德论。然而，色诺芬笔下的苏格拉底哲学总体上要比柏拉图版的粗劣和苍白，除了像上面引自伯里克利与阿尔西比亚德斯之间的精彩对话那样的少许例外（这番对话很有可能是色诺芬摘自他人的）。

毫无疑问，色诺芬算是个非民主派，即便他在经历多年流放后最终重返雅典（见下文）。在臭名昭著的三十僭主（公元前404/3年）的寡头政体

下，色诺芬作为精英骑兵成员积极参与的政治运动，大概是他自成年以来最早参与的政治活动之一。雅典民主恢复后不久，他便匆匆离开远渡至美索不达米亚南部，作为一名雇佣兵服役于斯巴达所支持的波斯篡位者。在服役于斯巴达国王阿格西劳斯二世（Agesilaus II）期间，当时还作为雇佣兵的色诺芬于公元前394年在贝奥提亚的克罗尼亚与故土雅典作战。要么出于这个原因，要么就是因其早年服役于波斯王子居鲁士（Cyrus），他经民主集体裁决被正式流放，之后他还亲眼见证了他的斯巴达恩主最终在奥林匹亚（Olympia）附近的撤退以及公元前371年的最终垮台。

在他《希腊史》（*Hellenic History*）中有一处格外清晰地显露出了他的政治偏好。在斯巴达对其盟国中形成的寡头集团的支持下，斯巴达的伯罗奔尼撒联盟的巨轮一路向前（修希底德1.19）。然而有时候，会有唱反调的成员国表示要求民主，或甚至公然违抗斯巴达的意志或要求，皈依民主体制。阿卡迪亚（Arcadia）的曼提尼亚就是如此，对斯巴达来说，这是一块极其敏感的地带。在亚细亚的希腊，正如前所述（p.93），在公元前386年颁布的《君王和约》（*King's Peace*）所推行的大赦的影响下，寡头集团再一次不动声色地为自己正了名。在希腊本土，作为寡头制主要拥护者和获益者的斯巴达抓住时机，强行把"良好的"（即寡头政治的）训政及秩序施加于曼提尼亚，尤其是拆毁了它的城墙并驱散其先前的城市中心的定居方式。色诺芬饶有兴味地写道，尽管普通的曼提尼亚人并不喜欢这样，但拥有地产的人则对此很高兴，因为斯巴达的缘故，他们"摆脱了民主煽动者（demagogue，色诺芬把这个词当作贬义词来用，仅用过两回，这是其中的一回）给他们带来的麻烦，而且他们的当权者现在走的是贵族政治路线（《希腊史》5.2.7）"。这些地产主其实就是色诺芬所提到的拥有正直心灵的人，他们"心中考虑的是伯罗奔尼撒半岛的最大利益"——对多少有点保守的寡头政体而言，伯罗奔尼撒半岛变得很安全。

色诺芬发表的现存作品涉及面很广，包括编年史、圣人传记和政治回忆录以及早期类型的虚构作品（*Tendenzroman*）。正是在后者即《居鲁士的教育》（*Cyropaedia*）里，色诺芬充分发展了他的统治理念，即通过想象重塑居鲁士大帝（阿契美尼德的波斯帝国［Achaemenid Persian Empire］的建立者）推行仁慈的君主专政形象。居鲁士被首先塑造成了一位恩施型（*kharis*）人物，一位不仅知道如何获得人们支持，还知道如何赏罚分明的领袖（Azoulay 2004，2006）。不过，相比于其他人的这种对上层阶级君主的传统描写，色诺芬还迈出了极大的一步，他将居鲁士塑造成了法律的化身。对于路易十四

### 第八章 重新考察一人统治：色诺芬、柏拉图、伊索克拉底、亚里士多德以及亚历山大大帝的政治

而言，"朕即国家"（L'état, c'est moi）。但对于色诺芬笔下的居鲁士而言，"朕即法律"（La loi, c'est moi）；更特别的是，他是一部既具备洞见又具备远见的有预见性的法律（blepôn nomos：《居鲁士的教育》8.8）。不过这和我们（在第五章和第六章中）所谈论的共和政体意义上的——以及尤其是民主意义上的法律 nomos 概念就相差甚远了。

## 亚里士多德

就师承谱系上看，亚里士多德属于苏格拉底学派，是苏格拉底高徒柏拉图的高徒。不过，与柏拉图和色诺芬对苏格拉底公开表露的态度不同，亚里士多德并不介意公开驳斥其导师柏拉图的传授。确实，他可以说是颠倒了柏拉图（至少是在《理想国》中的柏拉图），就像卡尔·马克思对黑格尔所做的那样，因为亚里士多德选择把他的政治命题和理论建立在 phronimoi（在经验和判断力上拥有实践智慧的人）之间达成的经验有效的共识上，而不是晦涩到只能让极少数知识阶层明白的公理性的形而上假设上。（拉斐尔的著名壁画《雅典学园》巧妙地呈现了两位哲学家的对立，柏拉图手指上天，而务实的理念论者亚里士多德则手指大地［terra firma］——牢靠的知识［cognita]。）可想而知，亚里士多德把自己当作调和了两个极端的最佳中介人，一方是以雅典为典范的"终极民主"（亚里士多德将此错误地理解成不顾和牺牲法律的暴民政治），另一方是与柏拉图式的极端反民主的权威主义。

然而，亚里士多德在意识形态和思考上并不比柏拉图更偏向民主——毫不奇怪，古希腊思想家一般都反民主，仅有的少许例外用一只手就能数得过来：伯里克利、希波丹姆、普罗泰戈拉、德谟克利特……亚里士多德的理想政治家是一种理想化的、可能无法成为现实的人——"在美德上超凡出众"（《政治学》，1284b28）。让其他更平庸的公民去统治这样的人就如同让人类去统治宙斯一样，显然不合适和荒谬——这是另一种更加修辞的表达，这样的观点在伊索克拉底致腓力的公开信（见前文）中就有。因此在亚里士多德看来，"每一个人都欣然服从这样的人，让这样的人能永远成为**城邦中的王**"（1284b32-4；强调是我加的），是一件非常自然的事。不过，在亚里士多德接下去探讨现实中实有的——或存在于过去的——各种君主类型的利弊时，实用主义很快就闯了进来，这个君主统治者的美德典范被抛掷一边。

亚里士多德也从反面角度把民主社交和民主自治的实质或目的贬为仅仅

是"如你所愿地生活"(《政治学》,1317b10 – 14; cf. 1319b30)。这与他的政治—哲学分析的基本方法及对策一脉相承,即以 phainomena 和 endoxa(可信之人的可信观点)为起点,推演出他认为的(在其他条件不变的情况下)理念和意识观念(Cartledge 2002;索引 s. v. 'Aristotle, method of')。这样的方法确实有助于他更加全面公正地审视民主派的观点,而不仅仅停留在那些对民主的一般批评者的水平上——事实上,他甚至会承认,基于社会契约的决策思想,多数人的主张在实践时通常不会比小部分精英的主张更糟糕。另一方面,和他关于自然奴役本质的学说一样(Cartledge 2002:135 – 141),在论述"自然民主"的本质时,亚里士多德让他的偏见占了理智的上风,因为他极力坚持他的反民主立场和自然奴役说是真实的。一个有说服力的证据,就是他明显夸大了他的立场的可信性,因为在他看来,所有意识形态上主张民主的人都赋予了自由至上主义的自由观(用以赛亚·伯林的话说,就是"免于……的自由")以特权,以至于他们在思想上理想地希望在任何政治实践中都能够享受到不受限制的自由(去行使……的自由)。所以实际上,他把他们斥为无政府主义者——或潜在的无政府主义者。

由此出发,就很容易发现所有类型的民主在本质上都有藐视法律的内在倾向,包括可以以临时性法条推翻永久性成文法律,以及甚至把"最后的"或"终极的"民主政体(亚里士多德所说的此类民主无疑指的是当时雅典那样的民主)归类为生活在其下的民众认为自己免受法律限制的民主。事实上,这就是亚里士多德的批评"如你所愿地生活"的真实含义。"错了!"一个真正意识形态上的民主派无疑会——并且合理地——对此提出反对。

所以,如果充分具备德性的君主是一种在实践中不可企及的典范,柏拉图的哲学王在理论上难以让人信服,大众统治无论从理论上还是实践上都不可接受的话,那么对亚里士多德来说,什么才是"完美的"的体制模式呢?一种由一部分富裕的却在道德上堪称典范的精英来统治的贵族政体模式(实际上就是寡头政体):这作为一种切实可行的模式被亚里士多德令人困惑地称为 politeia(通常翻译成 polity:共和制,政体),它是一种有亚里士多德特色的、混合了各种极端政体的类型——或者说"中道形式",在这种系统之内,政治权力的优势取决于经济上的"中间群体",即作为重装兵阶层的公民。

亚里士多德对理想政体的理论建构以及对美德型君主梦的沉溺被他在公元前340年代后期的从教经历所击破,因为当时他亲自任教一名未来君主——13岁的马其顿的亚历山大,从而有机会直接影响古希腊世界的未来

## 第八章　重新考察一人统治：色诺芬、柏拉图、伊索克拉底、亚里士多德以及亚历山大大帝的政治

领主的思想和实践。然而，可能就是这次既做亚历山大老师又做亚历山大臣民的体验，令他最终实际上放弃了对"美德型君主"的念想（Rahe 1992：908；Brunt 1993：334-7）。

## 围绕亚历山大的思考

我们几乎不可能找到亚历山大自己对于政治理论的看法，因为他不但没留下什么个人作品，而且也没留下什么与他"有密切关系"的史料。很明显，他并不是那种在意识形态上认同民主的人，尽管他会出于实用的目的打民主牌。因此，他于公元前334年在希腊的小亚细亚公开拥护民主政体的行为仅仅只是一项权宜之计罢了，目的就是要挑唆亚细亚的希腊人与波斯帝国最高王权的决裂，因为后者全然支持寡头政体——甚至是僭主政体。同样地，从一块当年的碑文（由他最好的历史学家阿利安［Arrian］记录在他的《远征记》［*Anabasis*］1.16里）可知，对于一个附属于他的希腊城市——民主雅典（至少在早期被他统治时）——的反君主主义立场，亚历山大多少会有所顾及。因为在格拉尼卡斯河（Granicus）战役中第一次战胜他的波斯对手之后，他就将三百套铠甲运回雅典作战利品，同时捎上了一句献给雅典城里的雅典娜的题词："这些都是由亚历山大和斯巴达人以外的希腊人一齐奉上的。"要注意一个故意省略的地方：在这里并没有使用"王"这个称谓，当然，这个词形式上而言仅仅适用于他最直接统治的马其顿臣民。

然而，随着反波斯战役的推进，亚历山大并没有什么选择的余地，他只能越来越多地把自己提升为君王——实际上是亚细亚的新型君主，不仅让他那些非希腊的亚细亚新臣民服从于他，还要赢得他们的心和思想。而且，他不仅把自己提升为一名君主，还把自己塑造成一座活生生的神，据说这不仅有益于他的东方臣民，还有益于他的希腊臣民（详见下文）。在他的希腊官方史学家奥林索斯的卡利斯提尼（Callisthenes of Olynthus，亚里士多德的一个亲戚）看来，这一步走得太远了；但是，这位史学家对被他视为不可接受的亚历山大的东方专制主义的公开反对，让他为此丧命。

亚历山大身边不仅有史学家还有哲学家，其中最有名的就是阿布德拉的阿那克萨库（Anaxarchus of Abdera［阿布德拉，普罗泰戈拉和德谟克利特所在的城市］）。他的哲学被很贴切地概括为"怀疑主义、对个人幸福的积极追求以及虚无主义"三者的混合体（Roisman 2003：305）。有一件事是我们

可以确定的，即他并没有反对亚历山大的自我神化，不管这么做有多么正当合理。事实上，自公元前 4 世纪最后一季以来的大部分比较专业的哲学家和作家都视亚历山大为他们理想的神圣化身或神授王权。然而，其他人则把他当作他们所钟爱的政治理论或计划的一个完全需要引以为戒的反例。

作为一种生活方式的选择，犬儒主义可追溯至锡诺普的第欧根尼（Diogenes of Sinope），据说公元前 355 年左右，亚历山大和他曾在科林斯有过一次著名的会面——更确切地说是两人的对峙（Plutarch，《亚历山大传》[*Life of Alexander*] 14）。亚历山大最严肃的历史学家尼克米底亚的阿利安（Arrian of Nicomedia）也认为，这个故事值得纳入他相当冷静与严谨的军事头脑的著述中（*Anabasis* 7.2）。普鲁塔克和阿利安都是从另外一位同代史学家阿斯泰巴利亚的欧奈西克瑞塔斯（Onesicritus of Astypalaea）那里知道这个故事的，他深谙犬儒学派，曾加入过亚历山大的远征军，一直远征至他的爱琴海老家塔克西拉（Taxila）的东部和西部，并在那里遇见了婆罗门的哲人。

不出所料，欧奈西克瑞塔斯有意把亚历山大描绘成一位全副武装的哲学家。出人意料的倒是他竟把他描绘成犬儒派哲学家，因为无论如何，更极端、更"顽固"的犬儒主义（Moles 1995；Stoneman 2003：332）教导人们，这个世界的文明生活、财富以及权力等困扰人类的物欲都应该被视为毫无价值。欧奈西克瑞塔斯试图说亚历山大的统治与"自然"相吻合，从而绕过这一矛盾。犬儒派并非某个严格意义上的哲学"学派"。而另一方面，斯多亚则完全算得上是一个学派，由塞浦路斯锡提昂的芝诺（Zeno of Cypriot Citium）于公元前 300 年左右在雅典创立（Stoic 一名来自希腊城市广场的画廊[Painted Stoa]），在一个处于新的全球化时代和后亚历山大时代的希腊化世界里应运而生。芝诺在其（已遗失的）理想化的《政体篇》（*politeia*）里，很可能表达了对于被他视为真正的斯巴达精神的崇尚——共同体主义、自我克制以及对物质的冷漠不动心（Schofield 1999a）。然而，无论是他还是他的追随者都没有和作为典范的亚历山大有任何来往，而且他们明确认为亚历山大并非斯多亚"贤哲"的理想化身，因为根据斯多亚的学说，唯有贤哲才在各方面都拥有完全的自由——不仅指法律或政治上的自由，还指免于激情与物欲牵绊的道德自由（Brunt 1993：222 - 3）。

## 王权与大众

到目前为止，本章中所讨论过的有关王权的观点全都来自于希腊精英思

## 第八章　重新考察一人统治：色诺芬、柏拉图、伊索克拉底、亚里士多德以及亚历山大大帝的政治

想家以及作家，他们的目标受众本应该只是生活在古典晚期和希腊化早期世界的一小群人。若要知道希腊"大众"的观点，就务必去研究公共的官方宗教活动，尤其是早期希腊化时代特有的新统治者崇拜。

显然，第一个在世时就被当作神来供奉的希腊历史人物就是斯巴达的吕桑德（Lysander），公元前400年左右在萨摩斯岛（Samos）上，他被自己的寡头派狂热党羽们立为半神，但是没过多久他就死了（公元前395年）。接着步他后尘但走得更远的先有腓力，后有其子马其顿的亚历山大，而且追随亚历山大的造神运动的不但有寡头派，还有民主派——或许是因为他们本来也没其他路可走。不管怎样，统治者崇拜很快就被固定了下来，于是亚历山大的继任者们决定加冕自己为"王"（公元前306～前304年，见补充阅读5），用以合法化他们所谓的王朝。公元前291年，在曾经的民主雅典，对围攻者狄米特里厄斯（Demetrius）的狂热谄媚将其地位捧到和女神得墨忒耳（Demeter）一般高——而且和得墨忒耳不同，他这位神是"我们在此可以亲眼所见"（阿忒那奥斯［Athenaeus］，《智者之宴》［*Deipnosophistae*］VI. 253）。这番追捧与粗鄙的谄媚可以作为一把尺子，让我们丈量出雅典在其民主制公元前322年被马其顿压迫统治之后走了到底有多远。

## 补充阅读 5：希腊化的希腊世界

大约公元前 300~前 30 年

亚历山大到底是"希腊化时期的"第一位统治者还是"古典"时代的最后一位伟大君王，这一问题始终没有定论。但不管怎么说，亚历山大的统治贯穿了两个时代的过渡阶段，而且大大加速了后古典时代制度安排的全面铺开。Hellenistic（希腊化）作为一个特定术语，蕴含着一些不同的观念与应用：在希腊与非希腊的——尤其是东方的——文化之间形成的某种融合；一种"希腊式"的文化，在这种文化中，尽管官方和高级文化语言都是希腊语，但"本土"文化不仅能安然无恙，而且事实上也能对这种混合形成一些积极效应；最重要的，这是一个过渡时期，其间希腊人变得越来越无法掌控自己的命运，以至于最终屈服于罗马皇权之下。

亚历山大的继承者的战争持续了至少 22 年，一直到公元前 301 年的伊普苏斯（Ipsus）战役——甚或到公元前 281 年的库鲁佩迪安（Corupedium）战役——为止。最终形成的"希腊化"政治模式面对的是一个极大扩张的希腊世界，这个世界包括了位于非洲大陆的埃及，并向东一直延伸至亚洲的巴基斯坦，而这些地方又一齐被整合成少许几个君主制王国。其中最重要的两个就是赛琉西（Seleucids）和托勒密（Ptolemies）王国，它们分别建立在叙利亚和埃及，相互之间在某种程度上被迫陷入了无休止的冲突中。公元前 3 世纪晚期，从一次对塞琉西帝国的脱离中，西北的纳托利亚（Anatolia）地区诞生了帕加马国（Pergamon）的阿塔利（Attalid）王朝，它的最后一位君主阿塔罗斯三世（Attalus III）将王权让渡给了当时已经从西方崛起的新政权：罗马帝国。

时机一到，希腊化时期的阿塔利王朝后来就改头换面成了罗马帝国富裕的亚细亚行省。亚历山大大帝可能并不会觉得这有什么令人意外的。安提柯家族（The Antigonids），亚历山大最近的子嗣，建国于过去的马其顿，但无论拿他们和亚历山大相比，还是和同时期希腊化时代的对手相比，他们都显得有些微不足道。可即便如此，他们还是比任何一个单独的希腊城邦或意在获得独立的联邦国（这在当时更加典型）要来得强。人们可能会因此联想起

## 第八章　重新考察一人统治：色诺芬、柏拉图、伊索克拉底、亚里士多德以及亚历山大大帝的政治

过去迈锡尼时代或青铜时代晚期的希腊，不过这个新的希腊化世界并非只是对东方的某些宏大的非希腊特征的苍白模仿。毋宁说，希腊化时期的希腊（就最广义上而言）为随后的欧洲超级强权——罗马帝国——树立一个可供模仿、信奉与取代的典范（见补充阅读6）。

有些现代理论将亚历山大视为诸如"人类联合"或"种族融合"这样宏大观念的拥护者，这样的现代政治理论可以一直追根溯源至古代（不过比亚历山大自己的时代要晚得多）；然而大致上来说，这些理论应更多地归功于亚历山大的支持者过分渲染的想象或愿望——这可以很典型地说明贝尼代托·克罗齐（Benedetto Croce）曾提出的一个很有说服力的命题，即"一切历史都是当代史"。例如，朱迪亚地区（Judaea）的正统犹太人，在希腊化世界的众多臣服民族中，就并非唯一不把统治他们的马其顿军阀（作为"君主"从公元前306～前304年）视为宇宙论人文主义者。

在公元前260年代的克雷莫尼迪安战争（Chremonidean War）中，雅典和斯巴达意识到自己不得不和对方联合，共同抗击更大的强权，而这次的对手乃是马其顿的安提戈涅斯二世（Antigonus II Gonatas）。公元前210年代，在塞琉西亚细亚发生了一件所有王朝政权都不免遭到的事件：一位不满的"王室"成员篡夺了政权，他是一名亚盖亚人（Achaeus，这个名字可能表达对荷马笔下特洛伊的希腊人的崇敬），可能是君主安条克三世"大帝"（这个头衔表达的是对亚历山大的崇敬）的表兄弟。在托勒密时代的埃及，有大量明显的证据可以表明内患盛行，即便在国家最繁荣的公元前3世纪末也是如此，莎草纸上的埃及文献有时会提供给我们惊人的直接证据。

然而，可能当时最不寻常的政治现象并不发生在某个较强大的希腊国家的中心，而是发生在一个最微不足道的国家——边陲地带的斯巴达（见第九章）。公元前240年和前220年，当时的斯巴达城已经变成了一个被人遗忘的穷乡僻壤，两次政治革命发生了，这不仅在其两位世袭君主的"眼皮底下"发生，事实上还获得了他们的积极推动。自古以来就有的传统与新传统迎面相撞，发出的巨响回荡在整个古代世界，一直影响到我们自己的时代。这可能最好地证明了在希腊历史的希腊化时期（以及罗马时期）中希腊的城邦理念以及与之相伴随的自由及自主理念的持久生命力。

# 第九章 人造乌托邦：斯巴达革命

公元前 244～前 221 年

> 念想一个完美不朽的共和国，就如同念想一个完美不朽的人，总是荒诞不经的。
>
> 大卫·休谟（David Hume），
> 《英国史》，1754 – 62

## 古今乌托邦

生活在前苏维埃政权下的匈牙利作家捷尔吉·康拉德（Gyorgy Konrad）曾在 1985 年发表过一篇反对国家（State）和反对以国家为由全面侵入"中欧"（Mitteleurope）的各种生存领域的檄文——《反对政治》（Antipolitik）。古希腊人里也有反对政治的人，尽管他们的目标与攻击对象当然是截然不同的。确实，希腊政治思想传统所具备的批判性与反思性，自荷马和赫西俄德的诗歌以来，就一直鼓励反对视政治为人类真正目的以及视**城邦**为真正美好生活的唯一源泉的主流看法。大体上说，消极的反对不外乎两种：要么鼓吹彻底出走政治领域，从而进入**城邦**无法触及的私人领域，要么就构建替代的政治乌托邦。

关于退隐出走心态的现存证据大多与雅典有关，一部分原因是古代民主以没完没了的公开辩论为前提，另一部分原因则是雅典民主的激进形式唤起了善辩的反民主批评者的猛烈攻击（Ober 1998）。他们猛烈抨击了在（修昔底德所记载的）伯里克利的葬礼演说中所提倡的著名的民主参与理想，他们把这样的参与政治重新描述成 *polupragmosunê*（越界多事）或"爱管闲事"（meddlesomeness），即由不合格的民众过度参与国家事务（*pragmata*，

Rahe 1992：224&n. 8）。相反，他们鼓励 a‑pragmosunê（无为）式的生活——"a"这个否定性前缀恰如其分地标示出了这一反政治退隐的私人性特征。

然而，与一些现代民主国家中的失败政客不同，古代寡头们和其他激进的民主批判者并没必要以花更多时间陪伴家庭为由，来掩饰自己被迫退出政坛。细想一下苏格拉底，或者说，至少是柏拉图笔下的苏格拉底。在《理想国》里，苏格拉底提倡废除统治阶层精英——其所设想的"美好之邦"（Callipolis）"哲学王"——的家庭。而且，柏拉图自己似乎也想以某种方式把他的"哲学王"理念与公元前4世纪有血有肉的真实僭主联系起来，比如叙拉古的狄奥尼索斯一世和二世，或来自黑海的赫拉克利叶的克利阿科斯（Clearchus of Heraclea）——据说他是学园里的学生（见第八章）。然而，如此权威型政治的构想并不能为希腊政治的复苏与丰富提供持久的未来，因为"僭主"就其定义而言明显是一个边缘化形象，他要么在合法建立的政体之外统治，要么践踏之，行使独裁式的统治。不过，无论从理论上还是从实践上而言，确实存在着乌托邦（Utopia 或 Eutopia）的极大的发展空间。

诚然，一切政治思想——至少一切严肃的政治思想，即不仅想理解或解释世界的本来面目，还想改变世界本身的政治思想——在某些方面或某种程度上都是乌托邦式的，"除非我们承认正义这个观念本身是无意义的，否则它就会要求我们至少带着哪怕是一点儿的乌托邦思想去考察（政治）正义……"（Shklar 1957：272）。另外，正如柏拉图所多次所做的那样，在文本上构建乌托邦，是追问我们用于理解和指导世界的范畴是否可以、以及在何种程度上可以被重新整理的一种特别栩栩如生的方式。但是，"乌托邦"这个词并不是真正的古希腊词汇，它是托马斯·摩尔（Thomas More）于1516年发明的，其用法从形式上看从来就很含糊。乌托邦的英文前缀"U"既可以表示希腊语中的 ou（即 not，表"否定"）也可以表示希腊语中的 eu（即 well，"好的"或"善的"），以至于从原则上来说，乌托邦既能指不存在的地方又能指幸福之地——或者是想象中的美好生活之地，或者是真实存在的美好生活之地——至少确实比其他地方更好些。

那些从事古今乌托邦研究的学者已经作出了进一步有效的划分。比如，莱曼·托尔·萨金特（Lyman Tower Sargent）就在为纽约公共图书馆的展览目录册（2000）所撰写的导言中，首先区分了"并非人类创建的乌托邦"和"人类创建的乌托邦"。前一种范畴包括了那些尤其是希腊喜剧诗人喜欢想象的、处于神话黄金时代的"自发式生活"的乌托邦（在中世纪被称为

"安乐乡")。至于后一种范畴,萨金特举了一些早期的例子,包括《旧约》的某些部分、《善辩的古埃及农民》、梭伦、普鲁塔克的《莱克格斯传》、色诺芬的《居鲁士的教育》、阿里斯托芬和柏拉图的书。这样说可能过于粗略,不过萨金特进一步区分了当代的乌托邦(utopias)和反乌托邦(dystopias),并提出了一个令人深思的观点:"在二十世纪,乌托邦和反乌托邦之间存在着某种辩证关系,由乌托邦愿景发起的社会运动往往创造出了反乌托邦的实际体制,而对新乌托邦的信念又会反过来颠覆这样的社会体制。"(我们将在下文接着回到他所提及的普鲁塔克的《莱克格斯》。)

第二个有关的划分由吉安尼尼(Giannini)于1967年在"供人逃避的"乌托邦(utopias d'evasione)和"批判性重构的"乌托邦(utopias di ricostruzione)之间作出(摩西·芬利[Moses Finley]后来在1975年提出过相同的区分)。批判性重构的乌托邦后来又被进一步划分成"高级"形式与"低级"形式(多因·道森[Doyne Dawson],1992)。构建"低级"乌托邦的目的仅仅在于完善现存的政治形式:一个经典例子就是"混合"(krasis)理论,即主张一种混合政体,其要么是一种能适度调和少数公民(富裕阶层)利益和多数公民(贫困阶层)利益的类型(修昔底德,8.97.2,关于公元前411年雅典的"五千人体制"),要么是一种能够公平和谐地融合三种主要政体要素(一人统治、多人统治、所有人统治)的类型。所有持此类"混合理论"的理论家背后的现实目的,都是以某种方式巧妙地解决(或回避,或抢占先机)存在于希腊城邦中的精英公民与大众公民之间,尤其在公元前4～前2世纪间频繁发生的现实的阶级斗争(Fuks 1984)。

道森划分出的"高级"乌托邦则要激进得多,他提出了一种从根本上超越现存政治的理论。这个路径的经典例子就是柏拉图的《理想国》和《法律篇》,尽管以非常不同的方式,两者都源自斯巴达——或确切地说,斯巴达的"影子"、"传统"或"传奇"——所激发的社会重建的共同体主义(communalist)理念(Ollier 1933 – 1943;Rawson 1969;Tigerstedt 1965 – 78)。因此,正是斯巴达——或者说对真实的却又无人可知的斯巴达政体的各种理想化想象——才成为古希腊对乌托邦图景所有思考的源头和起点,就如现代传统始自摩尔一般(Africa 1979)。在这一章里,我将讨论斯巴达在公元前3世纪后半叶所经历过的一个历史片断,它不仅主要源自这种乌托邦式想象,还大大推进了这一想象。

## 斯巴达革命：实际与理论？

到了公元前3世纪，斯巴达只剩下过去辉煌自身的一个影子，既内忧外患又亟待重建，但依然沉浸在永恒不灭之神话中。最终，在日新月异的希腊化时代，斯巴达经历了一场激进的改革，而且不仅是一场政治改革，还是一场经济及社会的改革——正是在这样的意义上，传统的、广义的"革命"（Finely 1986）一词似乎是对公元前3世纪的斯巴达现实的恰当描述。而且有据可证，斯巴达革命至少是受到了一定的政治理论影响，尽管推动这场革命的主要因素，是日益分化赤贫的公民的每况愈下的物质状况。不管怎么说，正是处在公元前3世纪的革命环境中，古希腊的乌托邦理论才有机会付诸实践，贯彻者是君主亚基斯四世（Agis IV）和克莱门斯二世（Cleomenes II）。两人在宣传中都诉诸由斯巴达的立法之父莱克格斯所创下的先例，只不过这么做只是因循守旧的仪式主义而已。

如果真有一位名叫莱克格斯的斯巴达改革者的话（普鲁塔克的传记并未解决这个问题），那么他就应该生活在前理论时代。然而到了公元前3世纪中叶，希腊政治理论已经诞生了两个世纪，如果不是非要仅指土生土长的政治理论家的话，那么就连斯巴达这样的地方都产生了一批诸如远古的索斯比乌斯（Sosibius）这样的思想家和作家。形成鲜明对比的是，前希腊化时期的斯巴达人因自身的粗鄙而声名狼藉，而且亚里士多德（《政治学》，1338b12）也认为斯巴达强迫年轻人接受的国家教育会造就"兽"（thêriôdeis）性，这话并非全无道理。一些外部观察者（例如，伊索克拉底的《泛希腊盛会献词》[Panathenaicus]）甚至认为，斯巴达人全是未受过教育的；但是亚里士多德的"极少专注于文化"（hêkista philologoi,《修辞学》1389b）这一慎重的说法则更为贴切。一些具体证据表明（Cartledge 1978），许多斯巴达人至少还是受过一些实用性的读写教育的，而且当时有一对斯巴达精英（君主泡桑尼亚、提伯戎［Thibron］）还撰写了一些文本。此外，吕桑德为了推行本土的王制改革，据说还雇佣了外邦的修辞学家作为他的演讲起草人，在这方面——和在其他方面一样——他似乎是希腊化时代普遍做法的先驱。

在公元前3世纪革命期间的斯巴达，最配称得上哲学大师的人当属布鲁斯尼斯的斯法埃鲁斯（Sphaerus of Borysthenes［位于黑海］）。内奥米·米奇

## 第九章 人造乌托邦：斯巴达革命

森（Naomi Mitchison）完成于1933年的历史小说《玉米王和春天王后》非常生动地刻画了斯法埃鲁斯的形象，可惜缺少当时有力的证据，所以他在其他方面并不为人熟知，唉！不管他还做过什么，至少我们知道，他是一名斯多亚主义者。因此本章将重新审视一些历久弥新的普遍性问题，即理论与政治实践之间的关系，以及知识阶层在政治中所扮演的角色（Lilla 2001）的问题。另外，我也会专门重新思考斯法埃鲁斯在斯巴达革命中可能扮演的角色：这场与亚基斯四世以及尤其是克莱门斯三世有关的改革，到底有没有被理论思想——甚至可能是明确的哲学理论或学说（由斯法埃鲁斯引入斯巴达的）——充分地影响到呢？

任何对于亚基斯和克莱门斯改革的政治及社会意义的讨论都必须从普鲁塔克开始（他是关键的见证者，见第十章）。当这位多产的知识分子在公元100年前后的几十年里坐了下来，仔细思考该把哪些人物放进他的希腊罗马名人《比较合传》时，他恐怕很难忽视掉一对罗马贵族即格拉古（Gracchi）兄弟——提比略（Tiberius）和盖乌斯（Gaius）——的名望。他们都曾担任过护民官（分别于公元前133年，和公元前123~前122年），并都死于残酷血腥的内乱，他们因试图将必要的改革引入由极其保守顽固的元老院所把持的罗马共和政治系统而遭受惩罚。那么，普罗塔克会把哪两位希腊人——这俩人最好是一对兄弟，不过也可以是某种意义上的一对伙伴——与这对格拉古兄弟惊心动魄的一生进行有说服力的比较呢？他的回答简洁明了：斯巴达的亚基斯和克莱门斯。

普鲁塔克的类比实在难说是精确严密的。亚基斯和克莱门斯并非兄弟，不过他们至少在死后有了某些联系：克莱门斯娶了亚基斯的遗孀亚基埃提斯（Agiatis）。不像提比略和盖乌斯能顺改革之势被推选为罗马护民官，亚基斯和克莱门斯并非斯巴达人民的正式代表。他们是世袭君主，是欧里庞提德（Eurypontid）和亚基亚德（Agiad）王室的王位继承人，他们的统治大约分别从公元前244~前241年和从公元前236~前222年。尽管如此，在这两位斯巴达君主和两位罗马共和国的护民官之间还是有不少的共同点，而普鲁塔克明显不是第一个发现这些的人。这两位斯巴达人显然也支持一场激进的、事实上属于革命式的社会方案。他们试图利用手中的职权强力推行这个方案，而最后都在残酷的内乱中被杀，成了既定的权力基础的牺牲品。而且斯巴达的君权并非不受任何限制，用"职权"（arkhê, office）一词来描述可能更恰当，就如雅典的执政官职权一样。

那么，为什么亚基斯四世和克莱门斯三世会有这样的生死经历呢？显然，单靠普鲁塔克的合传可能不足以回答这样的复杂问题。首先，我们必须好好考察普鲁塔克的史料来源的性质，尤其是这些来源的可信度。公元前3世纪的雅典历史学家菲拉库斯是其资料的首要来源。可是，他的记叙又有多可靠呢？如果我们要相信菲拉库斯最猛烈的批评者波利比乌斯的话，那么我们就不得不说："根本不可靠。"

菲拉库斯被记载罗马崛起的那位伟大的阿卡迪亚历史学家［即波利比乌斯］当作历史写作的反面教材拎了出来。让波利比乌斯感到最糟糕的，似乎莫过于菲拉库斯的写作风格，他把写实性的历史写作混淆为虚构煽情的悲剧风格，犯有明显的硬伤。然而，在他们之间也有着意识观念上的深层次分歧。梅格洛波利斯的波利比乌斯（Polybius of Megalopolis）出生于一个精英贵族家庭，该家庭在公元前3世纪晚期和公元前2世纪早期控制着亚该亚联盟（Achaean League）。他还主张爱国主义可以证明在书写自己国家或城市的历史时的偏心是正当合理的。斯巴达的克莱门斯三世是亚该亚联盟的坚定敌人，而且在相当长的一段时间内都非常成功。事实上，早在公元前223年——波利比乌斯出生前的一个时代，他就已经极其野蛮地洗劫过这位历史学家的故乡城市。因此，波利比乌斯无法接受、并觉得有义务去推翻菲拉库斯笔下的克莱门斯那副非常正面的美好形象。

那么真相在哪里？很遗憾，普鲁塔克选择把菲拉库斯的文本不仅当作事实还当作解释的依据是明显有误的。我们最多可以说，我们当代的叙述不会和菲拉库斯、波利比乌斯和普鲁塔克所保留下来的相对未经添油加醋的事实有什么矛盾，而我们对这些事实的解释至少可以前后一贯地厘清斯巴达历史中最重要的也是最令人入迷的这一片断。

这段历史之所以会引起人们极大兴趣的另一个原因是，当时的女人所扮演的角色不仅非常突出，而且在政治上也至关重要，而这在整个古希腊（或罗马）历史中都很少见。一个世纪以前，亚里士多德就在《政治学》（1290b30－32）里写道："在斯巴达统治期间（公元前404～前371年），很多事情都被女人所控制。"公元前244～前221年之间，这个相当有争议的看法成为事实并不乏例证。我先前就已经提到克莱门斯三世娶了亚基斯四世的遗孀。普鲁塔克告诉我们这人就是亚基埃提斯，她迫切希望为其丈夫的被刺复仇，积极推行其丈夫为之牺牲的改革计划，并把她的第二任丈夫克莱门斯也引上了改革之路。另外，还有亚基斯的母亲和祖母——阿基西斯塔特（Agesistrata）和阿基达米亚（Archidamia），普鲁塔克肯定地称她们为"整个斯巴达最富有的人"（不仅包括女人，还包括男人），她们给了亚基斯无条

## 第九章 人造乌托邦：斯巴达革命

件的支持；最后也是最重要的一点，克莱门斯那位令人敬畏的母亲克罗忒西克雷亚（Cratesicleia），她将自己的儿子流放到托勒密三世（Ptolemy III）朝廷中作为人质，他后来在那儿的一场激烈血腥的派系之争（stasis）中被杀。

如前所述，派系之争在公元前3世纪就和在公元前5世纪及前4世纪发生的一样，继续肆虐希腊世界（Fuks 1984）。不同处在于，向来以有序善治（eunomia）——稳定性和一致性（homonoia）——闻名的斯巴达现在竟也和其他希腊城邦一样饱受派系之争的苦。和其他地方一样，导致斯巴达现状的根源在于土地财产的分配及所有权方面的极端且日益扩大的不平等，尽管一直以来就有流传说，在过去的很长一段时间内，斯巴达平均分配给所有公民土地。但事实从来就并非如此：和其他希腊城邦一样，斯巴达也一直存在着富人和穷人之分（Hodkinson 2000）。当一个斯巴达人无法向公餐（suskanion, sussition）提供法定最少份额的自然作物时，他就丧失了其作为完整公民的身份，并且沦为次等阶级（hupomeiones）的成员。这个过程看起来在公元前5世纪即将结束时急剧恶化，而且恶化一直延续了下去。

无论导致土地集中的具体机制是什么（关于这个问题，现代学者之间的分歧就和古代资料一样多），这个机制可能正是产生斯巴达寡头群体（oliganthrôpia）的主要原因——公元前400～前250年间，公民团体大约从3000人锐减至700人，而其中只有100人拥有实质性的土地所有权。正是在这样一个恶劣的处境中，亚基斯四世着手补救措施，到处宣传用以团结受压迫的希腊农民的口号：废除债务并重新分配土地。可想而知，除了一小拨他的亲戚以及受制于他的富人外，其余的斯巴达富人都联合起来反对这两项措施，并转投他主——李奥尼达斯二世（Leonidas II）组织反抗。亚基斯一开始能打回他们，结果李奥尼达斯遭流放，债务被免除，而klaria（地产抵押字据，来自于klaros一词，意思为一片土地）也被象征性地公开焚毁了。

不过，亚基斯的成功也就止步于此。在他还没来得及推行重新分配土地的计划时，他就在国外的科林斯地峡遭到了重挫，而且在折返斯巴达的途中，他和他的至亲都遭敌人杀害。改革的事业尽管在伦理上正当，又在实际上必要，还是不得不推迟近十五年。有点出人意料的是，当李奥尼达斯之子克莱门斯于公元前236年继承了亚基亚德的王位时，重启了改革。和亚基斯不同，克莱门斯意识到外交政策和内部事务一样重要，他通过一系列重大的对外军事胜利为内部改革铺路，最著名的就是与西锡安的阿拉托斯（Aratus of Sicyon）和由其控制的亚该亚联盟的战斗。公元前223年对梅格洛波利斯（前文提到的）的洗劫使得这项成功的事业达到了顶峰，这迎来了一个新时期,好像克莱门斯能够重振斯巴达,使其重返至在公元前 371 年以前一直享有的国际统治地位。

然而,克莱门斯不仅是一位精通军事的领袖,还是一位高效的国内改革者,甚至或许可以算作一名社会革命者。亚基斯曾提出过一项激进的土地重新分配方案:最终目标是:分划给斯巴达人 4500 块土地(单位为 lot)和珀里俄基人 15000 块土地(珀里俄基人是自由的拉科尼亚人[Laconian],他们生活在斯巴达国境之内的半自主社团里,不过不是斯巴达公民)。亚基斯除了提出这项土地改革外,没能向前更推行一步。但是克莱门斯在公元前 227 年开始执行一项类似规模的土地分配计划。而且,他的方案没有仅仅延伸至珀里俄基人,他还解放了大约 6000 余下的拉科尼亚希洛人(Laconian helots),他们是斯巴达的农奴,主要是农业劳工,他们以钱财换取了自由(manumission)。这些前希洛人(ex-helots)可能就因此成了一些土地的领主,而他们过去就是在这些土地上被迫从事劳动的。另外,纳入克莱门斯一揽子计划的还有他大量的外邦雇用兵,因为这些招募来的士兵构成了他军事改革的关键部分。克莱门斯依靠他们尝试把斯巴达破败不堪的军队提升至由安提柯的马其顿和托勒密的埃及所确立的希腊最高标准。

为了确保政治上的死敌无法阻挠或颠覆他的改革,克莱门斯先发制人,将他们统统杀光,随即又亲自控制住那些可能阻挠他的政治机构和组织。在任的监督官(Ephor)统统被杀,他建立新的"法律监管"(patronomos)之职以对抗元老院,甚至通过授予欧里庞提德(Eurypontid)的王座给他的兄弟尤克勒达斯(Eucleidas)来废除二元君主制。伴之而来的就是成功地塑造起了他在希腊化时代的现代君主形象,克莱门斯成为第一位把自己的头像印上了斯巴达的钱币的斯巴达国王(Palagia 2006:209)。克莱门斯的改革并不仅限于经济层面和政治层面,他还推进重要的社会改革,旨在恢复其所构想的"莱克格斯式"政体,从而能为所有潜在男性公民提供全面而统一的公共教育,以及为许多刚刚获得公民选举权的成年武士提供公餐式社群生活以及持续不断的训练。

然而,克莱门斯会不会不单是一位(激进的)改革者,而且还是一位社会革命家,并可能是一位受意识形态的甚至是哲学的影响和启发的革命者呢?两位斯多亚哲学学派的追随者——斯法埃鲁斯和珀耳塞斯——曾写过有关公元前三世纪斯巴达的著述这一事实至少表明存在斯多亚学派产生直接影响的可能性。另外,斯法埃鲁斯与克莱门斯之间为人所知的私交也极大增强了这种可能性。据传,当掌权的克莱门斯推行改革时,斯法埃鲁斯访问过斯巴达，而且在他们被颠覆之后，还同克莱门斯一齐逃离至埃及。作为一名著名的斯多亚哲学家，斯法埃鲁斯怀着罕见的实践关切去改变世界现状并设法在实践中贯彻斯多亚理想，他或许已经在克莱门斯身上看到了斯多亚"贤哲"的身影，并视其为自己理念的工具。

不管怎样，安德鲁·厄斯金近来（Andrew Erskine，1990：ch. 6）信心满满地极力认为，在克莱门斯实践的社会改革方案——尤其是有关教育系统复兴以及社群公餐——背后存在着斯法埃鲁斯的思想与灵感。我们或许还可以补充一点，斯法埃鲁斯可能看到了斯多亚学派的创建者芝诺提出的著名的斯巴达式乌托邦理论，才投身于斯巴达的实践中去的（Schofield 1999b）。这也与斯巴达自全盛时代——例如阿基西劳斯二世（Agesilaus II，大约公元前445~前360年）时期——以来所经历过的大规模社会变化并不矛盾，如果像克莱门斯这样有革新意识的君王确实曾受过哲学创新思想的启发的话。

然而在实践中，无论这些改革是怎么系统地事先规划好的，它们的有效期注定会很短暂，因为现实发展不是超过了克莱门斯的控制，就是超过了斯法埃鲁斯的控制。公元前222年，克莱门斯在塞拉西亚（Sellasia）被马其顿的安提戈涅斯三世（Antigonus III）一举击败；他的改革也随即被推翻，三年之后，流亡途中的他卑微地死于托勒密首都亚历山大港。就这样，一场不可复制的重大社会及政治实验彻底告终。

## 补充阅读6：'Graecia capta'（希腊的沦陷）

大约公元前200~前120年

波利比乌斯（大约公元前200~前120年）是希腊化时代中期主要的希腊历史学家。他是梅格洛波利斯——字面意思为"大型城邦"——的公民，该城建于公元前360年代早期，由四十个先前就已存在的共同体合并而成，这是斯巴达惨遭底比斯的羞辱之后形成的结果，而且还长期存在了下去。波利比乌斯成年后花了大量时间在为其城邦徒劳地寻求独立于亚盖亚联盟的道路，讽刺的是，他的努力终止于被强行押至罗马当人质以保证亚盖亚人举止规矩——这些亚盖亚人不惜一切代价试图从罗马对希腊半岛日益延长并加强的掌控下挣脱出来。罗马在公元前168年的彼得那（Pydna）一役中成功终结了安提柯王朝，然后经过了一代人的时间，又在亚盖亚战争中取得了一场胜利，而这场胜利意味着自公元前146年起，位于马其顿南部的希腊本土成了罗马的受保护国——除了名义，它在各方面都犹如罗马的一个行省。在公元前27年罗马帝王盖乌斯·尤利乌斯·凯撒（Gaius Julius Caesar，即"奥古斯都"，Augustus，在希腊文里是Sebastors，即"尊者"）的统治下，它终于被迫正式接受了这一身份和地位。

软禁中的波利比乌斯实际上"倒了戈"（改投罗马门下），为了表明自己是真心的，他写了一部总计四十卷亲罗马的希腊史向罗马表忠（其中大多数没保存下来）。在这部史书中，他提供了一种完全希腊式的说法，用于解释在他看来最不可思议、也是最值得解释的一个当时的世界历史现象：公元前220~前145年之间，罗马崛起成为环地中海世界的大多数地区的领主，从而成为希腊世界中绝大多数地区的领主。他的解释概括来说，就是罗马的共和政体（politeia）。波利比乌斯称其为"混合制"，因为它在一种创造性张力或平衡中包含了自公元前5世纪起就被希腊政治理论确立的三种基本体制形式的要素：一人治（君主制——不过共和罗马厌恶王权，每年有两位联合执政官）、多人治（贵族制—元老院）以及众人治（大众统治—公民大会）。

波利比乌斯确实用了整整一卷（卷六）的篇幅来描述和分析罗马共和政体的结构和功能，他作为一名希腊的外来人，可以通过一些他独有的私人关系——诸如比他年轻的西庇阿（Scipio）——获取相关知识。他把这番讨论巧妙地植入了有关公元前214年的叙述语境中，当时的罗马帝国遭受了有史以来最大的打击（迦太基的汉尼拔［Hannibal］在坎尼战役中战胜了罗马），一直到公元378年的哈德良堡战役（Battle of Adrianople）为止，罗马都再也没有遇上如此惨烈的战败。他的解释要点是，即使像坎尼战役这样巨大的失败也无法推翻罗马的政治系统。同一个混合式共和政体，不但能让罗马崛起伟大，而且还能使它成功地从坎尼一役的惨败中恢复过来，从而继续发展成更大更强的帝国。

更有争议的是——可能又是因为他彻底的希腊视角所致——波利比乌斯把罗马共和政体的民众要素解释为"民主"要素，并认为它强有力地推进了被另一种观点视为罗马历史"晚期共和"时代的发展（在"早期共和"［公元前509～前287年］以及"中期共和"［公元前287～前146年］之后）。尽管有一些现代支持者赞同这样的"民主"阐释（尤其是弗格斯·米拉［Fergus Millar］；例如在2002年），但事实上，共和政体是某种很有趣的贵族寡头政体，它掺杂着重要的民众——而非严格意义上的"民主"——要素。举个简单的例子，罗马人的公民权概念会在结构上把部分公民视为比其他公民更平等，而且这种概念从未发展出一人一票制这样典型的民主观念；它安排了各种集体投票系统，但财富和居所在其中扮演了明显的非民主作用。这样一种共和政治系统在公元前133年（提比略·格拉古［Tiberius Gracchus］在任时）和公元前49年（尤利乌斯·凯撒入侵意大利）之间土崩瓦解。强取豪夺的政治将军在忠诚老兵的支持下（这些老兵更忠诚于他们的将帅而非共和国本身）终于压垮了这个系统，而一再调整却仍然很不成熟——本质上还是城邦式——的罗马制度则已经无法再牵制住他了。

凯撒·奥古斯都从内战（公元前49～前31年）长期的腥风血雨中崛起，无论是在本土的对内统治方面（domi）还是在外扩帝国版图的军事方面（militiae）都成了赢家。他精心捏造的合法性不仅在他长期统治期间（公元前27～前14年），就连在他死后也没有被戳破——由他亲自杜撰的 Res Gestate（"事迹"）被镌刻于他那宏大的帝王陵墓外的青铜板上。他谎称自己只是一名"元首"（principes）或"首领"，而他所拥有的至高权威的独有地位是基于帝国臣民的普遍同意与拥护的。但残酷的真实情况是，他是 capo di capi（首领的首领）——爱德华·吉本（Edward Gibbon）尖锐地称其为"狡猾的暴君"，这名暴君表面上装模作样地服从元老院的决议，实际上却对这个本该作为最高统治权力的机构发号施令。在《奥古斯都传》（*Life of Augus-*

tus）末尾的精彩章节中，作者苏埃托尼乌斯（Suetonius，后来的哈德良［Hadrian］皇帝手下博学多闻的帝王侍从）揭了秘。奥古斯都在遗嘱中不仅明确指定了他的继任者（如果他真的仅仅是一名非正式的首领，那么这样的指定就明显是自相矛盾的），而且还非常冷淡地告知元老院，关于帝国财政及军事安排的内容可以询问他的一位被释放的奴隶。这些通常来自希腊的前奴隶们从法理上而言属于奥古斯都自己的私人家产（the *familia Caesaris*），事实上，即便在获得解放之后，他们也依然隶属于奥古斯都本人。这些帝王侍从实际上比任何一位元老院议员都要有权力，于是，当一个像克劳迪乌斯（Claudius，公元 41～54 年）这样软弱愚昧的人统治时，就会发生无休止的动乱。然而，所有早期的帝王都相当愚昧，而且不少已经疯狂。尼禄（Nero，公元 54～68 年）的自杀引发了一场全面的内战，而 68～69 年的这段时期正是众人皆知的"四帝之年"。

只有当以韦帕芗（Vespasian）为首的弗拉维家族（Flavian house）握有王权之时（公元 69～79 年），中央的稳定才会获得恢复；因为由奥古斯都成功建起并作为遗产留下来的，实际上是一个王朝君主政体。此外，正是由于处在韦帕芗——奥古斯都为数不多的相对有头脑的早期继任者之——的统治下，元老院才得以采取合情合理的手段，通过正式文书将凌驾于法律之上的皇帝地位从法理上确立下来。正如波利比乌斯是共和罗马崛起成为"世界"霸权方面的杰出历史学家，塔西佗（Tacitus）是"元首—王朝君主制"（principate–cum–dynastic monarchy）取代（更确切地说是毁灭）共和制方面的杰出历史学家。"有多少人"，塔西佗在写到那些见证奥古斯都葬礼（公元 14 年）的人时哀叹道，"亲眼见过共和政体呢！"塔西佗在追颂其过世的继父阿戈利柯拉（Agricola，不列颠［Britain］前总督）时乐观地宣称，只是到了涅尔瓦（Nerva）统治的时期（公元 96～98 年），一名罗马元老院议员所理解的那种"自由"才与元首制最终相结合。这是一种不稳定的、片面的自由，非常偏向皇帝一方。在塔西佗鼎盛期，即公元 1 世纪晚期和 2 世纪早期，他暗示，人们最多的以及最好的期望也就是希望当时的元首/君主或多或少都能服从一下法律。

这个观点是一位内部人的视角，塔西佗既是罗马元老会议员和帝国总督（塔西佗的最高职位是在富裕的亚细亚行省担任的，当时他处于元老会议员生涯的顶峰），同时也是一名"新"人（他是其家族中第一位进入元老院的人）。事实上，塔西佗祖上没人进入过元老院、自己又是外省人而非意大利人、更别说罗马人，已经从帝国的新政治安排中获取了巨大的利益。不过，

## 第九章 人造乌托邦：斯巴达革命

一个来自雅典行省的臣民——甚至是一个相对有点特权的人——又会给我们提供截然相反的外部人视角，我们最后要讲的就是这个个案。克罗尼亚（位于希腊中部的贝奥提亚）的普鲁塔克是比塔西托稍微年长一点的同时代人，并具有同样的文字抱负和才华，但他只是一个生于名不见经传的外省人，并且在那里度过了一生。他关于他所理解的政治可能性的专著不仅非常有启发性地引导我们回顾自荷马时代以来的希腊政治思想，还提供给我们一个能自上而下审视早期罗马帝国命运的非常有价值的视角。

# 第十章 政治学的终结？普鲁塔克的世界

公元 100 年前后

希腊政治思想（及理论）并没有随着公元前 3 世纪早期斯多亚学派的消失而消失。然而，继罗得岛的帕奈提乌（Panaetius of Rhodes，公元前 2 世纪）和阿帕玛的波西多尼（Poseidonius of Apama［位于塞琉西的叙利亚］，公元前 1 世纪）之后，思想接力的火炬稳稳地传到了罗马的巨人西塞罗手中。由于其绝佳的写作风格，他的作品被较完整地保存了下来，几乎原封不动地传到了我们的手上——除了他的《国家篇》（*De Re Publica*），略有讽刺的是，这部作品只留下了部分残篇。

实际上，西塞罗将色诺芬的《经济论》（*Oeconomoicus*）及其他一些希腊哲学作品翻译成了拉丁文，并以其他各种方式从希腊思想家那里获益，从而发展出了他自己的哲学——与罗马人的实用主义传统一致，他的哲学也势必与政治现实密切相关。譬如，在他写给提图斯·庞波尼乌斯（Titus Pomponius）——外号"阿提卡斯"（Atticus，"雅典人"），他既是西塞罗的朋友亦是他作品的发行人——的一封私人信件中，他轻蔑地提到了青年卡图（Cato the Young）——一个在各方面都令西塞罗敬佩的人，可能西塞罗还嫉妒他的为人耿直。西塞罗写道，卡图说话时就好像自己活在理想的乌托邦——柏拉图的理想国——里似的，但是他实际上却活在罗穆鲁斯（Romulus）的罪恶之城（字面意思是"垃圾"，*faex*，复数 *faeces*）里！相比亚里士多德，西塞罗甚至更多地将自己的哲学建立在对真实世界的感知上，而且可能我们还应感谢他的坚定不移，因为他以这种态度明确地把其个人的阶级利益视为整个罗马世界的道德福祉。他把作为政治共同体的国家视为一个以法律为基础的框架体系，它既有利于人类文明的进步，又可以对无序混乱进行控制。所以，西塞罗在一篇对 18 世纪启蒙时代具有深远影响的论作（*De Officiis*，《论责任》）中指出，国家之所以被发明，是为了保护私人财产的所有权，尤其是不动产，不管其分配会有多么严重的不平等或不公正。

罗马斯多亚学派赤裸裸地扭曲了最初的希腊斯多亚学派创建者的宗旨，从而迎合了精英统治阶级的物质利益——按古希腊的标准，这一阶级同时拥有巨额的地产和动产（参见 Duncan – Jones 1982：第一章，论年轻普林尼的巨额财产）。从道德上来说，斯多亚学派创始时对财富是"无所谓"（indifferent）的，而后来财富却神奇般地转变成了罗马人眼里的积极善。亚里士多德确实曾经论证过，一个人是不可能完全实践美德的，除非他拥有（相当）充足的物质财富——比如，充足到足够实践 *megalophrosunê*（magnanimity 慷慨）这一美德（这绝非不顾一切的无私给予以及给那些不幸的人提供基本的物质援助）。然而，亚里士多德从未把自己的思考局限在一个非但不支持、反倒敌视财富拥有的思想体系内。

普鲁塔克——眼下这最后主要一章的主题——横跨古代希腊世界和当代罗马世界。他于公元46年出生于克罗尼亚（Chaeronea）一座位于希腊中部距德尔斐不远的小镇或小村庄，他在那里担任一名忠诚虔心的祭司。然而，他也是一名罗马公民，有非常杰出的知识界朋友，他们与大城市有着各种联系。因此他同时继承了希腊与罗马的哲学传统，而且作为一名如饥似渴的读者和作家，在可想象的最大程度上，他在各方面都展示了自己从这一道统继承中受到的惠益。他的一些年轻时的作品，就像老话说的，很好地说明了"他是打哪儿来的"。

在《论希罗多德之恶意》（*On the Mean – spiritedness* [*or Malignity*] *of Herodotus*）中，他严厉地批评了这位伟大的希波战争史学家，因为他犯下了不少画蛇添足和遗漏的错误。就后者而言，有两处批评很显眼。比如，作为贝奥提亚的爱国者普鲁塔克会感到，希罗多德不公正地贬低了他的贝奥提亚同胞底比斯人。事实上，底比斯的统治精英已经公然地站在了波斯人这边，但是那些在温泉关在斯巴达的李奥尼达斯领导下作战的底比斯人是作为追求解放的希腊爱国者，而不是（像希罗多德所说的）作为不情愿的人质才这么做的。不过，这一对希罗多德偏狭心的批评比起把希罗多德滥骂成一个 *philobarbaros*（野蛮人的朋友，一个极具轻蔑口吻的词，就像今天的 wog – lover 或 nigger – lover [黑鬼的爱人] 一样），又要好得多。普鲁塔克用这个词所要指出的是，希罗多德故意淡化了波斯人和其他野蛮人的罪行，并夸大了他们的善行，这使人甚至可以怀疑他对希腊的爱国主义。可惜，普鲁塔克的批评并不到位，因为希罗多德其实从不掩饰斯巴达所领导的几个坚定爱国城邦对泛希腊主义的排斥。

# 第十章 政治学的终结？普鲁塔克的世界

普鲁塔克年轻时完成的另一部作品是由两篇标准演讲组成的文学修辞习作，其中他讨论了亚历山大大帝的 tychê（运气）。和希罗多德的写作一样，普鲁塔克也把重点放在了希腊历史上的一个危机时刻，即另一场决定普鲁塔克所继承的希腊文化传统是否得以存活下去的东西大对决。不过在这里，他毫不含糊地为亚历山大辩护，积极反驳了那些视亚历山大只不过是运气好——受到了难以捉摸的幸运女神的青睐——的看法。正如我们所见（见第八章），亚历山大远不止是一名实干的政治家和将军，他使得一场有关王权优劣的争论实实在在地（重新）成为关注的焦点，而这个问题自荷马以来就一直断断续续地进行着。然而，在庞贝和凯撒统治的罗马时代，亚历山大之名及其"大帝"头衔都变得有辟邪魔力了，而重要的罗马历史学家（最有名的要算李维[Livy]）和哲学家们都在争论，亚历山大到底能否算作一名军人哲学家。因此，普鲁塔克并不是仅仅在通过为亚历山大辩护来练习自己的文字力量。

普鲁塔克成熟期的主要作品可以分成有明显区别但又部分重叠且互相联系的两类。一类是他所写的传记——关于伟大的希腊人和罗马人的"平行合传"，其影响非常深远，甚至最终影响了一位对希腊文一窍不通的戏剧家——威廉·莎士比亚。另一类则是普鲁塔克写得较多的哲学文章，这些作品按传统以拉丁文统称为《道德论集》（Moralia）。Politika Parangelmata 就属后一类，它通常以拉丁文名被称为 Praecepta Rei Gerendae，即"治国箴言"（Precepts for Statecraft）或《对公共生活的建议》（Moralia 798a–825f）。

倘若他在一个半世纪前，即在凯撒跨过卢比孔河的公元前 49 年之前，就已经在写作，那么这些建议就完全可能是关于罗马共和国这样独特的体制下如何进行政治生活的准则。尽管一些现代观点会提出种种辩解，但是按任何一种意义上的希腊政治理论或实践标准来看，罗马共和国从来都不是一个民主政体。正如我们所知道的，现实情况是，希腊民主在希腊化时代的公元前 2 世纪期间就已经死了。绝非巧合的是，伴随民主之死而来的是罗马崛起成为希腊化时代的希腊世界的最高霸权。因为罗马共和国的统治者甚至从未对希腊民主理想表现出同情过，所以更甭提实践民主了；而且，无论走到哪里，他们都积极地扮演着反对或消灭民主的角色（de Ste. Croix 1983：386 以及 300–26 页和附录四）。一些像盖乌斯·格拉古（Gaius Gracchus）这样少数罗马激进政治家似乎还曾愿意诉诸希腊的民主观念，然而他们很快就遭到了野蛮的镇压，而这个系统本身却仍旧以僵化的非民主或反民主机制运转着；即便从外部看来最终权力依然在 populas 或 people 手中（这些人是罗马扩大的版图上成千上万名拥有罗马公民身份的人，数量远远多于亚里士多德所认为的运行城邦式民主的人数上限的 1 万人）。但是，真正的城市无产阶级——"罗马暴徒"——的存在（Brunt 1966）恰恰印证了大众（被希腊人称为 dêmos 的人）权力遭到了剥夺。其实，正是因为罗马共和国没有、也无法使自己民主化，才导致了它的最终瓦解。当尤利乌斯·凯撒跨过小卢比孔河发起内战的最后一轮袭击时，它轰然崩溃。

代替共和政体的是一种全新的君主政体，吉本（Gibbon）敏锐地指出，这是"一种披着共同体外衣的独裁政体"。自迈锡尼式、荷马式以及赫西俄德式的君主时代以来，君主政体以各种各样的形式渗透在希腊的政治历史和文化之中。距离最近的一个具体形式就是马克·安东尼在希腊领土上最后一个王朝，即埃及托勒密王朝作为王后克利欧佩特拉七世（Clepatra VII）的配偶所担任的准法老权位。然而，因为 rex（君主）这个头衔在罗马政治用语中是遭人厌恶的，所以奥古斯都聪明地把安东尼的君主主义用作攻击他的有力宣传武器。对他自己而言，尽管他实际上推行的就是君主政体，但他还是伪善地称自己仅仅只是重建了旧秩序。新的政体不仅被承认为"恢复的共和政体"，它还有一个新名称，即 principatus 或 chiefdom（元首政体）。公元 100 年左右，普鲁塔克的希腊读者们不得不去抗衡这一新的元首政体，或更确切地说，像他所教导的那样，不得不学着去适应这个新政体。

普鲁塔克是现在可能有点引人误解的所谓"第二智者时代"的显赫人物（那个时代从公元 1 世纪中叶延续到 3 世纪早期，产生了不计其数的思想及文学成就，它在观念上明显与前一个类似时代相类似——即在公元前 5 世纪中叶至前 4 世纪中叶发端于"智慧大厦"[柏拉图之语]的雅典的"智者时代"）。然而，普鲁塔克与当时由"罗马—希腊苏格拉底学派"所代表的主流伦理思想保持着一段很小（但很重要）的距离；和普鲁塔克的思想不同，他们特别关注"内在自我，而非任何作为公民的外部身份"（Whitmarsh 2004：154）。然而，普鲁塔克的思想在希腊政治思想的传统内至少可以追溯至普罗泰戈拉，他想要在这个被君主帝国权力所支配的美丽新世界里成为他同胞的导师及指引人。他基于可靠的友人消息来源而相信，罗马人会"非常渴望促进他们朋友的政治利益"（814c），所以对罗马人的朋友的利益有帮助的，乃是知道罗马人想要什么。

无须赘言，在臣属于罗马的各地希腊人之中，只有富裕阶层的人才配获得这样的友谊。据李维记载（34.31.17，遵循波利比乌斯的说法），公元前 195 年，斯巴达僭主纳比斯（Nabis）曾对罗马行省总督提图斯·昆克修斯·

## 第十章 政治学的终结？普鲁塔克的世界

弗拉米尼努斯（Titus Quinctius Flamininus）说过，罗马人的希望就是"让一部分人极为富裕，再让普罗大众向他们臣服"。表面上，普鲁塔克的《箴言》（*Praecepta*）是说给一位来自深受希腊文化影响的吕底亚城萨迪斯（Sardis）的有钱但低调（以梭伦为榜样）的年轻朋友听的。这部作品是普鲁塔克作为一名罗马公民所写，他作为贝奥提亚的克罗尼亚公民，为自己的希腊血统以及地方上的关系万分自豪，他在当地担任一些官职——这些工作与一些粗活相关，比如监督石头或水泥的运输，或瓦片的测量（811bc）。

一位比他年轻的同代人塔西佗（Tacitus，《编年史》[*Annals*] 4.32–3），因生活在元首政体下而失去记录伟大光荣的公共事迹（比如罗马共和国的成就）的机会而感到万分遗憾，于是普鲁塔克一开始就在想："如果我的城邦没遇上诸如领导战争、推翻专制或缔结联盟之类的伟大事务"（805ab），还有什么样的机会能让自己的史学生涯功成名就的呢？他的回答是，至少"还有一些公共诉讼和出使帝王之类的事务"，而这些事务恰恰需要一些有勇有谋有热血的人来完成。而且，个人依然有各种方式去履行古老悠久的希腊伦理义务——"帮助他的朋友们"（809a）。然而，当这位萨迪斯年轻人（普鲁塔克所寄语者）在他的家乡坐上地方行政官的位子时，让人不快的话就来了：因为现在

> 你必须对你自己说："[在家乡] 做官的你仍是 [罗马帝国的] 子民，你所管辖的城市是由行省总督，凯撒（大帝）的使者所控制的。"

在两处生动的描述中，普鲁塔克先是指出他年轻的萨迪斯友人在自己的头上看到了行省总督的靴子，然后建议他朋友做好自己分内的事，要像舞台上的演员那样不"违背权威人士的许可"而随意改变节奏和步法，要仔细跟着指挥。残酷的事实告诫我们，在过去，无法做到这点而背离常规的人会被放逐至荒岛，或者极端点的话，还会被立即处死。

普鲁塔克所理解的"背离常规"指什么，已经一目了然了。政客在民众面前蛊惑人心，这应该像瘟疫一样被预防。"对于祖宗的事迹、目的和行为的拙劣模仿"，或者就像当时的智者（他们反复提及马拉松的辉煌等等）那样对此加以鼓励，同样是应该被杜绝的。然而，对于有理想抱负的希腊地方政客而言，仅仅避免激怒他们的罗马上级是不够的；他们还应该去适当逢迎一下能提供帮助的罗马权贵人士。然而，这并不能以牺牲其共同体的利益为代

价:"当腿脚已经被束缚住时",他就不应该再把"枷锁套在脖子上"——就像那些无论大事还是小事都向罗马人卑躬屈膝的人那样。普鲁塔克在这里重新唤起了最古老的政治口号(这一口号可以至少追寻至公元前500年)——为自由而战。否则的话,希腊人的情况就并不会比奴隶们更好到哪里去,就会完全丧失自治权(814ef),而且使得自己的统治者成了主子(despotai;814f)。

在下一节主要部分中,普鲁塔克又转回来强调,必须避免古典时期希腊旧式的民众政治煽动。"政治家将不允许大众……没收任何他人财产,或分配公共基金。"(818cd)普鲁塔克有意识地唤起人们对希腊下层公民的古老口号的回忆,即免除债务、重新分配土地(见第九章),因为他接下去警告人们要避免党争(stasis)之恶。公元前338年,马其顿的腓力在他的科林斯联盟内就已明确宣布那三件事违法。为了达到这一目的,普鲁塔克嘱咐,公元100年左右的审慎的政治家应旨在达成和谐一致(homonoia)以及共同的友谊(philia)。除了强调审慎的政治家应保持理想般的谦和(praotês)之外,普鲁塔克的说法都仅仅是一种传统的保守政治而已,没有其他新的玩意。普鲁塔克甚至有勇气宣称,民众拥有的自由,若超过他们的罗马统治者所赋予的,将对他们造成伤害(824bc)。然而,最重要也是更准确的是,普鲁塔克反复指出了罗马帝国治下的希腊人所表现出的彻底的软弱无能,他们被困在一个"命运没有留给我们值得去追求的东西"(824def)的世界之中。

普鲁塔克之后大约过了一代,公元150年左右,一位希腊的专职演说家(rhêtôr,演说家,演说词撰写人,起诉人)发明了一种双关的说话方式(doublespeak)——也许是双重思考(doublethink)。来自土耳其西北部米西亚(Mysia)地区的哈德里亚诺色兰(Hadrianotherae)新城的普布利乌斯·艾留斯·亚里斯提德斯(Publius Aelius Aristides)——一个综合了希腊风格和罗马风格的名字——写道,罗马帝国系统是"在一人统治下的……一个完美的民主政体"(sp. 26.60, cf. 90)。然而,如果我们以为这番话是对dêmokratia这个神圣字眼的最后贬低的话,那么恐怕我们就错了。公元330年,罗马帝国被正式分成两部分,以说希腊语为主的东部地区和以说拉丁文为主的西部地区,这两部分一开始都由君士坦丁大帝(r. 312–337)统治,他对新罗马帝国(即现在的君士坦丁堡,曾被称为拜占庭)加以统治。到了拜占庭皇帝查士丁尼(Justinian, 527–565)统治时期,旧的罗马帝国甚至在意大利半岛上都已经不得不放弃首要的政治地位了,而此时的dêmokratia甚至被用来意指"暴乱"(riot)。就这样,民主的荣耀一去不复返了(Sic transit gloria democratiae)。

# 第十一章　希腊的遗产与今天的民主

> 民主是最差的一种政治制度，除了所有那些其他被实验过的政治制度之外。
>
> 　　　　　　　　　　温斯顿·丘吉尔［Winston Churchill］，
> 　　　　　　　　　　1947 年 11 月 11 日致下议院的演讲

> 我们生活在一个可以讨论任何话题的时代，但奇怪的是，唯有民主这个主题却无人问津。
>
> 　　　　若泽·萨拉马戈［José Saramago，1998 年诺贝尔奖获得者］，
> 　　　　　　　　　　刊于《世界报》的专访，2006 年 11 月 24 日

经过正题与反题的双面论证之后，除了合题之外还有什么呢？如果要说这册小书的写作有什么线索的话，那就是希腊城邦的不同性——或者更确切地说，是差异性（alterity, otherness）。无论古希腊的城邦及其政治是什么样的，他们所强调的都不是当今主流西方政治理论所理解的"自由"。试图在希腊政治中发现（哪怕是隐喻意义上的）"自由品性"的任何努力，最后都会陷入严重的错误（Havelock 1957；cf. Brunt 1993：389 - 94）；然而，这是否就必定意味着，古希腊的政治经验已经不再值得我们学习了呢？

阅读陷入忧郁的尼采会让人深切地体会到："在我们的文化与教育环境中，古典学家是**伟大的怀疑论者**"，因为"如果我们了解希腊文化的话，我们就会发现，这一切都已经再也找不到了"（Wir Philologen，引自 Williams 1993：171 n. 10；强调是原文中的）。然而，即便是尼采这样的怀疑论者，都没有完全否认在古代人与现代人之间的一切对话，尽管相比纯粹的话语交流，他更偏向于荷马式的激烈冲突场面。"只有当我们把自己的灵魂给了它们（早期的经典作品）时，它们才可以继续存在下去：正是**我们的鲜血才使**

得它们向**我们**开口说话。"（引自 Williams 1993：174 – 5 n. 36；强调是原文中的）。伯纳德·威廉姆斯（Bernard Williams）敏锐地评论道，从现代视角即强调权力而非道德的视角看，"我们需要一种建立在一整套连贯思维上的政治学，其关心的是，在现代社会中，权力应该以何种方式、在什么样的界限内运行，以及它的目的是什么"（10 – 11）。

虽然并非所有西方哲学都只是柏拉图的注脚，但是依然有充分理由相信，古希腊政治思想家和理论家仍旧可以教给我们许多东西。确实，当前正遭遇西方民主的合法性危机——这主要是因为，在形式上拥有统治权的全体选民与事实上不尽责的行政官员之间，存在着巨大鸿沟。在这种情况下，有越来越多的人坚信，希腊还是可以教给我们一些东西的，甚至是在民主自治的实践方面。讽刺的是，今天的我们貌似个个都是民主派；而关注西方政治未来的约翰·邓恩（John Dunn）在一篇对现代政治理论进行抽丝剥茧的短文中，对此评论道："如果今天的我们都是民主派，那么可以说，我们要去承担一个并不令人高兴的共同命运。今天，就政治方面来说，民主正是我们无法企及——又无法停止去追求——的东西。"（Dunn 1933：28；强调是原文中的。）

这显然过于悲观了。邓恩在理论上非常了解古希腊的政治制度，他正确地把握住了现代民主公式中两个至关重要的因素：民众参与的决策（既包括地方层面，也包括在国家或中央层面）以及公职人员对其声称的所代表的人应承担责任。而且，他正确地批评当前西方民主代议制政治的选举（"四年之久，当政一日"），这样的选举好像只是"给了一剂安慰剂——或者充其量也就是一场不伦不类的现代农神节"（Dunn 1993；17，28 n. 69；另外参见 Dunn 1992a；239 – 66）。然而，邓恩并非要求在中央层面建立强民主，而是认为，出于实际考虑，只可能在地方层面引入一些古希腊民主的要素。其他人则准备走得更远，尤其是那些把新技术视为潜在朋友而非威胁激进民主化过程的人（e.g. Chadwick 2006 and Mclean 1989）。

没有人会怀疑大众媒体的到来——尤其是渗透到投票者私人领域的电视影像的暗示——已经改变了我们的政治文化，而且这一切可能无法逆转。政客们不得不在风格上，而非在内容上做出更有效的改变，以便于利用这场传播革命。脱口秀助选和媒体面前的出镜曝光流行了起来，政客们对此的热衷态度一点不亚于对旧式的政党政治广播的态度。这一切难道一定是坏事吗？为什么不能进一步开发利用媒体——不仅仅是电视，还有家里或在公共场所的互动式电脑网络——从而在统治者与被统治者之间建立更真诚的对话呢？

为什么要把参与政治限于选举政治,或者仅仅是地方治理呢?为了同时满足那些处于最佳地位的公民和处于最差地位的公民的需求和共同成功,为什么不在技术可行的范围内尽可能地拓宽"审议职责"即思考并与他人讨论重要选择的最佳有效机会,从而确立所有人政治平等的认同与身份(见 Beitz 1991)呢?弗拉基米尔·列宁(Vladimir Lenin)喜欢把共产主义说成是最先进的电气化技术加最先进的民主(他自己所理解的民主)决策机制,即工农联盟的苏维埃政权;我们或许可以换个法子,把民主说成是大众传媒的总和加上所有公民的平等发言权?

我们立即可以想到一些反对或阻力,主要来自两个方面。第一个方面与教育相关,正如任何一个古希腊寡头都会反复告诉我们的那样:要使得这种强参与式民主切实可行,那么,"过去遭人鄙视的 dêmos"(民众。希罗多德的用语 [Herodotus, 5.69.2],指两千五百年前的克里斯提尼的支持者:第五章)必须被允许享受到最广泛的关键性教育的成果,这种教育不仅指向掌握技术手段,还指向道德目的(见 Euben, Wallach and Ober 1994)。大众媒体电子"投票"之类的东西现在已经成为电视媒体面前表现"真实"(物色新秀)的寻常事物。然而,没有这样的教育,这类"投票"无法转化成——或者说引导——一个更加光明的、有政治意义的未来。实践的困难必须要以哲学的方式进行讨论,因为哲学论证可能得出具备实践意义的结论。那么,当有错误发生的时候,至少这不会是由于对现实的完全无知或是在评价上毫无经验吧(关于商议民主,进一步讨论见 Gutmann and Thompson 2004)。

第二个方面与时间相关(需要循序渐进):参与性民主需要——或者说消耗——时间。早就有人一针见血地指出(Crick 1992:272),"自由的代价"是"必须永远投身政治"。如果要大量现代公民乐于承担这个代价,那么除了在社会大量财富的分配方面能够达到某些平等之外,民众的政治态度首先必须发生翻天覆地的变化。这个变化不仅仅是一些局部性的改变,而是对现场民主政治系统的重大结构性变更。

## 回到未来?

第三个障碍和历史相关。西方政治思想或理论的主流传统,自柏拉图以降,至少到 19 世纪末为止,一直是"反民主的"(Roberts 1994)。我在前面就已经简单提到过"民主"(这个词)的不幸命运(见第十章末尾)。从实际中看,罗得岛这一相对新建立的城邦(公元前 408 年)直到公元前 2 世纪确实一直是民主制的;但是在此之后,当这个词被使用的时候,通常对它最恰当的英文翻译都是 Republic(共和政体)。希腊化时代(公元前最后三个世纪)的主要哲学家多半都不强调政治了:公元前 300 年之后,这些学派自身几乎都已经停止去追问有关政治的问题了,这是合乎情理的。"当城邦在实践层面已经明显过时的时候",政治理论的发展就会超出城邦的相对狭窄的范畴(Brunt 1993:393;也参看 Walbank 1944)。虽然如此,还是有不少政治行动家(例如玻耳修斯[Persaeus])同时既是斯多亚学者和作家,而且有些斯多亚哲学家,比如斯法洛斯(Sphaeus),好像确实曾试图影响过实际事务的进程(第十章;见 Vatai 1984 and Erskine 1990)。

希腊化时代以及受希腊风格影响的罗马时代的政治哲学,提倡的是公民与共和,但是肯定不提倡民主。事实上,它的主流明显是君主主义式的,即使不是专制主义式的——尽管也还有一些零散(非经济的)平均主义倾向。另外,即便一些政治化程度更高的哲学派别,也共享着后柏拉图时代的普遍特征,将侧重点从公共的公民道德转向灵魂的私德。有一个显著的例子就是:斯多亚学派认为,每一个恶人都是奴隶。这个看法巧妙地瓦解了存在于奴隶与自由人之间的现实法律上的关键差异,并且成功消解了奴隶制一直以来对希腊公民自我意象的重要功能(见 Cartledge 1993 and de Ste. Croix 2004:347)。

各种形式的基督教的最终兴起,更强化了理论家专注于(现在假设是不朽的)灵魂,其主要表现在两个方面。第一,后世生活——在人们满怀希望的眼里就是永生——在这个多灾多难的尘世间开始变得比世俗生活更重要。非洲的基督教思想家德尔图良(Tertullian)问道,雅典和耶路撒冷有什么关系?第二,"凯撒的归凯撒"这句已经被归于耶稣的训诫,预示了教会与国家在制度上的分离,以及在第一位基督徒帝王君士坦丁的统治下教会的获胜(更确切地说,是受到特别支持的正统天主教派)。正如杰弗里·克罗伊(Geoffrey de Ste. Croix, 1983)所言,尽管基督教谈了许多有关个体与个体之间的关系,但是几乎没有涉及群体与群体之间的关系——唯一说的那点也没什么启发。

尽管如此,还是有一份 logacy——希腊政治的逻各斯遗产留了下来,从古代晚期的基督教经过中世纪早期的拜占庭,一直传到了文艺复兴时期的欧洲南部,尤其是在威尼斯共和国。这份遗产的传递与接受或多或少得到某些

## 第十一章 希腊的遗产与今天的民主

存在于中世纪城邦内断断续续的共和主义——威尼斯在此又占据最显著的地位——的帮助；不过这很难说源自深厚的希腊血统（Nelson 2005）。关于近代早期，有两种截然相反的观点占上风。一种观点认为，有一种公民共和主义传统，它始于马基雅维利，无论是在灵感还是在目的上，都或多或少地受着古代思想的影响，不过罗马的影响大于希腊（Nelson 2005）。而另一种观点认为，存在一种约翰·洛克所说的基于国家的自由共和主义，沿着这种共和主义往下追踪，或多或少都可以追至美国革命。后一潮流导向政治和公民领域的缩小或衰落，迎来了"社会"——尤其是经济/商业社会——的时代（Rahe 1992）。

两种传统都抛弃了最早从希罗多德那里继承来的三分法（3.80-2：君主政体、贵族政体、民主政体），因为对于十七/十八世纪的世界而言，这样的分类显然过时了。因此，孟德斯鸠的方案包括专制（tyranny）、立宪君主制（constitutional monarchy）和共和制（Rahe 1992：772），其象征着法国从路易十四的专制主义中浮现。更特别的是，孟德斯鸠还赞许发生在1688年的英国光荣革命（See Rahe 1992：1056 n.55，论边沁），但是最"进步的"思想家则偏好于非君主式——不过不是民主——政府的类型。英国裔的托马斯·潘恩（Tom Paine），既是美国革命也是法国革命的参与者与缔造者，他联合别人一起怒斥"嗜血的贵族制"。然而，有一个问题还是没有解决：到底什么样的政体可以代替它或专制主义呢？

正如经过反复摸索后由美国革命发现的那样，有一个答案认为是"代议制民主"和联邦主义的结合。这个理论主要是由汉密尔顿（Hamilton）提出（Rahe 1992：1049 n.9 – "民主"；1055 n.51 – 代议制；1056 n.55 – 汉密尔顿），而且正是他才明确抛弃了古典希腊的民主模式，并主张以现代美国联邦主义和代议制联合对抗"希腊式共和国"。另一个答案则由法国革命给出，即人权与公民权的发明；从其雅各宾派的"原民主"意义上而言，法国革命比美国革命更接近于古希腊的民主思考以及实践，但是在决定性的创造力和体制上，则二者之间存在着鸿沟。而且，法国模式不仅在政治实践方面受挫，而且在思想层面，不久也遭到贡斯当在"古代人自由与现代人自由"之间做出的令人信服的（即便在经验层面未必妥当）的区分的反驳（Constant 1819［1988］）。

"激进地"将"古代"从"现代"中区分出来的一个关键效果，就是使得"民主"原则上可以再一次被接受，不过由乔治·格罗特（George Grote）和约翰·斯图尔特·密尔主张的这个"激进"版本并不比温和的民主类型获得更多的偏好和支持，后者却使得国家与政党的统治更稳固，这种民主通过制度形式自 19 世纪中后期以来在大西洋两岸被确立了下来。古希腊民主实践的这种进一步——或者说是退一步——的衰落遭到了形形色色的历史学家和思想家的理论抵抗（e. g. Williams 1993），这些历史学家和思想家们要求看到希腊道德—政治理论的重大优点，真正高贵的优点，尤其是在当代道德政治理论不断基督教化的情况下。还有一些带着圣战理想主义情结的历史学家、哲学史家以及政治理论家们（Barber 1984），他们为了重新唤起疲惫不堪的现代"民主"，认为回顾希腊是有实践意义的。因此他们显示了对于"强民主"即建构的、参与式的民主的渴望、一种（包含了女人和其他少数族裔的）非排他性的、非先天性的契约式民主的渴望。

对他们而言，通过集体讨论的方式来解决主要的国家以及地方议题是一种必需，这与执迷于那些声称技术可以解决一切社会问题、只注重经济上快速有效却对道德与伦理置若罔闻的所谓"专家"理性格格不入。这并不是说高技术和民主在原则上不能并存：正如前面所言，这是一个文化和教育的问题。当前一本出版的小书倒可以非常切实地反映出这个时代的趋势，《人民的议会：伟大的英国革命的一份（改进过的）宏伟蓝图》（*A People's Parliament: A [Revised] Blueprint for a Very English Revolution*，Sutherland 2008）。

然而，作为现实主义者，我们必须有始有终，前后照应。在这个由男人主导的、规模较小的古希腊政治世界里，西蒙尼德（见第二章）能够自然精确地、尤其是一针见血地指出，"城邦教导人"——教导个人成为什么样的公民，以及如何成为这样的公民。那么在一个扩展开来的政治格局（前文已经描述）中，未来的公民，当然，不仅包括男人还包括女人，将不得不被教会如何成为一个不同类型的政治动物，而他们也将更适应一种多少有点世界性民主政治意味的新生态环境。

# 年 表

（如果没有特别注明，所有时期均表示公元前【BCE，before the Common Era】；很多时期都是近似的，尤其是公元前500年以前）

**1600–1100　晚期青铜时代**
1300　迈锡尼（处于晚期青铜时代的希腊）王朝的巅峰期
1184　特洛伊的沦陷（传说的）
1100　迈锡尼霸权时代的终结

**1100–800　黑暗时代**
1000　往东至爱奥尼亚及小亚细亚的大迁徙，
975　勒夫坎狄（Lefkandi）的"英雄"葬礼
950/900　斯巴达王朝的开始（系谱表有调整）
775　开始往西至南意大利的大迁徙
735　开始往西至西西里的大迁徙

**759–550　古风时代**
? 700　荷马
700–670　斯巴达政治改革（'rh^etra'，莱克格斯）
660　最早的阿波罗石庙，科林斯
650　阿尔齐洛科斯，提尔泰奥斯
640　科林斯、西锡安、麦加拉的僭主制
600　萨福、阿尔凯乐斯
594　梭伦
585　泰勒斯的鼎盛期（*Floruit*）

570　克利斯提尼诞生

570–550　米利都的阿那克西曼德、阿那克西曼尼

559　居鲁士二世创建波斯帝国

545　僭主庇西特拉图统治雅典

540（–522）　波利克拉底治下的萨默斯僭主制

525　（来自萨默斯的）毕达哥拉斯在南意大利积极参与政治

522（–486）　波斯的大流士一世

520（–468）　抒情诗人西蒙尼德活跃期

510　雅典僭主希庇亚斯的倒台

508/7　民主在雅典：克里斯提尼的革命

## 500–323　古典时代

500　以弗所的赫拉克利特，米利都的赫卡泰俄斯

499（–499）　爱奥尼亚起义

? 493　伯里克利的诞生

490　马拉松战役

486（–465）　波斯的薛西斯

? 484　希罗多德和普罗泰戈拉的诞生

480　薛西斯的入侵：温泉关战役、萨拉米斯战役

479　普拉提亚、麦卡利战役

478　提洛联盟形成

475–450　现存最早的政治理论

472　埃斯库罗斯的《波斯人》

469　苏格拉底与德谟克利特的诞生（大约时间）

463　锡拉库扎的民主

462/1　厄菲阿尔特与伯里克利的民主改革

460（–445）　"第一次"伯罗奔尼撒战争

? 460　修昔底德的诞生

447（–432）　帕特农神庙的建造

440–439　萨摩斯的起义

430s　普罗泰戈拉、阿那克萨哥拉到访雅典

431（–404）　伯罗奔尼撒战争

429　伯里克利去世

427　高尔吉亚访问雅典；柏拉图、色诺芬的诞生

? 425　希罗多德的《历史》（*Histories*）问世

? 420　伊巴密浓达的诞生

411　寡头在雅典第一次发起反革命

410　民主在雅典恢复

405（-367）　锡拉库扎的狄奥尼索斯一世治下的僭主制

404　斯巴达（协同波斯）在伯罗奔尼撒战争中击败雅典

404/3　雅典的三十僭主集团

403　民主在雅典的恢复；大赦

401/0　波斯的王位争夺者、年轻的居鲁士雇了"一万"希腊雇佣兵

? 400　修昔底德去世

399　审判苏格拉底以及苏格拉底之死

395（-386）　科林斯战争：斯巴达（伙同波斯）击败希腊联盟

387　柏拉图访问锡拉库扎

386　君主和约（也被称为"安塔西达斯"和约，Peace of Antalcidas）

? 385　柏拉图在雅典建立学园

384　亚里士多德和德摩斯梯尼（Demosthenes）出生

379/8　底比斯从斯巴达手中获得解放

378　贝奥提亚联邦（民主）的重建，第二次雅典海上联盟的建立

377（-353）　卡里亚统治者的摩梭拉斯（Mausolus Satrap of Caria）

371　留克特拉（Leuctra）战役

369　梅赛尼亚的建立

368　梅格洛波利斯的建立

367　狄奥尼索斯一世之死；柏拉图二次到访锡拉库扎

362　曼提尼亚战役；伊巴密浓达去世

359　马其顿的腓力二世登位

357（-355）　社会战争：雅典被盟军击败

356　亚历山大的诞生

356（-346）　第三次圣战

353-351　哈利卡纳苏斯的陵墓

347　柏拉图去世

343　亚里士多德在米耶撒（Mieza）授业亚历山大

338　克罗尼亚战役（Chaeronea）；科林斯同盟的建立

336　腓力二世遇刺，亚历山大登位

? 335　亚里士多德在雅典创建吕克昂学派（Lyceum，写作《政治学》）（330s/320s）

334　亚历山大开始征战亚细亚

331　亚历山大建立亚历山大城（埃及）；高加米拉战役（Gaugamela）

327　卡利斯提尼去世

324　放逐令

323　亚历山大大帝去世

323（–281）　继任者的战争

323/2　拉米亚战争（Lamian War）

**323（–30）　希腊化时代**

322　德摩斯梯尼、亚里士多德去世，雅典民主终结；泰奥弗拉斯托斯接任亚里士多德的吕克昂学园。

316　奥林匹亚斯去世

309（–265）　斯巴达的阿瑞乌斯一世（Areus I）

305　安提戈涅斯、托勒密一世和赛琉西一世成为"君主"

301　伊普苏斯战役：安提戈尼王国、托勒密王国以及塞琉西王国

300　托勒密一世在亚历山大城建立博物馆与图书馆；芝诺在雅典建立"斯多亚"学派

290　埃托利亚同盟

281　库鲁佩迪安（Corupedium）战役；塞琉西接管小亚细亚

280　亚盖亚联盟

**287–146　罗马共和国中期**

267（–262）　克雷莫尼迪恩战争（Chremonidean War）

244–241　斯巴达的亚基斯四世

235–222　斯巴达的克莱门斯三世

? 235　斯法埃鲁斯劝谏克莱门斯

196　弗拉米尼努斯宣布希腊"解放"

167（–150）　波利比乌斯作为人质留在意大利

## 146—27　罗马共和国晚期

146　亚盖亚战争（Achaean War）：希腊惨败于罗马，科林斯遭劫

133，121　提比略·格拉古和盖乌斯·格拉古遭杀

106　西塞罗诞生

55（-43）　西塞罗的政治理论

49　内战

44　尤里乌斯·凯撒遭杀

31　亚克兴角（Actium）战役：屋大维（后被叫做奥古斯都）击败马克·安东尼

30　安东尼和克里欧佩特拉去世：罗马彻底吞并希腊化的希腊世界

## 27BCE—CE330　罗马帝国时代

27　奥古斯都建立元首制，希腊成为罗马帝国的行省

CE14　奥古斯都去世

? 46　普鲁塔克的出生

60（-230）　"第二次智者运动"

68　尼禄之死

70　对韦斯巴芗帝王权力的立法（Law on Imperial Power of Vespasian）

? 120　普鲁塔克去世

307（-337）　君士坦丁的统治时期（唯一皇帝时期：324-337）

## 330—1453　拜占庭时期

330　君士坦丁堡奠基

391　亚历山大城图书馆遭毁

393　奥林匹克运动会中止

476　西罗马帝国终结

529　查士丁尼大帝（Emperor Justinian）关闭雅典学园

1204　君士坦丁堡遭劫（第四次十字军东征）

1397　古典希腊文学习从君士坦丁堡往西传至意大利

1453　君士坦丁堡败于征服者苏丹·穆罕默德二世（Sultan Mehmet II）

## 1453—　后拜占庭/文艺复兴时代以及现代

1494（-1515）　阿尔杜斯·马努提乌斯（Aldus Manutius）在威尼斯

出版古典文本的印刷版

    1891    （？亚里士多德的）《雅典体制》的第一个现代版本

    2000    《剑桥希腊和罗马政治思想史》的出版（eds. C. J. Rowe 和 M. Schofield）

    2005    哥本哈根城邦中心的《古风时代及古典时代的城邦一览》出版（eds. M. H. Hansen 和 T. H. Nielsen）

# 附录1　选段及文献

**1.1　Elis 的律法，公元前 6 世纪（翻译：DILLON AND GARLAND 1994：307，NO.10.29，译文有微调）**

［第一块石板已经遗失］

如果他在宗教圣地犯了通奸罪［？］，他就应当接受惩罚，他必须献祭一头牛并举行洁净仪式，官员（thearos）犯罪亦不例外。如果有任何人作出的判决有悖于成文［法］，那这样的判决将会无效，最终的判决将依照民众的特瑞拉公约（Rhetra）的原则。任何成文内容都可以进行修改——如果对于神（宙斯）而言，那样的修改会看起来更好的话。修改可以在整个五百人议事会和全体公民大会成员的授权下进行，既可以撤销，也可以补充。变更可以进行三次，或补充或撤销。

**1.2　选自希罗多德（3.80－2）"波斯人之争"**

"欧塔涅斯"的发言（3.80）：

我以为，最好在我们之中没有人会在将来成为统治者，因为这既不快活，也没什么好处［……］。一人统治怎么可能会好呢，当某位统治者的行事原则可以仅按其个人意愿，而又无须承担任何责任时，那该怎么办？即便是最好的人，一旦坐上了那个位子，他也会变得面目全非。因为他所拥有的特权助长了他的傲慢，而嫉妒则在一开始就会被植入他的内心；一旦有了这两样东西，他就会做出一切恶事；他之所以做出这么多恶事，有些是由于无节制的傲慢，有些则是出于嫉妒……然而，在他的臣民面前，他会表现出全然不同的两面。他一边嫉妒那些高贵的人以及他们的生活，同时又取悦那些最卑贱的人，而且他还会比任何人都更加听信谗言。此外，他又是最无常的人。如果你对他仅表现出适度的尊敬,他就会表现出不快,认为你没有竭尽所能地表达出你的敬意,但如果你真竭尽表现出你的奉承,他又会嫌你是一个巧言令色之徒。最重要的一点是,他会僭越祖上传下来的惯例,奸淫妇女,还会不经审判就任意把人处死。

然而,多人统治则相反,首先它拥有最好的名声——即法律面前的人人平等(isonomia)。其次,大众不会做出只有君主才会干出的勾当。官职通过抽签来决定,所有的官员有义务为他们的行为承担责任。最后,一切需经商议的事务都要经由公民大会的同意。

因此,我的意思是,我们废掉君主制并增加民众的权力,因为一切事情都将取决于多数人。

**1.3 取自"有关僭主政体的雅典法律",公元前 337/6 年,(见 Arnaoutoglou 1998: 75 - 7, no. 65)**

[前言省略]

如果有任何人为了建立僭主政体而发起叛乱,无论他是在协助还是颠覆了民主政体,亦或是推翻了雅典人民的体制(constitution),不管是谁杀了他都无须抵罪;一旦民主在雅典被废除,阿瑞帕格斯法院的议员们将不再被允许前往阿瑞帕格斯山,不再被允许聚坐于法院中为任何事务做出决定;当民主在雅典被废除时,如果还有阿瑞帕格斯的成员前往阿瑞帕格斯山,无论他是参与会议还是做决定,他都将被剥夺公民的权利,他自己以及他的子嗣都无法免遭惩罚,而他的财产将会被充公,其中的一部分则将归属于女神……

[关于这项法律的铭刻的条款省略]

# 附录2 精读"老寡头"

就和其作品本身一样，其约定俗成的英文标题（这要归功于 Gilbert Murray）也是别具一格。这篇流传下来的作品被错误地认为是出自色诺芬之手，尽管其行文确实属于阿提卡的方言（雅典方言），但是写作风格并非色诺芬式的。可能在古代，它和其它有关雅典政制（*politeia*）的作品一样，都被赋予了同一个标题，但是这明显会产生不小的误导，因为无论是从方法上还是从内容上来看，它都明显区别于亚里士多德完成于公元前330年的《雅典政制》（*Athenaion Politeia*）。事实上，其差别是如此明显，以至于它被当作是一篇 *epideixis* 的作品，即纯粹展现修辞技艺的作品。其亮点有二，一来是因为其是对公元前五世纪中期西西里修辞学家所作的修辞作品的最早发现以及整理汇编，二来是其字里行间里的小聪明展现了原初哲学中的诡辩逻辑，而这种逻辑则完全得名于与修辞学家相关的运动，这些修辞学家被统统——同时也是被轻蔑——地称为智者（Sophist），首字母用大写的"S"。自公元前五世纪中叶起，这些智者就开始在雅典以及希腊世界的其它地方崭露头角（见第六章）。

本文没有太多篇幅去深入探讨有关类型和目的的问题，但是《"老寡头"》在我看来，正如我相信的，应当是作为一部严肃的实际政治手册而写就的。它的内容有时是支持民主的，但主要还是反民主的，作为一本如此类型的小册子文献，它是一个先例。这种文体出现在公元前五世纪的第三季，并且伴随着公元前411年爆发于雅典的"四百人"寡头反革命而达到鼎盛（Cartledge, 2008, ch.2）。出于各种各样的理由，既有基于文本本身的理由，又有基于当时环境的理由，我认为，这篇文本最有可能完成于公元前420年代中期，而在同一时期，（并非偶然的是，）主要的寡头理论家以及政治家安提丰（Antiphon）出于煽动和宣传的目的，开始"出版"他在法庭上的演说（见 Cartledge, 1990）。这个时间点可能使其成为现存最早的安提卡直叙文（prose）——并因此就很有趣。然而，碰巧的是，里面还充斥着各种其它令人感兴趣的东西，尤其是对寡头政治理论相当粗糙且自相矛盾的实践应用。而我们不确定的是，作者本人是否是"年老的"；我则倾向于认为，他更有可能是相对年轻并涉世未深的。不过，他必定是一名寡头——即使可能是一名有着罕见的灵活性且重实效的寡头。约西亚·奥伯（1998）在仔细考察"民主雅典的政治异议者"时，非常合理地把这篇作品作为他的研究起点，但是作者本人的写作却充斥着自相矛盾，他拼凑出一篇"最烂的"体制，自以为这是对雅典公民而言最好的，然而在表面上，他既否定了民主从外部被颠覆的可能，又否定了其从内部获得改革的可能。

他这部小篇幅作品所主张的，概括起来就是，民主并不是绝对的好，但是在雅典并且对雅典而言，民主又是有重要意义的，因为它使得雅典免遭冲击（无论是来自内部的冲击还是来自外部的冲击）。当需要技能时，雅典人就任用精英阶层，但是普通大众领取报酬参政，而且他们可以出于自己的利益偏好来做最终决定。雅典人有着非同一般的世界性，他们允许奴隶和外邦人（metics）享有最大的自由，从而换取他们在经济上提供的服务。雅典人对内通过法定强制的苛捐杂税来控制精英阶层，而对于其外部盟友的控制，他们不仅利用在统治盟友时所发挥出的海军技能，而且还利用通过雅典公民法庭来没收他们资产的手段。雅典的海军实力以及其地理位置，使得其能够强行向外部施加自己的意愿，从而不仅可以获得其它地方的丰富资源，而且还可以肆无忌惮地突袭它国领土，而自身却免遭此类风险。当民主政体使普通大众免除自身应承担的责任时，它就会把责任推卸给精英个体。而这些责任都是那些在民主政体中扮演积极角色的精英所应当承受的。民主缺乏效率，而更好的体制（constitutions）也存在，但是在不危及整个民主系统的前提下，做什么都无济于事。另外，民主制下的雅典人剥夺少数公民的公民权利，所以自身并不会陷入被这些人颠覆的隐患中。

据考证，希罗多德之后（事实上，也可能是希罗多德之前），老寡头是最早使用 *dêmokratia* 这个抽象名词的作者。我们很容易就会忽视或低估其中的意义。若将其与希罗多德的"波斯人之争"中的支持民主及反对民主的辩论相比，我们会有很大的收获。*Dêmokratia* 一词在这里可以被分解成 *Dêmo* 和 *kratia* 两部分来解读。*Dêmo* 通常指的是多数人、群众，又名为暴民、无知者（据推测有这个意思）、愚蠢的人、没教养的人、反复无常的穷人，而正是他们组成了雅典公民主体中的大多数，他们既是理论上存在的主体，也是在一切实际的决策会议——要么是公民大会，要么是法院庭审——中扮演具体角色的人。作者自始至终的主要观点，在一开始就说得很明确，即民主绝对是一样坏东西，但是民主在雅典是有意义的，无论是对于民众（dêmo, mob）自身——他们行使统治权（kratos）不仅为了自己，而且还为了反对少数精英的"优秀者"——专门利己的狭隘利益而言，还是对于雅典城邦而言均如此。尽管民主有着内在的道德缺陷，但是由于暴民恰好在军舰上也是暴民，所以民主政体可以在海外运用其强大的力量：也就是说，正是由 dêmos 提供的大量桨手，为军舰的开启提供了动力，从而使得雅典能够对外部盟友发挥其 arkhê，即帝国权或霸权，而这些盟友事实上也只不过是他们的附庸而已。

通过另一个角度来看作者的观点，我们可以假设（对我来说，这个假设很有说服力），作者是基于雅典之外的视角来写作的（要么是如实的写作，要么是隐喻的写作），他尤其专注于那些同盟的附庸者，因为他们和作者本人有着相同的寡头倾向以及态度，但是不一样之处在于，他们遭受了来自雅典帝国的压迫，而无法利用雅典帝国在经济上、政治上、以及心理上所提供的优势。

## 延伸阅读

很幸运，我能够利用由罗宾·奥斯本（Robin Osborne, 2004）所完成的这个极好的版本，除了翻译，还有介绍以及评论。在我最初写这篇附录的时候，又读到了另一篇由薇薇安·格雷（Vivienne Gray, 2007）所作的非常有用的新评论：49 - 48（introd.），187 - 210（comm.）。另外请参阅 Ober 1994, 1998。

# 文献综述

## 本书的定位

过去的作品有两种类型。第一种类型是像 Ampolo（1997）、Finley（1983）或 Vatai（1984）的作品，在这些作品中，对于政治思想及理论的讨论是隐含地或附属地存在于政治制度的分析中。而另一种类型，是像 Sinclair（1951）这样的作品，其仍旧是一种标准式的教科书（比如，雅典大学就在用），或者就是像 Coleman（2000）的作品中的第一卷那样的，作为一种非常晦涩的哲学写作，但是和真实的希腊政治世界中的政治发展缺乏逻辑关系。本书的定位就是介于这两种类型之间。就研究定位而非路径而言，可以参照 Balot（2006）的作品；另外也可参看 Camassa（2007）的作品（其涉及的"形式"可谓全面，而且把有关阿戈斯、科林斯以及锡拉库扎的内容放进了有关斯巴达和雅典的章节里）。至于我的研究路径，倒可以和 Wood 和 Wood（1978）或 Ober（1989）的作品进行对照。

## 叙述史

没有一卷历史非常完整地包含了整段希腊历史，即从史前晚期起，一直到罗马帝国早期的所有内容，尽管 Freeman（2004）列了一个不错的清单，将古代地中海各文明放入了一个真正存在着互动的环境中来思考。Cartledge（1997a）的作品或许可以算作一份不错的概要，以及一部非常有用的指南（非常详尽）。最好的专题系列则分别是由 Oswyn Murray 以及 Fergus MIllar 所编的，其中的大多数相关卷章分别是 Murray（1993）、Osborne（1996）以及

Hornblower（2002）所作。另外也可参见《布莱克维尔古代世界史》（Blackwell History of the Ancient World）中的 Rhodes（2006）和 Hall（2007）内容。关于断断续续的希腊化时期，除了 Walbank（1992）的作品，我还推荐 Shipley（2000）、Erskine（2003）和 Bugh（2006）；也可参看 Cartledge（1997a）。

### 第一章　语境中的含义：如何撰写一部希腊政治思想史

关于政治理论的"不可或缺性"：MacIntyre 1983；另见 Miller 和 Siedentop（1983）；Pocock（1962）（1980）。关于当代政治理论：Ball、Farr 和 Hanson（1989）；Beck（1991）；Richter（1980）（1986）；Skinner（1985）；Waldron（1989）。关于"剑桥学派"——由 P. Laslett、W. G. Runciman、J. Pocock、Q. Skinne、G. Geuss、J. Dunn、Tuck 及他们的后继者组成——的研究路径，除了由以上这些人完成或编辑的作品外，还有 Ball、Farr 和 Hanson（1989）、Tully（1988），以及最新的 Brett 和 Tully（2006）的作品（除了一些出色的贡献外，还包括了 Richad Tuck 所作的出色尝试，他保留了早期 Thomas Hobbes 关于"民主"的讨论）。关于如何撰写一部古风时代（大约公元前 700 至 500 年）的政治思想史，参见 Cartledge（1998）。我也会以一些方法论的评述作为我的"相对的平等"（1996b）的开头，并且尝试提供一份有关平等研究的比较完整的材料整理（比如 Beitz 1991；但是要注意，在过去四十年里，光在英语世界里关于这个主题的出版物，书就超过了两百本，而文章则更多）。关于古代的平等观念，尤其要参看 Harvey（1965）以及 Raaflaub 和 Wllace（2007）。关于古希腊自由：Cartledge 和 Edge（2009）；Mulgan（1984）；Patterson（1991）；Raaflaub（1983）（1985）（1990 – 1991）；Rosen 和 Sluiter（2004）；Saxenhouse（2006）；Wllace（1994）。

### 第二章　城邦、政治和政治维度——希腊人的发明

希腊"城邦、政治以及"政治的事务"的性质：Cartledge（1996c）（2000a）；Ampolo（1997）为延伸阅读，还有 Balot（2006）、Berent（1994）（1996）（2000）以及（2004）——作品是对于 Hansen（2002））的回应、Detienne（1988）、Ehrenberg（1969）、Farrar（1988）、Finley（1981）（1985）、Hansen（1983）（2006）、Murray 和 Price（1990）、Rahe（1984）、Rhodes（1994）、Runciman（1990）和 Sakellariou（1989）。关于作为"理性之城"的希腊城：Murray（1990）（1991）。关于城邦的详细目录：Hansen 和 Nielsen（2005）；另见 Hansen（2006）。作为"政制"（qua "constitution"）

的 politeia：Bordes（1982）。宗教：Bruit Zaidman 和 Schmitt Pantel（1992）；Connor（1988）、Parker（1996）（2005，雅典宗教）；de Polignac（1995a）（1995b）；Price（1999）；Sourvinou - Inwood（1988）（1990）。

## 第三章 一人统治：荷马的政治学 大约公元前 759 年

原始资料集 Gagain 和 Woodruff（1995）；学术集 Latacz（1991）；另见 Calhoun（1934）——这是较早的一部尝试从政治角度分析 Homer 的作品，Carlier（1991）——从迈锡尼时代到希腊古风时代的政治决策的全面考察，Greenhalgh（1972）——讨论爱国主义，以及 Schofield（1986）——慎思（euboulia）。Finley（1978）、Hammer（2002）、Haubold（2000）、Morris（1986）、Raaflaub（1991）（1993），Scully（1990）以及 Snodgrass（1974）的作品为荷马的"世界"提供了截然不同的视角；另见 Dickinson 所作的一针见血的评论：尤其是 248 - 51 页。Hesiod：Clay（2003）。

## 第四章 多人统治：梭伦的政治学 大约公元前 600 年

一些最新的重要作品：Blok 和 Lardinois（2006）、Irwin（2005）、Lewis（2006）、de Ste. Croix（2004）：第一至第三章（最初的版本可追至 1960 年代）以及 Wallace（2007）；令参见 Anhalt（1993）、Larsen（1949），de Ste. Croix（2004：73 - 5）——关于投票计数，Loraux（1988）、Oliva（1988）和 Vlastos（1946）。作为神秘的民主之父的梭伦：Hansen（1989a）。古分时代的立法：Eder 1986；Gagarin（1986）以及 Gagarin 和 Ho̎lkeskamp（1990）；Gehrke 和 Wirbelauer（1994）；Ho̎lkeskamp（1992）（1993）（1994）（1995）（1999）；Szegedy - Maszak（1978）。关于同期的斯巴达：Cartledge（1980）。

## 第五章 所有人统治：雅典革命 大约公元前 500 年

政治背景：Andrewes（1982）；Forrest 1966；Lavelle 1993；McGlew 1993。智识/意识形态背景：Detienne（1965）；Donlan（1970）；Dougherty 和 Kurke（1993）；Gagarin 和 Woodruff（1995）——原始资料；Griffiths（1995）；Lloyd（1979）；Meier（1986）（1990）；Morris（1996）；Raaflaub（2000）；Raaflaub 和 Mu̎ller - Luckner（1993）；Vernant（1957）（1965）。关于克里斯提尼，我在 Cartledge（2008）的第一章里已提供了完整的书目；尤其要参见 Anderson 2003；Le've? que 和 Vidal - Naquet（1996）、Manville（1990）、

Ober（1993）　　（2007）、Ostwald（1969）　　（1988）和 Raaflaub（1995）（2007）。早期关于民主的意识形态：Brock（1991）、Vlastos（1964）。早期民主：Hedrick 和 Ober（1993）。关于亚里士多德（没有论及）的政治革命：Yack 1993：209 - 41，尤其是 239 - 41；关于古代的"革命"：Finley（1986）；Meier（1984）。

### 第六章　人类的尺度：希腊人发明的政治理论　大约公元前 500 ~ 前 400 年

Farrar（1988）是最基本的，尤其是关于普罗泰戈拉的部分；另外，关于德谟克利特的要参看 Cole（1967）、Euben（1986a）（1986b）——尤其要留心（1986a）、关于原始材料的 Gagarin 和 Woodruff（1995）、Goldhill（2000）、Griffith（1995）、Henderson（1998）、Meier（1993）、Miralles（1996）、关于寡头政体的 Ostwald（2000）、关于希罗多德的"波斯人的辩论"的 Pelling（2002）、Rafflaub（1988a）（1988b）（1989）（1992）、Schubert（1993）、Stanton（1973）、Thompson（1996）、关于德谟克利特的 Vlastos（1945 - 1946）和 Winton（2000）。关于智者：也参见 Gibert（2003）、Kerferd（1981）、Ostwald（2005）和 Poulakos（1995）。

### 第七章　苏格拉底的审判　公元前 339 年

关于苏格拉底的书目可谓不计其数：Ahbel - Rappe 和 Kamtekar（2006），以及 Prior（1996）对于现代研究路径来说都是非常重要的参考；另见 Cartledge（2008）第三章，其中引述了一些我自己过往的观点。古代资源：Giannantoni（1971）。现代的反应：Lane（2001）。其它值得阅读的作品，尤其要留意以下这些：Allen（1996）、关于收费教育的 Blank（1985）、Brickhouse 和 Smith（1995）　　（2002）、Burnyeat（1997）、Cataldi（2005）、Connor（1991）、Desire'e 和 Smith（2005）、Euben（1997）、Finley（1977）、关于"引入新神"的 Garland（1992）、Giordano - Zecharya（2005）、Gower 和 Stokes（1992）、Hansen（1995）、Irwin（1989）、Kraut（1984）、Lenfant（2002）——同时可对照参看 Dover（1976）、McPherran（1996）（2002）、Muir（1985）、Nichols（1987）、Ober（2000）、Ostwald（1999）、Stone（1988）——与 Todd（1989）同时参看、Villa（2001）、Vlastos（1983）（1991）、Winiarczyk（1990）、Winton（2000）、Yunis（1988）和 Zuckert（2004）。Burkert（1985）：第七章可能夸大了宗教"危机"在整个希腊世界

的普遍性。

**第八章 重新考察一人统治：色诺芬、柏拉图、伊索克拉底、亚里士多德以及亚历山大大帝的政治 大约公元前 400～前 330 年**

色诺芬：Azoulay（2006）——内容也有涉及伊索克拉底；Waterfield（2005）；Gray（2007）除了对于伪作《"老寡头"》外，也对一些基本的作品作出了非常有益的分析评论。柏拉图：Schofield（2006）是对于柏拉图政治哲学的最好的新著。伊索克拉底：Azoulay（2006）——也有涉及色诺芬的内容；在141页，他非常敏锐地写道："意识形态上来看，领导者成为了核心，而 Politeia 就是以这样的核心组织起来的（les chefs deviennent le pivot autour duquel s'organise la politeia'）"；Too（1995）。亚里士多德：Cartledge（2002），另见 Fuks（1984）、关于 stasis（党争）的 Gehrke（1985）、Nippel（1980）、de Ste. Croix（1983）、关于混合政体的 Von Fritz（1984）、Walbank（1969）以及 Yack（1993）：第八章（209-41，阶级冲突以及混合性政权"，另外该作品还有一份附录，内容是关于为何亚里士多德缺少了"政治革命"的范畴）。关于贝奥提亚的联邦主义，参见 Cartledge（2000b）。关于阿格西劳斯：Cartledge（1987）即是一部有关爱琴海的希腊的通史，也是对于斯巴达王（阿格西劳斯二世）的专题研究——从伯罗奔尼撒战役到公元前360年。关于亚历山大的遗产：Stoneman（2003）。

**第九章 人造乌托邦：斯巴达革命 公元前 244～前 221 年**

关于乌托邦，可对照参看：Claeys 和 Sargent（1999）；Schaer、Claeys 和 Sargent（2000），尤其是 Sargent）（2000）。乌托邦思想，古希腊：Carteledge（1987：414-16）； （1996a）；Dawson（1992），同时可参看 Schofield（1998）；Dubois（2006）；Finley（1967）；Giannini（1967）；Hansen（2005）；Schofield（2006：第五章，关于柏拉图）。希腊化时代的普遍环境：Fuks（1984）；另见 Brown（19995）、Martinez Lacy（2005）和关于波利比乌斯的 Walbank（1957）。斯巴达的政治、社会以及经济环境：Cartledge 和 Spawforth（2002：第四章）；Hod-kinson（2000）（2005）；Moss e'（1991）；Oliva（1971）；Shimron（1972）。作为立法者的莱克格斯的传说：Szegedy-Maszak（1978）。关于斯巴达皇室的肖像：Palagia（2006）。斯巴达的传说：Hodkinson（2005）；Ollier（1993-1943）；Rawson（1969）；Tigerstedt（1965-1978）；另见关于摩尔的乌托邦的 Africa（1979）。关于斯多亚主义和政治：

Brunt（1993：210 - 33，"关于迪奥·赫里索斯托姆和斯多亚派的社会思想的方方面面"，最初版于 1978）；Schofield（1999b）——内容涉及希腊化时代的政治中的斯多亚主义、斯巴达式的理想城邦的支持者芝诺。斯法埃鲁斯：Erskine（1990：第六章）；以及 Green（1994）；另见 Martinez Lacy（2003）、Schofield（1999a：42 页）以及 Scholz（1998：369 页，对于斯法埃鲁斯以及其他斯多亚主义者与希腊化君主之间关系的亲密性作了解释）。犬儒主义：Moles（1995）。古代"革命"：Finley（1986）；Meier（1984）。

### 第十章 政治学的终结？普鲁塔克的世界 公元 100 年前后

罗马共和国：关于暴民政治的 Brunt（1966）；值得留心的 Millar 2002。早期帝国：Hahn（1989）；Walbank（1944）。全方位的普鲁塔克：Lamberton（2001）；作为伦理学家的普鲁塔克：Pelling（2002：尤其是第十章，"在普鲁塔克名人传中的道德主义"，最初版于 1995）；Whitmarsh（2004）。政治—文化背景：Stadter 和 van der Stockt（2002，一部涵盖面很广的合集）；Swain（1996）。

### 第十一章 希腊的遗产与今天的民主

反民主的西方传统——自公元前的古代希腊到二十世纪的结束：Roberts（1994）。民主的复兴：Barber（1984）；Cartledge 和 Edge（2009）；Chadwick（2006）；Duncan（1983）；Dunn（1992a）（1992b）（1993）（2006）；Euben、Wallach 和 Ober（1994）；Finley（1985）；Hansen（1989b）；Lieber（1994）、比较重要的 Nippel（1994b）；Lilla（2001）、McLean（1989）；Nippel（1994a）；Ober 和 Hedrick（1996）；Rahe（1992）；原始材料 Stüwe 和 Weber（2004）；Vidal - Naquet（1990）；Vidal - Naquet 和 Loraux（1990）；West（2004）。关于抽签：Dowlen（2008）。关于议会制/代议制民主：Manin（1997：第一章，"直接民主和代表制：雅典的官员选拔）；Sutherland（2008）。

# 参考文献

Africa, T. W. (1979) 'Thomas More and the Spartan mirage', *Historical Reflections/Réflexions historiques* 6: 343–52.
Ahbel-Rappe, S., and R. Kamtekar (eds.) (2006) *A Companion to Socrates*. Oxford.
Allen, R. E. (1996) 'The trial of Socrates: a study in the morality of the criminal process', in W. J. Prior (ed.) *Socrates: Critical Assessments*, vol. II, *Issues Arising from the Trial of Socrates*. London and New York: 1–14.
Ampolo, C. (1997) *La Politica in Grecia*, 2nd edn. Milan.
Anderson, G. (2003) *The Athenian Experiment: Building an Imagined Political Community in Ancient Attica, 508–490 BC*. Chicago.
Andrewes, A. (1982) 'The growth of the Athenian state' and 'The tyranny of Pisistratus', in J. Boardman, I. E. S. Edwards, E. Sollberger and N. G. L. Hammond (eds.) *The Cambridge Ancient History*, vol. III, *The Assyrian and Babylonian Empires and Other States of the Near East, from the Eighth to the Sixth Centuries BC*, 2nd edn. Cambridge: 360–391, 392–416.
Anhalt, E. K. (1993) *Solon the Singer: Politics and Poetics*. Lanham, MD.
Arendt, H. (1958) *The Human Condition: A Study of the Central Dilemmas Facing Modern Man*. Chicago and Garden City, NY.
Arnaoutoglou, I. (1998) *Ancient Greek Laws: A Sourcebook*. London and New York.
Aron, R. (1972) *Progress and Disillusion: The Dialectics of Modern Society*. Harmondsworth.
Azoulay, V. (2004) *Xénophon et les grâces du pouvoir: De la charis au charisme*. Paris.
  (2006) 'Isocrate, Xénophon et le politique transfiguré', *Revue des Etudes Anciennes* 108: 133–53.
Ball, T., J. Farr and R. L. Hanson (eds.) (1989) *Political Innovation and Conceptual Change*. Cambridge.
Balot, R. (2006) *Greek Political Thought*. Malden, MA, and Oxford.
Barber, B. (1984) *Strong Democracy: Participatory Politics for a New Age*. Berkeley and Los Angeles [repr. with new preface 2004].
Beck, U. (1995) *Ecological Politics in an Age of Risk*. Oxford.
Beitz, C. (1991) *Political Equality: An Essay in Democratic Theory*. Princeton, NJ.
Berent, M. (1994) 'Stateless polis', unpublished PhD dissertation, University of Cambridge.
  (1996) 'Hobbes and the "Greek tongues"', *History of Political Thought* 17: 36–59.

(2000) 'Anthropology and the Classics: war, violence and the stateless *polis*', *Classical Quarterly* new series 50: 257–89.

(2004) 'In search of the Greek state: rejoinder to M. H. Hansen', *Polis* 21: 107–46.

Blank, D. L. (1985) 'Socratics versus Sophists on payment for teaching', *Classical Antiquity* 4: 1–24 (testimonia, 25–49).

Blok, J., and A. Lardinois (eds.) (2006) *Solon of Athens: New Historical and Philological Approaches*. Leiden.

Bordes, J. (1982) *Politeia dans la pensée grecque des origines jusqu'à Aristote*. Paris.

Brett, A., and J. Tully (eds.) (2006) *Rethinking the Foundations of Modern Political Thought*. Cambridge.

Brickhouse, T. C., and N. D. Smith (1995) *Plato's Socrates*. New York and Oxford.

(2002) *The Trial and Execution of Socrates: Sources and Controversies*. New York.

Brock, R. (1991) 'The emergence of democratic ideology', *Historia* 40: 161–9.

Brown, B. R. (1995) *Royal Portraits in Sculpture and Coins: Pyrrhos and the Successors of Alexander the Great*. New York.

Bruit Zaidman, L., and P. Schmitt Pantel (1992) *Religion in the Ancient Greek City* (ed. and trans. P. A. Cartledge). Cambridge [repr. with add. bibl. 1997] [French original 1989].

Brunt, P. A. (1966) 'The Roman mob', *Past and Present* 35: 3–22.

(1993) *Studies in Greek History and Thought*. Oxford.

Bugh, G. R. (ed.) (2006) *Cambridge Companion to the Hellenistic World*. Cambridge.

Buitron-Oliver, D. (ed.) (1993) *The Greek Miracle: Classical Sculpture from the Dawn of Democracy, the Fifth Century BC*. Washington, DC.

Burkert, W. (1985) *Greek Religion: Archaic and Classical*. Oxford [German original 1977].

Burnyeat, M. F. (1997) 'The impiety of Socrates', *Ancient Philosophy* 17: 1–12.

Calhoun, G. M. (1934) 'Classes and masses in Homer, I–II', *Classical Philology* 29: 192–208, 301–16.

Camassa, G. (2007) *Forme della vita politica dei Greci in età arcaica e classica*. Bologna.

Campbell, D. A. (ed.) (1991) *Greek Lyric*, vol. III: *Stesichorus, Ibycus, Simonides and Others*. Cambridge, MA.

Carlier, P. (1991) 'La procédure de décision politique du monde mycénien à l'époque archaïque', in D. Musti (ed.) *La transizione del miceneo all'alto arcaismo*. Rome: 85–95.

Cartledge, P. A. (1978) 'Literacy in the Spartan oligarchy', *Journal of Hellenic Studies* 98: 25–37 [rev. repr. in P. A. Cartledge (2001) *Spartan Reflections*. London and Berkeley, CA: ch. 4].

(1980) 'The peculiar position of Sparta in the development of the Greek city-state', *Proceedings of the Royal Irish Academy* 51: 91–108 [rev. repr. in P. A. Cartledge (2001) *Spartan Reflections*. London and Berkeley, CA: ch. 3].

(1985) 'Rebels and *sambos* in classical Greece: a comparative view', in P. A. Cartledge and F. D. Harvey (eds.) *Crux: Essays Presented to G. E. M. de Ste.

*Croix on His 75th Birthday*. Exeter and London: 16–46 [rev. repr. in P. A. Cartledge (2001) *Spartan Reflections*. London and Berkeley, CA: ch. 10].

(1987) *Agesilaos and the Crisis of Sparta*. London and Baltimore.

(1990) 'Herodotus and "the Other": a meditation on empire', *Echos du Monde Classique/Classical Views* 9: 27–40 [Greek translation in A. Melista and G. Sotiropoulou (eds.) (2005) *Herodotos: Dekatessara Meletimata*. Athens].

(1993) '"Like a worm i' the bud"? A heterology of classical Greek slavery', *Greece and Rome* 40: 163–80.

(1996a) 'Utopie et critique de la politique', in J. Brunschwig and G. E. R. Lloyd (eds.) *Le Savoir grec: Dictionnaire critique*. Paris: 200–17 [repr. in English as 'Utopia and the critique of politics', in J. Brunschwig and G. E. R. Lloyd (eds.) (2000) *Greek Thought: A Guide to Classical Knowledge*. Cambridge, MA, and London: 163–79].

(1996b) 'Comparatively equal', in J. Ober and C. W. Hedrick (eds.) *Demokratia: A Conversation on Democracies, Ancient and Modern*. Princeton, NJ: 175–85 [rev. repr. in P. A. Cartledge (2001) *Spartan Reflections*. London and Berkeley, CA: ch. 6].

(1996c) 'La politica', in S. Settis (ed.) *I Greci: Storia-Cultura-Arte-Società*, vol. I, *Noi e I Greci*. Rome: 38–75.

(ed.) (1997a) *The Cambridge Illustrated History of Ancient Greece*. Cambridge [corr. repr. 2002].

(1997b) '"Deep plays": theatre as process in Athenian civic life', in P. E. Easterling (ed.) *The Cambridge Companion to Greek Tragedy*. Cambridge: 3–35.

(1997c) 'Introduction', in P. A. Cartledge, P. Garnsey and E. Gruen (eds.) *Hellenistic Constructs: Essays in Culture, History, and Historiography*. Berkeley, CA: 1–19.

(1998) 'Writing the history of Archaic Greek political thought', in N. Fisher and H. van Wees (eds.) *Archaic Greece: New Approaches and New Evidence*. Swansea and London: 379–99.

(2000a) 'The historical context', in C. Rowe and M. Schofield (eds.) *The Cambridge History of Greek and Roman Political Thought*. Cambridge: 11–22.

(2000b) 'Boeotian swine f(or)ever? The Boeotian superstate, 395 BCE', in P. Flensted-Jensen, T. H. Nielsen and L. Rubinstein (eds.) *Polis and Politics: Studies in Ancient Greek History*. Copenhagen: 397–418.

(2002) *The Greeks: A Portrait of Self and Others*, 2nd edn. Oxford.

(2003) 'Raising hell? The helot mirage – a personal re-view', in N. Luraghi and S. E. Alcock (eds.) *Helots and Their Masters in Laconia and Messenia: Histories, Ideologies, Structures*. Washington, DC: 12–30.

(2007) 'Democracy, origins of: contribution to a debate', in K. A. Raaflaub, J. Ober and R. Wallace (eds.) *Origins of Democracy in Ancient Greece: Interpretations and Controversies*. Berkeley, CA, and London: 155–69.

(2008) *Eine Trilogie über die Demokratie*. Stuttgart.

Cartledge, P. A., and M. Edge (2009) '"Rights", individuals, and communities in ancient Greece', in R. Balot (ed.) *A Companion to Greek and Roman Political Thought*. Oxford: ch. 10.

Cartledge, P. A., and A. Spawforth (2002) *Hellenistic and Roman Sparta: A Tale of Two Cities*, rev. edn. London and New York.
Castriota, D. (1992) *Myth, Ethos and Actuality: Official Art in Fifth-century B. C. Athens*. Madison, WI.
Cataldi, S. (2005) 'Filosofi e politici nell'Atene del V secolo a.C.', in L. Breglia and M. Lupi (eds.) *Da Elea a Samo: Filosofi e politici di fronte all'impero ateniese*. Naples: 95–150.
Chadwick, A. (2006) *Internet Politics: States, Citizens, and New Communication Technologies*. Oxford.
Claeys, G., and L. T. Sargent (eds.) (1999) *The Utopia Reader*. London.
Clay, J. S. (2003) *Hesiod's Cosmos*. Cambridge.
Cole, A. T. (1967) *Democritus and the Sources of Greek Anthropology*. Cleveland, OH.
Coleman, J. (2000) *A History of Political Thought from Ancient Greece to Early Christianity* (2 vols.). Oxford.
Connor, W. R. (1988) '"Sacred" and "secular": *Hiera kai Hosia* and the classical Athenian concept of the state', *Ancient Society* 19: 161–88.
  (1991) 'The other 399: religion and the trial of Socrates', in M. A. Flower and M. Toher (eds.) *Georgica: Greek Studies in Honour of G. L. Cawkwell*. London: 49–56.
Constant, B. (1819 [1988]) 'The liberty of the ancients compared to that of the moderns', in B. Fontana (ed. and trans.) *Constant: Political Writings*. Cambridge: 308–28.
Crick, B. (1992) *In Defence of Politics*, 4th edn. London.
Dawson, D. (1992) *Cities of the Gods: Communist Utopias in Greek Thought*. New York.
De Polignac, F. (1995a) *Cults, Territory, and the Origins of the Greek City-state*, 2nd edn. Chicago.
  (1995b) 'Repenser la "cité"? Rituels et société en Grèce archaïque', in M. H. Hansen and K. A. Raaflaub (eds.) *Studies in the Ancient Greek Polis*. Stuttgart: 7–19.
De Ste. Croix, G. E. M. (1983) *The Class Struggle in the Ancient Greek World: From the Archaic Age to the Arab Conquests*, rev. impr. London and Ithaca, NY.
  (2004) (eds. D. Harvey and R. Parker) *Athenian Democratic Origins: And Other Essays*. Oxford.
Desirée, P., and N. D. Smith (eds.) (2005) *Socrates' Divine Sign: Religion, Practice, and Value in Socratic Philosophy*. Kelowna, BC.
Detienne, M. (1965) 'En Grèce archaïque: géométrie, politique et société', *Annales: Economies, Sociétés, Civilisations* 20: 425–41.
  (1988) 'L'espace de la publicité, ses opérateurs intellectuels dans la cité', in M. Detienne (ed.) *Les savoirs de l'écriture en Grèce ancienne*. Lille: 29–81.
  (2007) *The Greeks and Us: A Comparative Anthropology of Ancient Greece*. Cambridge [French original 2005].

Dickinson, O. T. P. K. (2006) *The Aegean from Bronze Age to Iron Age*. London and New York.
Dillon, M., and L. Garland (1994) *Ancient Greece: Social and Historical Documents from Archaic Times to the Death of Socrates*. London and New York.
Donlan, W. (1970) 'Changes and shifts in the meaning of *demos* in the literature of the archaic period', *Parola del Passato* 135: 391–5 [repr. in W. Donlan (1999) *The Aristocratic Ideal in Ancient Greece: Attitudes of Superiority from Homer to the End of the Fifth Century BC*. Wauconda, IL: 225–36].
Dougherty, C., and L. Kurke (eds.) (1993) *Cultural Poetics in Archaic Greece: Cult, Performance, Politics*. New York.
Dover, K. J. (1976) 'The freedom of the intellectual in Greek society', *Talanta* 7: 24–54 [repr. in K. J. Dover (1987) *The Greeks and Their Legacy: Collected Papers*, vol. II, *Prose Literature, History, Society, Transmission, Influence*. Oxford: 135–58].
Dowlen, O. (2008) *The Political Potential of Sortition: A Study of the Random Selection of Citizens for Public Office*. Exeter and Charlottesville, VA.
Dreher, M. (trans.) (1993) *Aristoteles: Der Staat der Athener*. Stuttgart.
DuBois, P. (2006) 'The history of the impossible: ancient utopia', *Classical Philology* 101: 1–14.
Ducat, J. (2006) *Spartan Education: Youth and Society in Classical Sparta*. Swansea.
Duncan, G. (ed.) (1983) *Democratic Theory and Practice*. Cambridge.
Duncan-Jones, R. P. (1982) *The Economy of the Roman Empire: Quantitative Studies*, 2nd edn. Cambridge.
Dunn, J. (ed.) (1992a) *Democracy: The Unfinished Journey 508 BC to AD 1993*. Oxford.
  (1992b) 'Democracy: the politics of making, defending and exemplifying community: Europe 1992', in J. Dunn (ed.) *Democracy: The Unfinished Journey 508 BC to AD 1993*. Oxford: ch. 11.
  (1993) *Western Political Theory in the Face of the Future*, 2nd edn. Cambridge.
  (2006) *Democracy: A History*. New York.
Eder, W. (1986) 'The political significance of the codification of law in archaic societies: an unconventional hypothesis', in K. A. Raaflaub (ed.) *Social Struggles in Archaic Rome: New Perspectives on the Conflict of the Orders*. Berkeley, CA: 262–300.
Ehrenberg, V. (1969) *The Greek State*, 2nd edn. London.
Erskine, A. W. (1990) *The Hellenistic Stoa: Political Thought and Action*. London and Ithaca, NY.
  (ed.) (2003) *Blackwell Companion to the Hellenistic World*. Oxford.
Euben, J. P. (1986a) 'The battle of Salamis and the origins of political theory', *Political Theory* 14: 359–90.
  (ed.) (1986b) *Greek Tragedy and Political Theory*. Berkeley, CA, and London.
  (1997) *Corrupting Youth: Political Education, Democratic Culture, and Political Theory*. Princeton, NJ.
Euben, J. P., J. R. Wallach and J. Ober (eds.) (1994) *Athenian Political Thought and the Reconstruction of American Democracy*. Princeton, NJ.

Farenga, V. (2006) *Citizen and Self in Ancient Greece: Individuals Performing Justice and the Law.* Cambridge.

Farrar, C. (1988) *The Origins of Democratic Thinking: The Invention of Politics in Classical Athens.* Cambridge.

Finley, M. I. (1967) 'Utopianism ancient and modern', in K. H. Wolff and B. Moore (eds.) *The Critical Spirit: Essays in Honor of Herbert Marcuse.* Boston: ch. 1 [repr. in M. I. Finley (1975) *The Use and Abuse of History.* London: ch. 11].

(1971) *The Ancestral Constitution.* Cambridge [rev. repr. in M. I. Finley *The Use and Abuse of History.* London: 34–59.

(1975) *The Use and Abuse of History.* London.

(1977) 'Socrates and Athens', in M. I. Finley *Aspects of Antiquity,* rev. edn. Harmondsworth: ch. 7.

(1978) *The World of Odysseus,* 2nd edn. London.

(1981) 'Politics', in M. I. Finley (ed.) *The Legacy of Greece: A New Appraisal.* Cambridge: 22–36.

(1983) *Politics in the Ancient World.* Cambridge.

(1985) *Democracy Ancient and Modern,* 2nd edn. London.

(1986) 'Revolution in antiquity', in R. Porter and M. Teich (eds.) *Revolution in History.* Cambridge: 47–60.

Fisher, N. R. E. (1992) *Hybris: A Study in the Values of Honour and Shame in Ancient Greece.* Warminster.

Forrest, W. G. (1966) *The Emergence of Greek Democracy.* London.

Freeman, C. (2004) *Egypt, Greece and Rome: Civilizations of the Ancient Mediterranean,* 2nd edn. Oxford.

Fuks, A. (1984) *Social Conflict in Ancient Greece.* Jerusalem and Leiden.

Gagarin, M. (1986) *Early Greek Law.* Berkeley, CA, Los Angeles and London.

Gagarin, M., and P. Woodruff (eds.) (1995) *Early Greek Political Thought from Homer to the Sophists.* Cambridge.

Garland, R. (1992) *Introducing New Gods.* London.

Garnsey, P. (1996) *Ideas of Slavery from Aristotle to Augustine.* Cambridge.

Gehrke, H.-J. (1985) *Stasis: Untersuchungen zu den inneren Kriegen in den griechischen Staaten des 5. und 4. Jh.s v. Chr.* Munich.

(1993) 'Gesetz und Konflikt: Überlegungen zur frühen Polis', in J. Bleicken and K. Bringmann (eds.) *Colloquium aus Anlass des 80. Geburtstages von A. Heuss.* Kallmünz, Germany: 49–67.

Gehrke, H.-J., and E. Wirbelauer (eds.) (1994) *Rechtskodifizierung und soziale Normen im interkulturellen Vergleich.* Tübingen.

Giannantoni, G. (1971) *Socrate: tutte le testimonianze da Aristofane e Senofonte ai Padri cristiani.* Rome and Bari.

Giannini, A. (1967) 'Mito e utopia nella letteratura greca prima di Platone', *Rendiconti del Istituto Lombardo: Classe di Lettere* 101: 101–32.

Gibert, J. (2003) 'The Sophists', in C. Shields (ed.) *The Blackwell Guide to Ancient Philosophy.* Oxford: 27–50.

Giordano-Zecharya, M. (2005) 'As Socrates shows, the Athenians did not believe in gods', *Numen* 52: 325–55.
Golden, M. (1992) 'The uses of cross-cultural comparison in ancient social history', *Echos du Monde Classique/Classical Views* new series 11: 309–31.
Goldhill, S. D. (1988) *Reading Greek Tragedy*, corr. edn. Cambridge.
  (2000) 'Greek drama and political theory', in C. J. Rowe and M. Schofield (eds.) *The Cambridge History of Greek and Roman Political Thought*. Cambridge: ch. 3.
Goody, J. (2006) *The Theft of History*. Cambridge.
Gower, B. S., and M. C. Stokes (eds.) (1992) *Socratic Questions: The Philosophy of Socrates and Its Significance*. London and New York.
Gray, V. J. (ed.) (2007) *Xenophon on Government*. Cambridge.
Green, P. (1994) 'Philosophers, kings, and democracy, or, how political was the Stoa?', *Ancient Philosophy* 14: 147–56 [review of Erskine 1990].
Greenhalgh, P. (1972) 'Patriotism in the Homeric world', *Historia* 21: 528–37.
Griffith, M. (1995) 'Brilliant dynasts: power and politics in the Oresteia', *Classical Antiquity* 14: 62–129.
Griffiths, A. (1995) 'Non-aristocratic elements in archaic poetry', in A. Powell (ed.) *The Greek World*. London: 85–103.
Grote, G. (1846–1856) *A History of Greece* (12 vols.). London.
Gutmann, A., and D. Thompson (2004) *Why Deliberative Democracy?* Princeton, NJ.
Hahn, J. (1989) *Der Philosoph und die Gesellschaft: Selbstverständnis, öffentliches Auftreten und populäre Erwartungen in der höhen Kaiserzeit*. Stuttgart.
Hall, J. M. (2007) *A History of the Archaic Greek World ca. 1200–479 BCE*. Oxford.
Hammer, D. (2002) *The Iliad as Politics: The Performance of Political Thought*. Norman, OK.
Hansen, M. H. (1983) *Initiative und Entscheidung: Überlegungen über die Gewaltenteilung im Athen des 4.Jh.s*. Konstanz, Germany.
  (1989a) 'Solonian democracy in fourth-century Athens', *Classica et Mediaevalia* 40: 71–99.
  (1989b) *Was Athens a Democracy? Popular Rule, Liberty and Equality in Ancient and Modern Political Thought*. Copenhagen.
  (1995) *The Trial of Sokrates – from the Athenian Point of View*. Copenhagen.
  (2002) 'Was the *polis* a state or a stateless society?', in T. H. Nielsen (ed.) *Even More Studies in the Ancient Greek Polis*. Stuttgart: 17–47.
  (ed.) (2005) *The Imaginary Polis*. Copenhagen.
  (2006) *Polis: An Introduction to the Ancient Greek City-state*. Oxford.
Hansen, M. H., and T. H. Nielsen (eds.) (2005) *An Inventory of Archaic and Classical Poleis*. Oxford.
Hanson, V. D. (1995) *The Other Greeks: The Family Farm and the Roots of Western Civilization*. New York.
Harvey, F. D. (1965) 'Two kinds of equality', *Classica et Mediaevalia* 26: 101–46.
Haubold, J. (2000) *Homer's People: Epic Poetry and Social Formation*. Cambridge.
Havelock, E. A. (1957) *The Liberal Temper in Greek Politics*. London.

Hedrick, C. W., and J. Ober (eds.) (1993) *The Birth of Democracy* [exhibition catalogue]. Washington, DC.
Held, D. (1991) 'Editor's introduction', in D. Held (ed.) *Political Theory Today.* Oxford: 1–22.
Henderson, J. (1998) 'Attic Old Comedy, frank speech, and democracy', in D. Boedeker and K. A. Raaflaub (eds.) *Democracy, Empire, and the Arts in Fifth-century Athens.* Cambridge, MA: 255–73.
Hesk, J. (2000) *Deception and Democracy in Classical Athens.* Cambridge.
Hodkinson, S. J. (2000) *Property and Wealth in Classical Sparta.* London.
  (2005) 'The imaginary Spartan politeia', in M. H. Hansen (ed.) *The Imaginary Polis.* Copenhagen: 222–81.
Hölkeskamp, K.-J. (1990) 'Review of M. Gagarin, *Early Greek Law,* Berkeley etc., 1986', *Gnomon* 62: 116–28.
  (1992) 'Written law in archaic Greece', *Proceedings of the Cambridge Philological Society* 38: 87–117.
  (1993) 'Demonax und die Neuordnung der Bürgerschaft von Kyrene', *Hermes* 121: 404–21.
  (1994) 'Tempel, Agora und Alphabet. Die Entstehungsbedingungen von Gesetzgebung in der archaischen Polis', in H.-J. Gehrke and E. Wirbelauer (eds.) *Rechtskodifizierung und soziale Normen im interkulturellen Vergleich.* Tübingen: 135–64.
  (1995) 'Arbitrators, lawgivers and the "codification of law" in archaic Greece: problems and perspectives', *Métis* 7 (offic. 1992, but publ. 1995): 49–81.
  (1999) *Schiedsrichter, Gesetzgeber und Gesetzgebung im archaischen Griechenland.* Stuttgart.
Hornblower, S. (2002) *The Greek World 479–323 BC,* 3rd edn. London and New York.
Huxley, G. L. (1979) *On Aristotle and Greek Society.* Belfast.
Irwin, E. (2005) *Solon and Early Greek Poetry: The Politics of Exhortation.* Cambridge.
Irwin, T. H. (1989) 'Socrates and Athenian democracy', *Philosophy and Public Affairs* 18: 184–205 [review of Stone 1988].
  (1998) 'Mill and the Classical world', in J. Skorupski (ed.) *The Cambridge Companion to Mill.* Cambridge: 423–63.
Keane, J. (2003) *Global Civil Society?* Cambridge.
Kerferd, G. B. (1981) *The Sophistic Movement.* Cambridge.
Kraut, R. (1984) *Socrates and the State.* Princeton, NJ.
Lamberton, R. (2001) *Plutarch.* New Haven, CT.
Lane, M. S. (2001) *Plato's Progeny: How Socrates and Plato Still Captivate the Modern Mind.* London.
Larsen, J. A. O. (1949) 'The origin and significance of the counting of votes', *Classical Philology* 44: 164–81.
Latacz, J. (ed.) (1991) *Zweihundert Jahre Homer-Forschung: Rückblick und Ausblick.* Stuttgart.

Lavelle, B. M. (1993) *The Sorrow and the Pity: A Prolegomenon to a History of Athens under the Peisistratids, c. 560–510 BC*. Stuttgart.
Lenfant, D. (2002) 'Protagore et son procès d'impiété: peut-on soutenir une thèse et son contraire?', *Ktéma* 27: 135–54.
Lévêque, P., and P. Vidal-Naquet (1996) *Cleisthenes the Athenian: An Essay on the Representation of Space and Time in Greek Political Thought*. Atlantic Highlands, NJ [French original 1964].
Lewis, J. (2006) *Solon the Thinker*. London.
Lieber, H.-J. (ed.) (1994) *Politische Theorien von der Antike bis zur Gegenwart*. Bonn.
Lilla, M. (2001) *The Reckless Mind: Intellectuals in Politics*. New York.
Lloyd, G. E. R. (1979) *Magic, Reason and Experience: Studies in the Origins and Development of Greek Science*. Cambridge.
Loraux, N. (1988) 'Solon et la voix de l'écrit', in M. Detienne (ed.) *Les savoirs de l'écriture en Grèce ancienne*. Lille: 95–129.
  (2002) *The Divided City: On Memory and Forgetting in Ancient Athens*. New York.
McGlew, J. F. (1993) *Tyranny and Political Culture in Ancient Greece*. Ithaca, NY.
MacIntyre, A. (1983) 'The indispensability of political theory', in D. Miller and L. Siedentop (eds.) *The Nature of Political Theory*. Oxford: 17–33.
McLean, I. (1989) *Democracy and New Technology*. Cambridge.
McPherran, M. L. (1996) *The Religion of Socrates*. University Park, PA.
  (2002) 'Does piety pay? Socrates and Plato on prayer and sacrifice', in T. C. Brickhouse and N. D. Smith (eds.) *The Trial and Execution of Socrates: Sources and Controversies*. New York: 162–89.
Manin, B. (1997) *The Principles of Representative Government*. Cambridge.
Manville, P. B. (1990) *The Origins of Citizenship in Ancient Athens*. Princeton, NJ.
Manville, P. B., and J. Ober (2003) *A Company of Citizens: What the World's First Democracy Teaches Leaders about Creating Great Organizations*. Cambridge, MA.
Martinez Lacy, R. (2003) 'Esfero en Sparta', *Nova Tellus* 21: 17–22.
  (2005) 'La constitución mixta de Polibio como modelo político', *Studia Historica, Historia Antigua* 23: 373–83.
Meier, C. (1984) '"Revolution" in der Antike', in O. Brunner, W. Conze and R. Koselleck (eds.) *Geschichtliche Grundbegriffe*. Stuttgart: 656–70.
  (1986) 'The emergence of an autonomous intelligence among the Greeks', in S. N. Eisenstadt (ed). *The Origins and Diversity of Axial Age Cultures*. New York: 65–91 [German version repr. in C. Meier (1989) *Die Welt der Geschichte und die Provinz des Historikers*. Berlin: 70–100].
  (1990) *The Greek Discovery of Politics*. Cambridge, MA, and London.
  (1993) *The Political Art of Greek Tragedy*. Oxford [German original 1988].
Mill, J. S. (1859) *On Liberty*. London.
Millar, F. (2002) *The Roman Republic in Political Thought*. Hanover, NH, and London.
Miller, D. (1990) 'The resurgence of political theory', *Political Studies* 38: 421–37.

Miller, D., and L. Siedentop (eds.) (1983) *The Nature of Political Theory*. Oxford.
Miralles, C. (1996) 'Poeta, saggio, sofista, filosofo: l'intellettuale nella Grecia antica', in S. Settis (ed.) *I Greci: Storia-Cultura-Arte-Società*, vol. I, *Noi e I Greci*. Turin: 849–82.
Moles, J. L. (1995) 'The Cynics and politics', in A. Laks and M. Schofield (eds.) *Justice and Generosity*. Cambridge: 129–58.
More, T. (1516 [1989]) *Utopia*, ed. G. M. Logan and R. M. Adams. Cambridge.
Morgan, K. A. (ed.) (2003) *Popular Tyranny: Sovereignty and Its Discontents in Ancient Greece*. Austin, TX.
Morris, I. (1986) 'The use and abuse of Homer', *Classical Antiquity new series* 5: 81–138.
(1996) 'The strong principle of equality and the archaic origins of Greek democracy', in J. Ober and C. W. Hedrick (eds.) *Dēmokratia: A Conversation on Democracies, Ancient and Modern*. Princeton, NJ: 19–48.
Mossé, C. (1991) 'Women in the Spartan revolutions of the third century BC', in S. Pomeroy (ed.) *Women's History and Ancient History*. Chapel Hill, NC, and London: 138–53.
Muir, J. V. (1985) 'Religion and the new education', in P. E. Easterling and J. V. Muir (eds.) *Greek Religion and Society*. Cambridge: 200–18.
Mulgan, R. G. (1984) 'Liberty in ancient Greece', in Z. Pelcynski and J. Gray (eds.) *Conceptions of Political Liberty in Political Philosophy*. New York: 7–26.
Murray, O. (1990) 'Cities of reason', in O. Murray and S. Price (eds.) *The Greek City: From Homer to Alexander*. Oxford: 1–27.
(1991) 'History and reason in the ancient city', *Proceedings of the British School of Rome* 59: 1–13.
(1993) *Early Greece*, 2nd edn. Glasgow.
Murray, O., and S. Price (eds.) (1990) *The Greek City: From Homer to Alexander*. Oxford.
Myres, J. L. (1958) *Homer and His Critics*, completed and edited by D. H. F. Gray. London.
Nafissi, M. (2005) *Ancient Athens and Modern Ideology. Value, Theory and Evidence in Historical Sciences: Max Weber, Karl Polanyi and Moses Finley*. London.
Neer, R. M. (2002) *Style and Politics in Athenian Vase-painting: The Craft of Democracy, circa 530–460 BCE*. Cambridge.
Nelson, E. (2005) *The Greek Tradition in Republican Thought*. Cambridge.
Nichols, M. P. (1987) *Socrates and the Political Community: An Ancient Debate*. Albany, NY.
Nippel, W. (1980) *Mischverfassungstheorie und Verfassungsrealität in Antike und früher Neuzeit*. Stuttgart.
(1994a) 'Ancient and modern republicanism', in B. Fontamara (ed.) *The Invention of the Modern Republic*. Cambridge: 6–26.
(1994b) 'Politische Theorien der griechisch-römischen Antike', in H.-J. Lieber (ed.) *Politische Theorien von der Antike bis zur Gegenwart*. Bonn: 17–46.
(1995) *Public Order in Ancient Rome*. Cambridge.

Ober, J. (1989) *Mass and Elite in Democratic Athens: Rhetoric, Ideology and the Power of the People*. Princeton, NJ.
  (1993) 'The Athenian revolution of 508/7 BCE. Violence, authority, and the origins of democracy', in C. Dougherty and L. Kurke (eds.) *Cultural Poetics in Archaic Greece: Cult, Performance, Politics*. New York: 215–32 [repr. in J. Ober (1996) *The Athenian Revolution: Essays on Ancient Greek Democracy and Political Theory*. Princeton, NJ: ch. 4].
  (1994) 'How to criticize democracy in late fifth- and fourth-century Athens', in J. P. Euben, J. R. Wallach and J. Ober (eds.) *Athenian Political Thought and the Reconstruction of American Democracy*. Princeton, NJ: 149–71 [repr. in J. Ober (1996) *The Athenian Revolution: Essays on Ancient Greek Democracy and Political Theory*. Princeton, NJ: ch. 10].
  (1998) *Political Dissent in Democratic Athens*. Princeton, NJ.
  (2000) 'Living freely as a slave of the law: why Socrates lives in Athens', in P. Flensted-Jensen, T. H. Nielsen and L. Rubinstein (eds.) *Polis and Politics: Studies in Greek History*. Copenhagen: 541–52 [repr. in J. Ober (2005) *Athenian Legacies: Essays on the Politics of Going on Together*. Princeton, NJ: 157–70].
  (2007) '"I besieged that man": democracy's revolutionary start', in K. A. Raaflaub, J. Ober and R. Wallace (eds.) *Origins of Democracy in Ancient Greece: Interpretations and Controversies*. Berkeley, CA, and London: 83–104.
Ober, J., and C. W. Hedrick (eds.) (1996) *Dēmokratia: A Conversation on Democracies, Ancient and Modern*. Princeton, NJ.
Oliva, P. (1971) *Sparta and Her Social Problems*. Amsterdam and Prague.
  (1988) *Solon: Legende und Wirklichkeit*. Konstanz, Germany.
Ollier, F. (1933–1943) *Le mirage spartiate*, 2 vols. Paris.
Osborne, R. G. (1996) *Greece in the Making 1200–479 BC*. London and New York.
  (2004) *The Old Oligarch*. London.
Ostwald, M. (1969) *Nomos and the Beginnings of the Athenian Democracy*. Oxford.
  (1988) 'The reform of the Athenian state by Cleisthenes', in J. Boardman, N. G. L. Hammond, D. M. Lewis and M. Ostwald (eds.) *The Cambridge Ancient History*, vol. IV, *Persia, Greece and the Western Mediterranean, c. 525 to 479 BC*, 2nd edn. Cambridge: 303–46.
  (1999) 'Atheism and the religiosity of Euripides', in T. Breyfogle (ed.) *Literary Imagination, Ancient and Modern: Essays in Honor of David Grene*. Chicago and London: 33–49.
  (2000) *Oligarchia: The Development of a Constitutional Form in Ancient Greece*. Stuttgart.
  (2005) 'The Sophists and Athenian politics', in U. Bultrighini (ed.) *Democrazia e antidemocrazia nel mondo greco: Atti del convegno internazionale di studi, Chieti 9–11 Aprile 2003*. Alessandria, Italy: 35–51.
Palagia, O. (2006) 'Art and royalty in Sparta of the 3rd century BC', *Hesperia* 75: 205–17.
Parker, R. (1996) *Athenian Religion: A History*. Oxford.
  (2005) *Polytheism and Society at Athens*. Oxford.

Pelling, C. B. R. (2002) 'Speech and action: Herodotus' debate on the constitutions', *Proceedings of the Cambridge Philological Society* 48: 123–58.

Pocock, J. G. A. (1962) 'The history of political thought: a methodological enquiry', in P. Laslett and W. G. Runciman (eds.) *Politics, Philosophy and Society: A Collection.* Oxford: 183–202 [repr. in J. G. A. Pocock (2009) *Political Thought and History: Essays on Theory and Method.* Cambridge: 3–19].

  (1980) 'Political ideas as historical events', in M. Richter (ed.) *Political Theory and Political Education.* Princeton, NJ: 139–58.

Poulakos, J. (1995) *Sophistical Rhetoric in Classical Greece.* Columbia, SC.

Price, S. R. F. (1999) *Religions of Ancient Greece.* Cambridge.

Prior, W. J. (ed.) (1996) *Socrates: Critical Assessments* (4 vols.). London and New York.

Raaflaub, K. A. (1983) 'Democracy, oligarchy, and the concept of the "free citizen" in late fifth-century Athens', *Political Theory* 11: 517–44.

  (1985) *Die Entdeckung der Freiheit: Zur historischen Semantik und Gesellschaftsgeschichte eines politischen Grundbegriffes der Griechen.* Munich [Eng. trans., 2004, 2nd edn, Chicago].

  (1988a) 'Die Anfänge des politischen Denkens bei den Griechen', in I. Fetscher and H. Münkler (eds.) *Pipers Handbuch der politischen Ideen*, vol. I, *Frühe Hochkulturen und die europäische Antike.* Munich: 189–271.

  (1988b) 'The beginnings of political thought among the Greeks', *Boston Area Colloquium in Ancient Philosophy* 4: 1–25 [slightly diff. version of Raaflaub 1989].

  (1989) 'Die Anfänge des politischen Denkens bei den Griechen', *Historische Zeitschrift* 248: 1–32.

  (1990–1991) 'I Greci scoprono la libertà', *Opus* 9–10: 7–28.

  (1991) 'Homer und die Geschichte des 8.Jhs. v. Chr.', in J. Latacz (ed.) *Zweihundert Jahre Homer-Forschung: Rückblick und Ausblick.* Stuttgart: 205–56.

  (1992) *Politisches Denken und Krise der Polis: Athen im Verfassungskonflikt des späten 5. Jahrhunderts v. Chr.* Munich.

  (1993) 'Homer to Solon: the rise of the polis (the written evidence)', in M. H. Hansen (ed.) *The Ancient Greek City-state.* Copenhagen: 41–105.

  (1995) 'Einleitung und Bilanz: Kleisthenes, Ephialtes und die Begründung der Demokratie' [written 1992], in K. Kinzl (ed.) *Demokratia: Der Weg zur Demokratie bei den Griechen.* Darmstadt: 1–54 and 451–2.

  (1996) 'Equalities and inequalities in Athenian democracy', in J. Ober and C. W. Hedrick (eds.) *Dēmokratia: A Conversation on Democracies, Ancient and Modern.* Princeton, NJ: 139–74.

  (2000) 'Poets, lawgivers, and the beginnings of political thought in archaic Greece', in C. J. Rowe and M. Schofield (eds.) *The Cambridge History of Greek and Roman Political Thought.* Cambridge: 23–59.

  (2007) 'The breakthrough of *dēmokratia* in mid-fifth-century Athens', in K. A. Raaflaub, J. Ober and R. Wallace (eds.) *Origins of Democracy in Ancient Greece: Interpretations and Controversies.* Berkeley, CA, and London: 105–54.

Raaflaub, K. A., and R. Wallace (2007) '"People power" and egalitarian trends in archaic Greece', in K. A. Raaflaub, J. Ober and R. Wallace (eds.) *Origins of Democracy in Ancient Greece: Interpretations and Controversies*. Berkeley, CA, and London: 22–48.
Raaflaub, K. A., and E. Müller-Luckner (eds.) (1993) *Anfänge politischen Denkens in der Antike: Die nahöstlichen Kulturen und die Griechen*. Munich.
Rahe, P. A. (1984) 'The primacy of politics in Classical Greece', *American Historical Review* 89: 265–93.
  (1992) *Republics Ancient and Modern*, two vols. Chapel Hill, NC.
Rawls, J. (1999) *A Theory of Justice*, rev. edn. Cambridge, MA.
Rawson, E. D. (1969) *The Spartan Tradition in European Thought*. Oxford.
Rhodes, P. J. (trans.) (1984) *Aristotle: The Athenian Constitution*. Harmonsdworth.
  (1994) 'The polis and the alternatives', in D. M. Lewis, J. Boardman, S. Hornblower and M. Ostwald (eds.) *The Cambridge Ancient History*, vol. VI, *The Fourth Century BC*, 2nd edn. Cambridge: 589–91.
  (2006) *A History of the Classical Greek World 478–323 BC*. Oxford.
Richter, M. (ed.) (1980) *Political Theory and Political Education*. Princeton, NJ.
  (1986) 'Conceptual history (Begriffsgeschichte) and political theory', *Political Theory* 14: 604–37.
Roberts, J. T. (1994) *Athens on Trial: The Anti-democratic Tradition of Western Thought*. Princeton, NJ.
Robinson, E. W. (1997) *The First Democracies: Early Popular Government outside Athens*. Stuttgart.
  (ed.) (2003) *Ancient Greek Democracy: Readings and Sources*. Oxford.
Roisman, J. (2003) 'Honor in Alexander's campaign', in J. Roisman (ed.) *Brill's Companion to Alexander the Great*. Leiden: 279–321.
Rosen, R. M., and I. Sluiter (eds.) (2004) *Free Speech in Classical Antiquity*. Leiden.
Rowe, C. J., and M. Schofield (eds.) (2000) *The Cambridge History of Greek and Roman Political Thought*. Cambridge.
Runciman, W. G. (1990) 'Doomed to extinction: the *polis* as an evolutionary dead-end', in O. Murray and S. Price (eds.) *The Greek City: From Homer to Alexander*. Oxford: 347–67.
Sakellariou, M. B. (1989) *The Polis-state: Definition and Origins*. Athens.
Sargent, L. T. (2000) 'Utopian traditions: themes and variations', in R. Schaer, G. Claeys and L. T. Sargent (eds.) *Utopia: The Search for the Ideal Society in the Western World*. New York: 8–17.
Saxenhouse, A. (2006) *Free Speech and Democracy in Ancient Athens*. Cambridge.
Schaer, R., G. Claeys and L. T. Sargent (eds.) (2000) *Utopia: The Search for the Ideal Society in the Western World*. New York.
Schofield, M. S. (1986) '*Euboulia* in the Iliad', *Classical Quarterly* 36: 6–31.
  (1998) 'Zeno of Citium's anti-utopianism', *Polis* 15: 139–49 [review of Dawson 1992].
  (1999a) *Saving the City: Philosopher-kings and Other Paradigms*. London.
  (1999b) *The Stoic Idea of the City*. Chicago.
  (2006) *Plato: Political Philosophy*. London.

Scholz, P. (1998) *Der Philosoph und die Politik: Die Ausbildung der philosophischen Lebensform und die Entwicklung des Verhältnisses von Philosophie und Politik im 4. und 3. Jh. v. Chr.* Stuttgart.

Schubert, C. (1993) *Die Macht des Volkes und die Ohnmacht des Denkens: Studien zum Verhältnis von Mentalität und Wissenschaft im 5. Jahrhundert.* Stuttgart.

Scully, S. (1990) *Homer and the Sacred City.* Ithaca. NY.

Shimron, B. (1972) *Late Sparta: The Spartan Revolution 243–146 BC.* Buffalo, NY.

Shipley, G. (2000) *The Greek World after Alexander 323–30 BC.* London and New York.

Shklar, J. (1957) *After Utopia: The Decline of Political Faith.* Princeton, NJ.

Sinclair, T. A. (1951) *History of Greek Political Thought.* London.

Skinner, Q. R. D. (1969) 'Meaning and understanding in the history of ideas', *History and Theory* 8: 3–53 [repr. in J. Tully (ed.) (1988) *Meaning and Context in the Greek World.* London and New York: 26–67].

(ed.) (1985) *Return of Grand Theory in the Human Sciences.* Cambridge.

Skocpol, T. (2003) *Diminished Democracy: From Membership to Management in American Civic Life.* Norman, OK.

Snodgrass, A. M. (1974) 'An historical Homeric society?', *Journal of Hellenic Studies* 94: 114–25 [repr. with new introduction in A. M. Snodgrass (2006) *Archaeology and the Emergence of Greece.* Edinburgh and Ithaca, NY: 173–93].

Sourvinou-Inwood, C. (1988) 'Further aspects of *polis* religion', *Annali dell'Istituto Universitario Orientale di Napoli: archaeologia e storia antica* 10: 259–74.

(1990) 'What is *polis* religion?', in O. Murray and S. Price (eds.) *The Greek City: From Homer to Alexander.* Oxford: 295–322.

Stadter, P. A., and L. van der Stockt (eds.) (2002) *Plutarch, Greek Intellectuals, and Roman Power in the Time of Trajan (98–117 AD).* Leuven, Belgium.

Stanton, G. R. (1973) 'Sophists and philosophers: problems of classification', *American Journal of Philology* 94: 350–64.

Starr, C. G. (1992) *The Aristocratic Temper of Greek Civilization.* New York.

Stone, I. F. (1988) *The Trial of Socrates.* London and Boston.

Stoneman, R. (2003) 'The legacy of Alexander in ancient philosophy', in J. Roisman (ed.) *Brill's Companion to Alexander the Great.* Leiden: 325–45.

Stüwe, K., and G. Weber (eds.) (2004) *Antike und Moderne Demokratie: Ausgewählte Texte.* Stuttgart.

Sutherland, K. (2008) *A People's Parliament: A (Revised) Blueprint for a Very English Revolution.* Exeter and Charlottesville, VA.

Swain, S. (1996) *Hellenism and Empire: Language, Classicism, and Power in the Greek World, AD 50–250.* Oxford.

Szegedy-Maszak, A. (1978) 'Legends of the Greek lawgivers', *Greek, Roman, and Byzantine Studies* 19: 199–209.

Thomas, C. G. (2005) 'The birth of the author', in C. G. Thomas *Finding People in Early Greece.* Columbia, MO, and London: 88–127.

Thompson, N. S. (1996) *Herodotus and the Origins of the Political Community: Arion's Leap.* New Haven, CT.

Tigerstedt, E. N. (1965–1978) *The Legend of Sparta in Classical Antiquity*, 2 vols. + index vol. Göteborg and Stockholm.
Todd, S. C. (1989) 'The journalist, the academic and the trial of Socrates', *Polis* 8: 28–48 [review of Stone 1988].
Too, Y. L. (1995) *The Rhetoric of Identity in Isocrates: Text, Power, Pedagogy*. Cambridge.
Tsetskhladze, G. R. (ed.) (2006) *Ancient Greeks East and West*. Leiden.
Tuck, R. (1991) 'History of political thought', in P. Burke (ed.) *New Perspectives on Historical Writing*. Oxford: 193–205.
Tully, J. (ed.) (1988) *Meaning and Context: Quentin Skinner and His Critics*. Princeton, NJ.
Vatai, F. L. (1984) *Intellectuals in Politics in the Greek World*. London and New York.
Vernant, J.-P. (1957) 'La formation de la pensée positive dans la Grèce archaïque', *Annales: Economies, Sociétés, Civilisations* 12: 183–206 [trans. J. Lloyd (1983) *Myth and Thought in Ancient Greece*. Baltimore: 343–74].
  (1965) 'Espace et organisation politique en Grèce ancienne', *Annales: Economies, Sociétés, Civilisations* 20: 576–95 [repr. in J.-P. Vernant (1985) *Mythe et pensée chez les Grecs*. Paris: 238–60].
Vernant, J.-P., and P. Vidal-Naquet (1988) *Myth and Tragedy in Ancient Greece* (two vols. in one). New York.
Vidal-Naquet, P. (1990) *La démocratie grecque vue d'ailleurs*. Paris.
Vidal-Naquet, P., and N. Loraux (1990) 'La formation de l'Athènes bourgeoise', in Vidal-Naquet 1990: ch. 7.
Villa, D. (2001) *Socratic Citizenship*. Princeton, NJ.
Vlastos, G. (1945–1946) 'Ethics and physics in Democritus', *Philosophical Review* 54: 578–92 and 55: 53–64.
  (1946) 'Solonian justice', *Classical Philology* 41: 65–83.
  (1953) 'Isonomia', *American Journal of Philology* 74: 337–66.
  (1964) '*Isonomia politike*', in J. Mau and E. G. Schmidt (eds.) *Isonomia: Studien zur Gleichheitsvorstellung im griechischen Denken*. Berlin: 1–35.
  (1983) 'The historical Socrates and Athenian democracy', *Political Theory* 11: 495–516 [repr. in *Socratic Studies*, ed. M. F. Burnyeat. Cambridge: 87–108.]
  (1991) *Socrates: Ironist and Moral Philosopher*. Cambridge and Ithaca, NY.
Von Fritz, K. (1954) *The Theory of the Mixed Constitution in Antiquity: A Critical Analysis of Polybius' Political Ideas*. New York.
Walbank, F. W. (1944) 'The cause of Greek decline', *Journal of Hellenic Studies* 64: 10–20.
  (1957) *A Historical Commentary on Polybius*, vol. I. Oxford.
  (1969) 'Review of G. J. D. Aalders *Die Theorie der gemischten Verfassung in der Antike* (1968)', *Classical Review* new series 19: 314–17.
  (1992) *The Hellenistic World*, 2nd edn. Glasgow.
Waldron, J. (1989) 'Political philosophy', in J. O. Urmson and J. Rée (eds.) *The Concise Encyclopedia of Western Philosophy and Philosophers*. London.

Wallace, R. W. (1994) 'Private lives and public enemies: freedom of thought in Classical Athens', in A. L. Boegehold and A. C. Scafuro (eds.) *Athenian Identity and Civic Ideology*. Baltimore: 127–55.
　(2007) 'Revolutions and a new order in Solonian Athens', in K. A. Raaflaub, J. Ober and R. Wallace (eds.) *Origins of Democracy in Ancient Greece: Interpretations and Controversies*. Berkeley, CA, and London: 49–82.
Waterfield, R. (2005) 'Xenophon's Socratic mission', in C. J. Tuplin (ed.) *Xenophon and His World*. Stuttgart: 79–113.
West, C. (2004) *Democracy Matters: Winning the Fight against Imperialism*. New York.
Whitmarsh, T. (2004) *Ancient Greek Literature*. Cambridge.
Williams, B. A. O. (1993) *Shame and Necessity*. Berkeley and Oxford.
Winiarczyk, M. (1990) 'Methodisches zum antiken Atheismus', *Rheinisches Museum* 55: 1–15.
Winton, R. I. (2000) 'Herodotus, Thucydides and the Sophists', in C. J. Rowe and M. Schofield (eds.) *The Cambridge History of Greek and Roman Political Thought*. Cambridge: 89–121.
Wolin, S. (2004) *Politics and Vision: Continuity and Innovation in Western Political Thought*, 2nd edn. Princeton, NJ.
Wood, E. M., and N. Wood (1978) *Class Ideology and Ancient Political Theory*. Oxford.
Yack, B. (1993) *The Problems of a Political Animal*. Berkeley, CA, and London.
Yunis, H. (1988) *A New Creed: Fundamental Religious Beliefs in the Athenian Polis and Euripidean Drama*. Göttingen, Germany.
　(1997) *Taming Democracy: Models of Political Rhetoric in Classical Athens*. Ithaca, NY.
Zuckert, C. (2004) 'The Socratic turn', *History of Political Thought* 25: 189–219.

# 译名表

## （I）古代人名列表

### A

Academus 阿卡德莫
Achaemenid 阿契梅尼德
Achilles 阿喀琉斯
Aeschylus 埃斯库罗斯
Aeschines 埃斯基涅斯
Agamemnon 阿伽门农
Agesilaus II 阿格西劳斯二世
Agesistrata 阿基西斯塔特
Agiad 亚基亚德
Agiatis 亚基埃提斯
Agricola 阿戈利柯拉（不列颠［Britain］前总督）
Ajax 埃阿斯
Alcaeus 阿尔凯奥斯
Alcibiades 阿尔西比亚德斯
Alcmaeon 阿尔克迈翁
Alcinous 阿尔基诺斯
Aleka Lianeri 艾莉卡·莱安瑞
Alex Hamilton 亚历山大·汉密尔顿
Alexander III 亚历山大三世（亚历山大"大帝"，Alexander the Great）
Ambrose Bierce 安布鲁斯·比尔斯
Amyntas III 阿明塔斯三世
Anaxagoras 阿那克萨哥拉
Anaxarchus 阿那克萨库
Anaximander 阿那克西曼德
Anaximenes 阿那克西曼尼
Andocides 安多基德斯
Antidosis 安提多西斯
Antigonids 安提柯家族
Antigonus II Gonatas 安提戈涅斯二世
Antigonus III 安提戈涅斯三世
Annabel Brett 安娜贝尔·布雷特
Anytus 安尼托
Aratus 阿拉托斯
Archelaus 阿基劳斯
Archidamia 阿基达米亚
Aristotle 亚里士多德
Aristophanes 阿里斯托芬
Arrian 阿利安
Artarxerxes II 阿尔塔薛西斯二世

Athenaeus 阿忒那奥斯
Attalus III 阿塔罗斯三世
Atticus 阿提卡斯

**B**

Bacchiad 巴齐亚达
Briseis 布里塞伊斯

**C**

Callisthenes 卡利斯提尼
Cato 卡图
Cephisodotus 西菲索多都斯
Chryseis 克律塞伊斯
Cicero 西塞罗
Clearchus 克利阿科斯
Cleisthenes 克里斯提尼
Cleon 克里昂
Clepatra VII 克利欧佩特拉七世
Claudius 克劳迪乌斯
Cornelius Castoriadis 科尼利厄斯·卡斯特里迪亚斯
Cratesicleia 克罗忒西克雷亚
Critias 克里提亚斯
Cypselus 库普塞罗斯
Cyrene 昔兰尼
Cyrus 居鲁士

**D**

Darius 大流士
Demeter 得墨忒耳
Demetrius 狄米特里厄斯
Democritus 德谟克利特
Demodocus 德摩多克斯

Diogenes Laeritus 第欧根尼·拉尔修
Diomedes 狄奥墨德斯
Dionysisus I 狄奥尼索斯一世
Diopeithes 狄奥佩蒂斯

**E**

Epaminondas 伊巴密浓达
Ephialtes 厄菲阿尔忒
Eratosthenes 埃拉托色尼
Euripides 欧里庇得斯
Eurypontid 欧里庞提德

**F**

Flavian house 弗拉维家族

**G**

Gaius Gracchus 盖乌斯·格拉古
Gaius Julius Caesar 盖乌斯·尤利乌斯·凯撒
Gelon 格伦
Glaucus 格劳克斯

**H**

Hadrian 哈德良
Hadrianotherae 哈德里亚诺色兰
Hannibal 汉尼拔
Hector 赫克托耳
Hephaestus 赫菲斯托斯
Hecataeus 赫卡塔斯
Hera 赫拉
Heracles 赫拉克勒斯
Herodotus 希罗多德
Hesiod 赫西俄德

Hippias 希庇亚斯
Hippodamus 希波丹姆
Homer 荷马
Horace 贺拉斯

### I

Ibycus 伊比库斯
Isocrates 伊索克拉底

### J

Justinian 查士丁尼

### L

Leonidas II 李奥尼达斯二世
Loraux 洛劳克斯
Lycurgus 莱克格斯
Lysander 吕桑德

### M

Mausolus 摩索拉斯
Megabyzus 迈加比佐斯
Meletus 迈雷托斯
Menlaus 墨涅拉俄斯
Mytilene 米提利尼

### N

Nabis 纳比斯
Nero 尼禄
Nerva 涅尔瓦
Nestor 涅斯托尔
Nicocles 尼古克拉斯

### O

Onesicritus 欧奈西克瑞塔斯
Otanes 欧塔涅斯

### P

Panaetius 帕奈提乌
Patroclus 帕特罗克勒斯
Pausanias 泡桑尼亚
Peiraieus 比雷埃夫斯
Peisistratus 庇西特拉图
Pelasgus 珀拉斯戈斯
Pelopidas 佩洛皮达斯
Penelope 佩内洛普
Persaeus 玻耳修斯
Perses 珀尔塞斯
Pericles 伯里克利
Phalanthus 法兰特斯
Philip II 腓力二世
Philoctetes 菲洛克忒忒斯
Phylarchus 菲拉尔克斯
Pindar 品达
Plato 柏拉图
Plutarch 普鲁塔克
Polybius 波利比乌斯
Polyphemus 波吕斐摩斯
Poseidonius 波西多尼
Praxiteles 蒲拉克西蒂利
Priam 普里阿摩斯
Protagoras 普罗泰戈拉
Ptolemy III 托勒密三世
Publius Aelius Aristides 普布利乌斯·艾留斯·亚里斯提德斯

## R
Romulus 罗穆鲁斯

## S
Sarpedon 萨耳珀冬
Simonides 西蒙尼德
Sinope 锡诺普
Socrates 苏格拉底
Solon 梭伦
Sophocles 索福克勒斯
Sophroniscus 索福罗斯库斯
Sosibius 索斯比乌斯
Sphaerus 斯法埃鲁斯
Sphaeus 斯法洛斯
Stesichorus 斯特希克罗斯
Suetonius 苏埃托尼乌斯

## T
Tacitus 塔西佗
Telemachus 忒勒马库斯
Tertullian 德尔图良
Thales 泰勒斯
Themistocles 狄密斯托克利
Theognis 提奥戈尼斯
Theophrastus 泰奥弗拉斯托斯
Thersites 塞耳西忒斯
Theseus 提修斯
Thetis 忒提斯
Thibron 提伯戎
Thucydides 修昔底德
Tiberius Gracchus 提比略·格拉古
Timarchus 提马克斯
Timoleon 提摩里昂
Titus Pomponius 提图斯·庞波尼乌斯
Titus Quinctius Flamininus 提图斯·昆克修斯·弗拉米尼努斯
Tyrtaeus 提尔泰奥斯

## V
Vespasian 韦帕芗

## X
Xerxes 薛西斯

## Z
Zeno 芝诺

# (II) 古代地名列表

## A
Abdera 阿布德拉
Attica 阿提卡
Arcadia 阿卡迪亚
Achaeus 亚盖亚
Adrianople 哈德良堡
Aegina 埃伊那
Alopêcê 阿罗佩克
Anatolia 安纳托利亚
Apama 阿帕玛

译名表 171

Arcadia 阿卡迪亚
Argos 阿戈斯
Ascra 阿斯克拉
Assyria 亚述
Astypalaea 阿斯泰巴利亚
Athens 雅典
Attalid 阿塔利
Attic 阿提卡

**B**

Boeotia 贝奥提亚
Borysthenes 布鲁斯尼斯的斯法埃鲁斯

**C**

Caria 卡利亚
Carthage 迦太基
Chaeronea 克罗尼亚
Chios 希俄斯岛
Chremonides 克雷莫尼迪安
Clazomenae 克拉佐美奈
Corcyra 科基拉岛（即科孚岛，Corfu）
Corinth 科林斯
Corupedium 库鲁佩迪安
Crannon 克兰农
Crete 克里特岛
Croton 科洛顿
Cumae 迈库
Cycladic 基克拉底
Cypriot Citium 塞浦路斯锡提昂
Cyprus 塞浦路斯
Sicyon 西锡安

**D**

Dardanelles 达达尼尔海峡，即赫勒斯庞海峡 [Hellespont]
Drerus（Crete）德拉卢斯（克里特）

**E**

Ephesus 以弗所
Euboea 优比亚岛

**G**

Granicus 格拉尼卡斯河
Gela 格拉
Gyges 盖吉斯

**H**

Halicarnassus 哈利卡纳苏斯
Heraclea Pontica 赫拉克利叶的庞帝克
Hissarlik 希萨立克

**I**

Ilium 伊利昂（即特洛伊）
Ionia 爱奥尼亚
Ipsus 伊普苏斯
Ischia 伊斯基岛
Italic 意大利加，古意大利
Ithaca 伊萨卡

**J**

Judaea 朱迪亚

**L**

Lesbos 莱斯博斯

Leuctra 留克特拉
Levant 黎凡特
Lycia 卢西亚
Lydia 吕底亚

## M
Mantinea 曼提尼亚
Megalopolis 梅格洛波利斯
Megara 麦加拉
Messina 墨西拿
Mieza 梅扎
Miletus 米利都
Mycale 麦卡利
Mylasa 迈拉萨
Mysia 米西亚

## N
Nicomedia 尼克米底亚

## O
Olynthus 奥林索斯
Orchomenus 奥科美那斯

## P
Paros 帕罗斯岛
Peloponnese 伯罗奔尼撒半岛
Pergamon 帕加马国
Phaeacia 菲阿斯岛
Phocylides 弗希尼德
Phoenicia 腓尼基

Pithesoussae 彼达索赛
Pitthus 庇塞斯
Plataea 普拉提亚
Pnyx 普尼克斯山
Ptolemies 托勒密
Pydna 彼得那
Pylos 皮罗斯

## R
Rhodes 罗得岛

## S
Salamis 萨拉米斯
Samos 萨摩斯岛
Sardis 萨迪斯
Satyrion 萨提恩瑞
Seleucids 赛琉西
Sellasia 塞拉西亚
Sparta 斯巴达
Susa 苏萨
Syracuse 锡拉库扎

## T
Taras 塔拉斯
Taxila 塔克西拉
Thasos 萨索斯岛
Thebes 底比斯
Thespiae 塞斯比阿
Thessaly 塞萨利
Thuria 色瑞阿（Thurii）

## 图书在版编目（CIP）数据

实践中的古希腊政治思想/（英）卡特莱奇著；陶力行译. —北京：华夏出版社，2016.1
书名原文：Ancient Greek political thought in practice
ISBN 978-7-5080-8388-9

Ⅰ.①实… Ⅱ.①卡… ②陶… Ⅲ.①政治思想史－古希腊 Ⅳ.①D091.2

中国版本图书馆 CIP 数据核字（2015）第 012382 号

This is a **Chinese Simplified edition** of the following title published by Cambridge University Press:

**Ancient Greek political thought in practice/ by Paul Cartledge / ISBN:978-0-521-45455-1**

**Copyright© 2009 by Cambridge University Press**

This Chinese Simplified version for the People's Republic of China (excluding Hong Kong, Macau and Taiwan) is published by arrangement with the Press Syndicate of the University of Cambridge, Cambridge, United Kingdom.

© Cambridge University Press and Huaxia Publishing House ,2016

This Chinese Simplified version is authorized for sale in the People's Republic of China (excluding Hong Kong, Macau and Taiwan) only. Unauthorised export of this Chinese Simplified version is a violation of the Copyright Act. No part of this publication may be reproduced or distributed by any means, or stored in a database or retrieval system, without the prior written permission of Cambridge University Press and Huaxia Publishiing House.

此版本仅限在中华人民共和国境内（不包括香港、澳门特别行政区及台湾省）销售。

**版权所有 翻印必究**
北京市版权局著作权合同登记号：图字 01-2012-8736

### 实践中的古希腊政治思想

| | |
|---|---|
| 作　者 | 〔英〕保罗·卡特莱奇 |
| 译　者 | 陶力行 |
| 责任编辑 | 田红梅　罗　庆 |
| 出版发行 | 华夏出版社 |
| 经　销 | 新华书店 |
| 印　装 | 三河市兴达印务有限公司 |
| 版　次 | 2016 年 1 月北京第 1 版<br>2016 年 1 月北京第 1 次印刷 |
| 开　本 | 670×970　1/16 开 |
| 印　张 | 12.75 |
| 字　数 | 218 千字 |
| 定　价 | 39.00 元 |

**华夏出版社** 地址：北京市东直门外香河园北里 4 号　邮编：100028
网址：www.hxph.com.cn　电话：（010）64663331（转）
若发现本版图书有印装质量问题，请与我社营销中心联系调换。